Die Vergabe von Versicherungsdienstleistungen nach dem Kartellvergaberecht durch kommunale Auftraggeber

Europäische Hochschulschriften
Publications Universitaires Européennes
European University Studies

Reihe II
Rechtswissenschaft

Série II Series II
Droit
Law

Bd./Vol. 4057

PETER LANG
Frankfurt am Main · Berlin · Bern · Bruxelles · New York · Oxford · Wien

Jens Tietgens

Die Vergabe von Versicherungsdienstleistungen nach dem Kartellvergaberecht durch kommunale Auftraggeber

PETER LANG
Europäischer Verlag der Wissenschaften

Bibliografische Information Der Deutschen Bibliothek
Die Deutsche Bibliothek verzeichnet diese Publikation in der Deutschen Nationalbibliografie; detaillierte bibliografische Daten sind im Internet über <http://dnb.ddb.de> abrufbar.

Zugl.: Berlin, Freie Univ., Diss., 2004

D 188
ISSN 0531-7312
ISBN 3-631-53090-0

www.peterlang.de

Kerstin und meinen Eltern

Vorwort

Die vorliegende Arbeit hat der Freien Universität Berlin als Dissertation vorgelegen. Literatur und Rechtsprechung wurden bis August 2003 berücksichtigt.

Mein aufrichtiger Dank gilt meinem Doktorvater Prof. Dr. Helmut Schirmer. Seinem Engagement und seiner außerordentlichen Fachkompetenz ist es zu verdanken, dass die Arbeit in der vorliegenden Form abgeschlossen werden konnte. Gleichfalls danke ich Herrn Prof. Dr. Horst Baumann für seine Bemühungen und Anregungen als Zweitgutachter.

Meinen Partnern der Sozietät Stobbe:Rechtsanwälte bin ich gleichfalls zu Dank verpflichtet. Ungeachtet ihrer starken beruflichen Beanspruchung standen sie mir stets mit Rat und Tat zur Seite. Die aufmunternden Worte meiner Sozien gaben mir den Mut, die Herausforderung einer Promotion neben meiner anwaltlichen Tätigkeit anzunehmen.

Ein besonderer Dank gilt meinen Eltern. Allein ihrem aufopferungsvollen Einsatz ist es zu verdanken, dass ich meine schulische und universitäre Ausbildung erfolgreich absolvieren konnte.

Mein abschließender Dank gilt meiner lieben Frau Kerstin. Obwohl sie wusste, dass die Bearbeitungszeit zeitintensiv und entbehrungsreich sein würde, zögerte sie keinen Augenblick, mich in meinem Entschluß zu unterstützen. Ohne ihre Geduld und ihre Unterstützung wäre es mir nicht möglich gewesen, die Arbeit mit Erfolg zu beenden.

Hannover, im August 2004

Inhaltsverzeichnis

Abkürzungsverzeichnis

Abl	Amtsblatt der Europäischen Gemeinschaft
BADK	Bundesarbeitsgemeinschaft der deutschen Kommunalversicherer
BHO	Bundeshaushaltsordnung
CPC	United Nations Central Product Classification
DKR	Dienstleistungskoordinierungsrichtlinie
DVBl	Deutsches Verwaltungsblatt
EGKS	Europäische Gemeinschaft für Kohle und Stahl
EuZW	Europäische Zeitschrift für Wirtschaftsrecht
GdV	Gesamtverband der deutschen Versicherungswirtschaft
GPA	General Procurement Act
GVV	Gemeindeversicherungsverband
HdV	Handwörterbuch der Versicherung
HGrG	Haushaltsgrundsätzegesetz
KSA	Kommunaler Schadensausgleich
NVersZ	Neue Zeitschrift für Versicherung und Recht
NWStGB	Mitteilungen des Nordrheinwestfälischen Städte- und Gemeindebundes
NZBau	Neue Zeitschrift für Baurecht und Vergaberecht
VDV	Verband dt. Verkehrsunternehmen
VerBAV	Veröffentlichungen des Bundesaufsichtsamtes für das Versicherungswesen
VerStG	Versicherungsteuergesetz
VersVerm	Versicherungsvermittlung
VgRÄG	Vergaberechtsänderungsgesetz
VgV	Vergabeverordnung
VgR	VergabeRecht (Zeitschrift)
VOB	Verdingungsordnung für Bauleistungen
VOF	Verdingungsordnung für freiberufliche Leistungen
VOL	Verdingungsordnung für Leistungen
VP	Versicherungspraxis
VR	Versicherungsrundschau
VW	Versicherungswirtschaft
ZHR	Zeitschrift für das gesamte Handels- und Wirtschaftsrecht
ZKF	Zeitschrift für kommunale Finanzen

ZVersWiss	Zeitschrift für Versicherungswissenschaft
ZVgR	Zeitschrift für deutsches und internationales Vergaberecht

Im übrigen wird verwiesen auf Hildebert Kirchner, Abkürzungsverzeichnis der Rechtssprache, 5. Auflage, Berlin, New York 2003

Literaturverzeichnis

Anonym: Ausschreibung von Versicherungsverträgen, Informationen Hessischer Städtetag, Ausgabe 11-12/2000, 1.

Anonym: Ausschreibung von Versicherungsverträgen? BADK-Informationen 4/2000, 107.

Anonym: Keine Versicherungsmakler im kommunalen Bereich BADK-Informationen 1984, 55.

Anonym: Makler im Kommunalgeschäft, Mitteilungen des Schleswig-Holsteinischen Landkreistages, Ausgabe 1/2000, 10.

Anonym: Mitteilungen des Nordrheinwestfälischen Städte- und Gemeindebundes 1999, 304 , 399.

Anonym: Mitteilungen des Verbandes Deutscher Verkehrsunternehmen, VDV, EG-Binnenmarkt aktuell Nr. 10, Dienstleistung, April 1994, 5.

Anonym: Pro Kommunal 3/99, 3.

Anonym: Pro Kommunal 5 /98, 2.

Baumann, Frank: Versicherungsvermittlung durch Versicherungsmakler, Karlsruhe 1998.

Bechtold, Rainer: Kartellgesetz, Gesetz gegen Wettbewerbsbeschränkungen, 2. Auflage, München 1999.

Berger, Matthias/Sittner, Elmar: Ausschreibungen von Versicherungsdienstleistungen für Kommunen nach dem neuen Vergaberecht, Eildienst Städtetag Nordrhein-Westfalen 2000, Heft 12, 3.

Berliner Kommentar zum VVG Hrsg.: Heinrich Honsell, 1. Auflage, Berlin/ Heidelberg/ New-York 1999, zitiert: BK-Bearbeiter.

Berrisch, Georg/Nehl, Hanns Peter: Novellierung der Vergabeverordnung, DB 2001, 184.

Biagosch, Axel: Aufklärungspflicht des Versicherungsmaklers bei der Plazierung von Rückversicherungsverträgen, Beiträge über den Versicherungsmakler, Veröffentlichungen der Hamburger Gesellschaft zur Förderung des Versicherungswesens, Heft 13, Hamburg 1993.

Boesen, Arnold: Die rechtliche Zulässigkeit der Einschaltung von Versicherungsmaklern in das Verfahren zur Vergabe von Versicherungsleistungen VersR 2000, 1063.

–: Das Vergaberechtsänderungsgesetz im Lichte der europäischen Vorgaben, EuZW 1998, 551.

–: Vergaberecht, Kommentar zum 4. Teil des GWB, 1. Auflage, Köln 2000, zitiert: Boesen, Vergaberecht.
Bollongino, Alexander: Geltendmachung von zivilrechtlichen Ansprüchen von Unternehmen bei Abweichung von Bestimmungen der Verdingungsordnungen für Leistungen, Teil A, durch öffentliche Auftraggeber unter Berücksichtigung neuerer Entwicklungen im Hinblick auf eine gesetzliche Regelung eines öffentlichen Auftragwesens, 1992.
Braun, Joachim: Nachprüfung der Vergabe öffentlicher Aufträge, BB 1999, 1069.
Bruck, Ernst: Das Privatversicherungsrecht, München 1930.
Bruck, Ernst/Möller, Hans: Kommentar zum Versicherungsvertragsgesetz und zu den Allgemeinen Versicherungsbedingungen unter Einschluß des Versicherungsvermittlungsrechts, Band 1, 8. Auflage, Berlin 1961.
Byock, Jan/Jaeger, Wolfgang: Kommentar zum Vergaberecht, 1. Auflage, Heidelberg 2000, zitiert Byock/Jaeger-Bearbeiter.
Daub, Walter/Eberstein, Hans-Hermann: Kommentar zur VOL/A, 5. Auflage, Düsseldorf 2000, zitiert: Daub/Eberstein-Bearbeiter.
Diez, Horst: Wohngebäudeversicherung, Kommentar, 2. Auflage, Karlsruhe 1999.
Dreher, Meinrad: Der Anwendungsbereich des Kartellvergaberechts, DB 1998, 2579.
–: Die Beteiligung Dritter bei der Vergabe von Versicherungsdienstleistungen, BADK-Informationen 2000, 108.
–: Die Vergabe von Versicherungsdienstleistungen aus vergabe- und versicherungsrechtlicher Sicht, VersR 2000, 666.
–: Die Vergabe von Versicherungsdienstleistungen nach dem neuen Kartellvergaberecht, NVersZ 1999, 10.
–: Die Versicherung als Rechtsprodukt, Tübingen 1991.
Fahr, Ulrich/Kaulbach, Detlef: Versicherungsaufsichtsgesetz mit BAG, Kommentar, 1. Auflage, München 1994.
Farny, Dieter: Der Versicherungsmakler im Privatkundengeschäft, Beiträge über den Versicherungsmakler, Veröffentlichungen der Hamburger Gesellschaft zur Förderung des Versicherungswesens, Heft 13, Hamburg 1993, zitiert: Farny, Der Versicherungsmakler im Privatkundengeschäft.
–: Versicherungsbetriebslehre, 3. Auflage, Karlsruhe 2000, zitiert: Farny, Versicherungsbetriebslehre.
Fetzer, UdoVergabepflichtige Versicherungsdienstleistungen als maklerfreier Teilmarkt? VersR 2000, 1311.

Fleischer, Uwe: Die Vergabe von Versicherungsdienstleistungen und die Stellung des Versicherungsmaklers im Ausschreibungsverfahren, NVersZ 2001, 204.

Franke, Horst/Höfler, Heiko: Die Vergabe von Versicherungsdienstleistungen durch private Sektorenauftraggeber, BB 1998, 433.

–: Auftragsvergabe nach VOL/A und VOF für Architekten, Ingenieure und Bauunternehmungen – Eine Einführung in das Recht der Vergabe öffentlicher Aufträge im Liefer- und Dienstleistungsbereich, Köln 1999, zitiert: Franke/Höfler, Auftragsvergabe nach VOL/A und VOF.

Gabler: Versicherungsenzyklopädie, Hrsg: Grosse, Walter, 4. Auflage, Wiesbaden 1991.

Gauer, Wilhelm: Der Versicherungsmakler und seine Stellung in der Versicherungswirtschaft, Veröffentlichungen des Seminars für Versicherungsnehmer der Universität zu Köln, Band 5.

Gotzen, Hans-Heiner: Der Einsatz von Versicherungsmaklern bei der öffentlichen Ausschreibung von Versicherungsdienstleistungen, VR 2000, 335.

Griess, Heinz-A./Zinnert, Mario: Der Versicherungsmakler, 3. Auflage, Karlsruhe 1997.

Habermayr, Josef: Pflicht für Versicherungsunternehmen zur Zusammenarbeit mit einem Makler und Recht auf außerordentliche Kündigung des Versicherungsvertrages bei Weigerung des Versicherungsunternehmens? ZfV 1987, 113.

Hailbronner, Kay: Europarechtliche Aspekte der Vergabe öffentlicher Aufträge – Zur innerstaatlichen Umsetzung der EG-Richtlinien, REW 1992, 553.

Heiermann, Wolfgang/Ax, Thomas: Das neue Vergaberecht – ein neuer Rechtsrahmen für die Versicherungswirtschaft? VW 1998, 23.

Heiermann, Wolfgang/Riedl, Richard/Rusam, Martin: Handkommentar zur VOB, 9. Auflage, Wiesbaden 2000.

Hertwig, Stefan: Praxis der öffentlichen Auftragsvergabe (VOB/VOL/VOF), 2. Auflage, München 2001.

Höfler, Heiko/Bert, Birgit: Rechtsfragen bei der Vergabe von Versicherungsdienstleistungen, NVersZ 2001, 197.

–: Die neue Vergabeordnung, NJW 2000, 3310.

Höfler, Heiko: Die Novelle erobert die Praxis – Erste Entscheidungen zum neuen Vergaberecht, NJW 2000, 120.

–: Rechtsfragen bei der Vergabe von Versicherungsdienstleistungen, Schriftenreihe des Forum Vergabe e.V., Heft 10, S. 7 ff (auch abgedruckt in NVersZ 2001, 196), zitiert: Höfler, Rechtsfragen bei der Vergabe von Versicherungsdienstleistungen.

Hofmann, Edgar: Privatversicherungsrecht, 4. Auflage, 1998.

Hübener, Jürgen: Die Rechtsberatung des Versicherungsmaklers – Abgrenzung zum Versicherungsberater, Beiträge über den Versicherungsmakler, Veröffentlichungen der Hamburger Gesellschaft zur Förderung des Versicherungswesens, Heft 13, Hamburg 1993.

Huber, Peter Michael: Der Schutz des Bieters im öffentlichen Auftragswesen unterhalb der so genannten Schwellenwerte, JZ 2000, 877.

Immenga, Ulrich/Mestmäcker, Ernst-Joachim: GWB, Kommentar, 2. Auflage, München 1992.

Ingenstau, Heinz/Korbion, Hermann: VOB Teile A und B, Kommentar, 14. Auflage Düsseldorf 2000.

Jaeger, Wolfgang: Public Private Partnership und Vergaberecht, NZBau 2001, 6

Jasper, UteDas Vergaberechtsänderungsgesetz, DB 1998, 2151.

Keil, Christopf/Schirmer, Helmut: Der Versicherungsmakler in der Zukunft, Seminarunterlagen des MWV, München 2000.

Klar, Werner: Kommunale Auftraggeber und die Vergabe von Versicherungsdienstleistungen, Schriftenreihe des Forum Vergabe e.V., Heft 10, S. 49 ff zitiert: Klar, Kommunale Auftraggeber und die Vergabe von Versicherungsdienstleistungen.

–: Vergabe von Versicherungsdienstleistungen durch Kommunen und kommunale Einrichtungen aus der Sicht eines Kommunalversicherers, GVV-Mitteilungen 1998, 6.

Kling, Michael: Die Zulässigkeit vergabefremder Regelungen – Möglichkeiten und Grenzen einer politischen Instrumentalisierung der Vergabe öffentlicher Aufträge - Schriftenreihe des Forum Vergabe e.V., Heft 12, Berlin 2000.

Koch, Peter/Farny, Dieter: Handwörterbuch der Versicherung, Karlsruhe 1998.

Korbion, Hermann: Vergaberechtsänderungsgesetz, 1. Auflage, Düsseldorf 1999.

Kulartz, Hans-Peter/Niebuhr, Frank: Sachlicher Anwendungsbereich und wesentliche Grundsätze des materiellen GWB-Vergaberechts, NZBau 2000, 6.

Kupfer, Hans- Wolfram: Ausschreibungspflicht der Kommunen bei der Vergabe von Dienstleistungeverträgen, insbesondere von Versicherungs- und Finanzdienstleistungen, ZKF 1999, 218.

Lampe-Helbig, Gudrun/Wörmann, K. E.: Handbuch der Bauvergabe, Verfahren/Überprüfung/Schadensersatz, 2. Auflage, München 1995.

Leinemann, Ralf: Anmerkung zur Entscheidung des Brandenburgischen OLG, Beschluß v. 3.8.1999, Az, 6 Verg 1/99, „Flughafen Berlin“, BauR 1999, 1183.

Martin, Anton: Sachversicherungsrecht, Kommentar, 3. Auflage, München 1992

Matusche, Annemarie: Pflichten und Haftung des Versicherungsmaklers, 4. Auflage, Karlsruhe 1995.

Maunz, Theodor/Dürig, Günter: Grundgesetz, Kommentar, Loseblatt, München, zitiert: Maunz/Dürig-Bearbeiter.

Müller, Udo: Die Vergabe von Versicherungsdienstleistungen aus der Sicht der Versicherungsunternehmen, Schriftenreihe des Forum Vergabe e.V., Heft 10, 55.

Müller-Stein, Jörg: Das Recht der Versicherungsvermittlung in: Rechtslehre des Versicherungswesens, Studienheft 30, 3. Auflage, Wiesbaden 1993.

Müller-Stüler, Michael: Die Stellung des Versicherungsmaklers bei der öffentlichen Ausschreibung von Versicherungsleistungen, VersR 1999, 1060.

Münchener Kommentar zum Bürgerlichen Gesetzbuch: Band 3, Schuldrecht, Besonderer Teil I, 3. Auflage, München 1995, zitiert: MüKo-Bearbeiter.

Nessler, Volker: Der Neutralitätsgrundsatz im Vergaberecht NVwZ 1999, 1081.

Niebuhr, Frank/Kulartz, Hans-Peter/Kus, Alexander/Portz, Norbert: Kommentar zum Vergaberecht: 4. Teil des GWB; Vergabeverfahren, Nachprüfungsverfahren und Schadensersatz, 1. Auflage, Neuwied/Kriftel 2000, zitiert: Niebuhr-Bearbeiter.

Noch, Rainer: Vergaberecht kompakt – die neue kartellrechtliche Lösung und die bisherige Rechtsprechung der Vergabeüberwachungsausschüsse und Gerichte, Düsseldorf, 1999.

Odendahl, Peter: Der Courtageanspruch des Versicherungsmaklers, Problemfälle, die optimale Courtagezusage, ZfV 1993, 390, 413.

Opitz, Marc: Kontraktive Privatisierung und Kartellvergaberecht, ZVgR 2000, 97.

Otting, Olaf: Chancengleichheit, Transparenz und Neutralitätsgebot im Vergaberecht, NJW 2000, 484.

Pache, Eckhard: Der Staat als Kunde, DVBl 2001, 1781.

Palandt, Otto: Bürgerliches Gesetzbuch, 61. Auflage, München 2002, zitiert: Palandt-Bearbeiter.

Pietzcker, Jost: Die neue Gestalt des Vergaberechts, ZHR 162 (1998), 427.

Portz, Norbert: Das öffentliche Auftragswesen im Wandel, Stadt und Gemeinde 1994, 438.

–: EG-Recht und öffentliches Vergabewesen, Stadt und Gemeinde 1991, 143.

–: Verlieren die Kommunalversicherer ihre Monopolstellung? Stadt und Gemeinde 1995, 123.

Prieß, Hans-Joachim: Das öffentliche Auftragswesen in der Europäischen Union, Köln 1994.

Prölss, Erich/Martin, Anton: Versicherungsvertragsgesetz, 26. Auflage 1998, zitiert: Prölss/Martin-Bearbeiter.

Prölss, Jürgen: Stille Teilhabe an frenden Versicherungsverträgen – zur konkludenten Einbeziehung von Drittinteressen in der Sachversicherung, r+s 1997, 221.

Reidt, Olaf/Stickler, Thomas/Glahs, Heike: Vergaberecht, Kommentar, 1. Auflage, Köln 2000.

Riese, Christoph: Vergaberecht – Grundlagen, Verfahren, Rechtsschutz, 1. Auflage, Berlin/Heidelberg/New York 1998.

Rittner, Fritz: Das öffentliche Auftragswesen im Spannungsfeld zwischen Gemeinschaftsrecht und nationalem Recht; in: Schwarze/Müller-Graf (Hrsg.), Das öffentliche Auftragswesen in der EG, Europarecht, Beiheft 1/1996, 7, zitiert: Rittner, Das öffentliche Auftragswesen.

–: Rechtsgrundlagen und Rechtsgrundsätze des öffentlichen Auftragwesens – Eine systematische Analyse, 1. Auflage, Tangstedt/Hamburg 1988, zitiert: Rittner, Rechtsgrundlagen und Rechtsgrundsätze des öffentlichen Auftragswesens.

Rocke, Burghard/Sittner, Elmar: Versicherungsbedarf und Versicherungskonzepte der Kommunen unter Berücksichtigung des neuen Vergaberechts, VR 2001, 195.

Römer, Wolfgang/Langheid, Theo: Versicherungsvertragsgesetz, 1. Auflage 1997, zitiert: Römer/Langheid-Bearbeiter.

Schaller, Hans: Verdingungsordnung für Leistungen (VOL) Teile A und B, Kommentar, 2. Auflage, München 2002.

Schirmer, Helmut: Vertriebsformen auf dem Prüfstand, VersVerm 1990, 349.

–: Die Rechtsprechung des Bundesgerichtshofs zum Allgemeinen Versicherungsvertragsrecht, ein Überblick, ZVersWiss 1992, 394.

Schlebusch, Gernot: Ausschreibung kommunaler Sachversicherungen, Muster für Ausschreibungen nach der EG-Dienstleistungsrichtlinie, Loseblatt, Wiesbaden 1997.

Schmidt, Reimer: Kommunale Schadensausgleiche als Versicherungseinrichtungen, Festschrift für Ehrenzweig 1955, 233.

Schnorbus, York: Der Schadensersatzanspruch des Bieters bei der fehlerhaften Vergabe öffentlicher Aufträge, BauR 1999, 77.

Schubert, Werner: Zur Entstehung der VOB (Teile A und B) von 1926, Festschrift Korbion, Seite 389, Düsseldorf 1986.

Schwarze, Jürgen: Die Vergabe öffentlicher Aufträge im Lichte des europäischen Wirtschaftsrechts, EuZW 2000, 133.

Sieg, Karl: Vertrieb und Vermittlung von Versicherungen aus rechtlicher Sicht, ZVerWiss 1988, 263.

Sittner, Elmar/Noch, Rainer: Für Kommunen von großer Gefahr – Das Einschalten von Versicherungsmaklern bei der Vergabe, Behörden-Spiegel Ausgabe Juli 2000, B V – Beschaffung Spezial.
Sittner, Elmar: Öffentliche Ausschreibung von Versicherungsdienstleistungen/ Einschaltung von Versicherungsmaklern, ZfV 2001, 21.
Sittner, Elmar/Rocke, Burghard: Versicherung und neues Vergaberecht (I) – Bedarf und Konzepte der Kommunen, Behörden Spiegel, September 2000, Beschaffung Spezial Versicherung und neues Vergaberecht (II) – Optimierung der Konzepte, Behörden Spiegel, Oktober 2000, Beschaffung Spezial.
Sittner, Elmar: Sanierung in der Versicherungswirtschaft, VR 2001, 385.
Stober, Rolf: Besonderes Wirtschaftsverwaltungsrecht, 12. Auflage, 2001.
Teichler, Maximilian: Das zukünftige Vermittlerrecht, VersR 2002, 385.
–: Für die Kommunen von großem Wert – Das Einschalten von Maklern in das Vergabeverfahren, Behörden-Spiegel März 2000, B III, Beschaffung Spezial, zitiert: Teichler, Das Einschalten von Maklern in das Vergabeverfahren.
–: Versicherungsmakler und Vergaberecht VersR 2000, 295.
Trautner, Wolfgang: Das neue Vergaberecht: Verfahren, Verstöße und Schadensersatz, BADK-Informationen 2000, 1.
–: Vergaberecht:Immer neue Risiken für öffentliche Auftraggeber, BADK-Informationen 2001, 1.
Umhau, Gerd: Vergütungssysteme für die Versicherungsvermittlung im Wandel Hamburg 2003.
van Bühren, Hubert: Handbuch Versicherungsrecht, 1. Auflage, Bonn 2001, zitiert: van Bühren-Bearbeiter.
Weiser, Christian: EG-weite Ausschreibung von Versicherungsdienstleistungen, VW 1992, 224.
Werber, Manfred: Der Versicherungsmakler im Vergaberecht, VersR 2001, 1313.
Werber, Manfred: Von der Unabhängigkeit eines Versicherungsmaklers im „Doppelrechtsverhältnis", Beiträge über den Versicherungsmakler, Veröffentlichungen der Hamburger Gesellschaft zur Förderung des Versicherungswesens, Heft 13, Hamburg 1993, zitiert: Werber, Von der Unabhängigkeit eines Versicherungsmaklers im Doppelrechtsverhältnis.
Wilting, Frank: Nochmals: Pflicht für Versicherungsunternehmen zur Zusammenarbeit mit einem Makler, ZfV 1987, 271.

Einleitung

Durch das öffentliche Auftragswesen nimmt der Staat in erheblichem Umfang am Wirtschaftsleben teil. Benötigt eine Gemeinde beispielsweise ein neues Schulgebäude, schreibt es die hierfür erforderlichen Planungs- und Bauleistungen öffentlich aus. Im Idealfall wird dadurch gewährleistet, daß das beste Angebot im Hinblick auf Preis und Leistung ausfindig gemacht wird.

Neben die Zielsetzung, auf diesem Wege einen optimierten Einsatz öffentlicher Mittel zu gewährleisten, tritt die Pflicht des Staates, im Rahmen der öffentlichen Vergabe ein faires Verfahren zu gewährleisten. Zur Vereinheitlichung der im öffentlichen Auftragswesen zu beachtenden Regeln wurden bereits Mitte des 19. Jahrhunderts sogenannte Verdingungsordnungen entwickelt. Das dadurch geschaffene sogenannte haushaltsrechtliche Vergaberecht begründete jedoch lediglich verwaltungsintern zu beachtende Vorgaben. Für die am Verfahren beteiligten Bieter wurde dadurch kein Rechtsanspruch auf die Einhaltung der Form- und Verfahrensvorschriften der öffentlichen Vergabe begründet.

Diese Rechtslage hat sich in der Zwischenzeit grundlegend verändert. Im Zuge der Umsetzung europarechtlicher Vorgaben trat am 1. Januar 1999 das Vergaberechtsänderungsgesetz in Kraft. Dadurch wurde in den §§ 97 bis 129 GWB für Vergabeverfahren ab einem bestimmten Wert ein Rechtsanspruch für Bieter auf Einhaltung der vergaberechtlichen Vorschriften begründet. In Ergänzung des bisherigen haushaltsrechtlichen Vergaberechts haben die Vorschriften des sogenannten Kartellvergaberechts damit erstmals einen drittschützende Charakter.

Die vorliegende Arbeit beschäftigt sich mit einem bislang vernachlässigten Teil des Kartellvergaberechts, mit der Vergabe von Versicherungsdienstleistungen. Beabsichtigt beispielsweise eine Kommune, für ihre öffentlichen Gebäude einen Feuerversicherungsvertrag abzuschließen, ist sie seit dem 1. Januar 1999 zur europaweiten öffentlichen Vergabe dieser Dienstleistung verpflichtet, wenn der Gegenstand des Versicherungsvertrages einen bestimmten Wert (den sogenannten Schwellenwert) überschreitet.

Obwohl das Kartellvergaberecht den Bund, die Länger und die Gemeinden zur Einhaltung dieser Vorschriften verpflichtet, findet eine öffentlichen Vergabe der von ihnen benötigten Versicherungsdienstleistungen jedoch tatsächlich so gut wie nicht statt. Die vorliegende Arbeit unternimmt den Versuch, die Ursachen für diesen Zustand im kommunalen Bereich zu ermitteln und aufzuzeigen.

Hierzu beschäftigt sich der erste Teil der Arbeit mit den Grundlagen der öffentlichen Vergabe von Versicherungsdienstleistungen durch kommunale Auftraggeber. Nach einer Darstellung der rechtlichen und historischen Grundlagen des Vergaberechts sowie seiner Formen widmet sich der erste Teil der Frage, welche kommunalen Einrichtungen als öffentliche Auftraggeber im Sinne des Kartellvergaberechts zu qualifizieren sind. Besondere Berücksichtigung findet dabei die Auftraggebereigenschaft von Kommunalversicherern und kommunalen Schadensausgleichen. Geprüft wird weiterhin, in welchen Fällen ein Bedarf für eine kartellrechtliche Vergabe besteht und wie die hierbei zu beachtenden Schwellenwerte ermittelt werden. Den Abschluß des ersten Teils bildet eine Darstellung der konkreten Durchführung der Vergabe von Versicherungsdienstleistungen sowie des Rechtsschutzes für benachteiligte Bieter.

Auf der Grundlage der im ersten Teil ermittelten Ergebnisse wird festgestellt, daß kommunale Auftraggeber mit der Durchführung der öffentlichen Vergabe von Versicherungsdienstleistungen in aller Regel überfordert sind. Demgemäß widmet sich der zweite Teil der Arbeit der Frage, inwieweit sich kommunale Auftraggeber dabei der Hilfe Dritter bedienen dürfen. Im Ergebnis kommen hierfür in aller Regel allein Versicherungsmakler in Betracht. Die Einschaltung von Versicherungsmaklern in das Vergabeverfahren wurde jedoch von der Rechtsprechung bislang ausnahmslos als vergaberechtswidrig qualifiziert. Der zweite Teil der Arbeit setzt sich kritisch mit den hierzu angeführten Argumenten auseinander und gelangt zu dem Ergebnis, daß eine Einschaltung von Versicherungsmaklern grundsätzlich vergaberechtskonform ist.

Teil 1 Die Vergabe von Versicherungsdienstleistungen durch kommunale Auftraggeber

Kapitel 1 Einführung in das Recht der Vergabe von Versicherungsdienstleistungen

A. Wirtschaftliche Bedeutung des Vergaberechts

Womit beschäftigt sich das Vergaberecht? Hintergrund dieses Rechtsgebietes ist die Tatsache, daß der Staat in der Form der öffentlichen Verwaltung einer der wichtigsten Motoren unserer Wirtschaft ist. Zur Erfüllung öffentlicher Aufgaben ist er darauf angewiesen, Waren und Dienstleistungen bei privaten Lieferanten und Dienstleistern einzukaufen. Millionen- und Milliardenaufträge sind keine Seltenheit. Das Gesamtvolumen der vom Vergaberecht erfaßten öffentlichen Aufträge beläuft sich auf 11 bis 13 Prozent des Bruttoinlandsprodukts[1]. In absoluten Zahlen beträgt das öffentliche Auftragsvolumen innerhalb der Europäischen Union mehr als 1 Billion Euro[2]. und innerhalb Deutschlands ca. 200 Milliarden Euro[3]. Entsprechend groß ist das Interesse in der Wirtschaft, in den Genuß öffentlicher Aufträge zu gelangen.

B. Definition des Vergaberechts

Das Vergaberecht ist gleichzusetzen mit dem öffentlichen Auftragswesen. Unter dem öffentlichen Auftragswesen versteht man diejenigen Beschaffungsvorgänge, mit denen ein öffentlicher Auftraggeber gegen Entgelt am Markt diejenigen Waren, Sachleistungen und Dienstleistungen erwirbt, die er zur Erfüllung seiner Aufgaben benötigt und nicht selbst produziert.[4]

---

1 Niebuhr-Portz, Einleitung Rdnr. 1

2 Pache, DVBl 2001, 1781, 1782

3 Niebuhr-Portz, Einleitung Rdnr. 1. Die Angaben hierzu sind uneinheitlich. Im „Gründbuch das öffentliche Auftragswesen in der EU“ vom 27.11.1996 wird das Auftragsvolumen innerhalb der Europäischen Union mit ca. 740 Milliarden ECU beziffert, was 11 % des Bruttoinlandsprodukts der EU ausmacht

4 Rittner, Das öffentliche Auftragswesen, S. 7, 8; Boesen, Vergaberecht, Einleitung Rn 6

Dabei dürfen öffentliche Aufträge nicht „nach Gutsherrenart“ vergeben werden. Seit jeher besteht die Gefahr, daß die öffentliche Hand das große Volumen ihrer öffentlichen Aufträge zu sachwidriger Diskriminierung oder Bevorzugung bestimmter Auftragnehmer einsetzt.[5] Der Begriff des „Vergaberechts“ umfaßt deshalb auch die Gesamtheit der Regeln und Vorschriften, die ein Träger öffentlicher Verwaltung bei der Beschaffung von sachlichen Mitteln und Leistungen, die er zur Erfüllung von Verwaltungsaufgaben benötigt, zu beachten hat.

C. Allgemeine Rechtsgrundlagen des Vergaberechts

Im Rahmen des Vergaberechts sind sowohl privatrechtliche/wirtschaftsrechtliche als auch verwaltungsrechtliche Vorschriften zu beachten.

Wenn sich die öffentliche Hand zur Bedarfsdeckung Waren und Dienstleistungen beschafft, richtet sich dies nicht nach hoheitlichen Grundsätzen. Vielmehr wird sie dabei rein fiskalisch, das heißt als privatrechtlicher Träger von Vermögen und Vermögensrechten, tätig.[6] Maßnahmen zur Beschaffung werden deshalb nicht durch Verwaltungsakte, sondern durch privatrechtliche Verträge umgesetzt.[7] Demgemäß sind öffentliche Auftraggeber ebenso wie sonstige private Bedarfsträger dazu verpflichtet, die Vorschriften des Zivil- und Wirtschaftsrechts einzuhalten.

Darüber hinaus ist die öffentliche Hand bei der Vergabe öffentlicher Aufträge dazu verpflichtet, spezifische vergaberechtliche Vorschriften zu beachten. Diese Vorschriften setzen sich aus verwaltungsrechtlichen und wettbewerbsrechtlichen Kodifikationen zusammen.

Die verwaltungsrechtlichen Vorschriften[8] beschäftigen sich im wesentlichen mit der haushaltsrechtlichen Verpflichtung zum sparsamen Umgang mit öffentlichen Mitteln.[9] Darüber hinaus verpflichten komplizierte, abgestufte und aufeinander Bezug nehmende vergaberechtliche Vorschriften[10] zur Einhaltung eines aufwändigen und neuerdings auch den Schutz des Bieters bezweckenden Vergabeverfahrens.

---

5 Bechtold vor § 97 GWB Rdnr. 2

6 Ingenstau/Korbion, Einleitung Rdnr. 1, 2; Daub/Eberstein-Eberstein, Einführung Rdnr. 50

7 Daub/Eberstein-Eberstein, Einführung Rdnr. 50

8 Haushaltsordnungen des Bundes, der Länder und der Gemeinden

9 siehe nachfolgend Ziff. I.

10 so genannte Kaskadenlösung in der VOL/A, VgV und GWB, siehe Teil 1 Kap. 3 B.

D. Zielsetzung des Vergaberechts

Die allgemeine Zielsetzung des Rechts der öffentlichen Vergabe macht sich an haushaltsrechtlichen, europarechtlich beeinflußten wettbewerbsrechtlichen und auch an wirtschaftslenkenden Vorgaben fest. Dabei vollzog es im Laufe der jüngsten Entwicklung einen Systemwechsel vom haushaltsrechtlichen Innenrecht zum bieterschützenden Außenrecht [11]

I. Grundsatz der Wirtschaftlichkeit und Sparsamkeit

Haushaltsrechtlich hat das Vergaberecht die Aufgabe, durch objektive Vergabekriterien die Verschwendung oder unkontrollierte Verwendung von staatlichen Mitteln zu verhindern. Das Vergaberecht wird vom allgemeinen Grundsatz der Wirtschaftlichkeit und Sparsamkeit geprägt. Die konkreten Auswirkungen dieses Grundsatzes floßen in die Vorschriften des Haushaltsrechts[12] ein[13]. Entsprechende Vorschriften sind ebenfalls in den Haushaltsvorschriften der Länder und der Gemeinden enthalten.

Der gesetzlich verankerten Pflicht des öffentlichen Auftraggebers zur Sparsamkeit steht die Pflicht zur wirtschaftlichen Verwendung öffentlicher Mittel gegenüber. Während sich die Wirtschaftlichkeit eines Angebotes nach den überkommenen Vorstellungen des Vergaberechts noch allein am „geringsten Preis" festmachte, muß sich der öffentliche Auftraggeber nunmehr an der „Angemessenheit des Preises" orientieren[14]. Bei der Prüfung der Angemessenheit sind sämtliche Umstände zu bewerten, die für die Beurteilung der Angemessenheit einer Ware oder einer Dienstleistung von Bedeutung sind[15].

In § 25 Nr. 3 VOL/A 1984 heißt es hierzu: „Das wirtschaftlichste Angebot ist unter Beachtung des Grundsatzes der Wirtschaftlichkeit zu ermitteln. Das wirtschaftlichste Angebot ist dasjenige, bei dem das günstigste Verhältnis zwischen der gewünschten Leistung und dem angebotenen Preis erzielt wird. Maßgebend für die Leistung sind alle auftragsbezogenen Umstände[16]; sie sind bei der Wertung der Angebote zu berücksichtigen. Nicht auftragsbezogenen Gesichtspunkte dürfen als Kriterien bei der Wertung der Angebote nicht herangezogen werden."

---

11 Pache, DVBl 2001, 1781; Pietzcker, ZHR 162 (1998), 427, 430; Schwarze, EuZW 2000, 133, 137

12 Wegen Einzelheiten hierzu siehe u.a. § 6 HGrG und § 7 BHO

13 Daub/Eberstein-Eberstein, Einführung Rdnr. 64

14 Daub/Eberstein-Eberstein, Einführung Rdnr. 60

15 Daub/Eberstein-Eberstein, Einführung Rdnr. 60

16 z. B. Preis, technische, funktionsbedingte, gestalterische, ästhetische Gesichtspunkte; Kundendienst; Folgekosten

II. Grundsatz des freien und fairen Wettbewerbs

Unter der europäischen Prämisse der Schaffung eines grenzenlosen europäischen Binnenmarktes[17] verfolgt das Vergaberecht auch die Zielsetzung, einen fairen und offenen Wettbewerb auf den staatlichen Beschaffungsmärkten herzustellen, der den Lieferanten die Möglichkeit gibt, den Binnenmarkt bestmöglich zu nutzen und es den Auftraggebern ermöglicht, unter einer großen Auswahl wettbewerbsfähiger Angebote die freie Auszahl zu treffen[18].

III. Wirtschaftsförderung, vergabefremde Aspekte

Lange Zeit diente die öffentliche Vergabe von Aufträgen vorrangig der gezielten Einflußnahme auf die Wirtschaft. Das Auftragswesen besitzt wirtschaftslenkende Funktion[19]. Öffentlichen Auftraggebern wird deshalb teilweise unterstellt, sie seien bestrebt, öffentliche Aufträge dem freien Wettbewerb zu entziehen[20].

Zu verweisen ist in diesem Zusammenhang u. a. auf § 6 des Gesetzes zur Förderung der Stabilität und des Wachstums der Wirtschaft[21]. Danach ist der Bund dazu berechtigt, bei der Ausführung des Haushaltsplans im Falle einer die volkswirtschaftliche Leistungsfähigkeit übersteigenden Nachfrageausweitung öffentliche Aufträge zurückzuhalten und im Falle einer Abschwächung der allgemeinen Wirtschaftstätigkeit diese verstärkt zu vergeben. Es ist jedoch in der Praxis anerkannt, daß öffentliche Aufträge zur Konjunkturbeeinflussung i. d. R. nicht geeignet sind[22].

Fraglich und ausgesprochen kontrovers diskutiert wird die Frage, ob und inwieweit vergabefremde Aspekte bei der Vergabe öffentlicher Aufträge berücksichtigt werden dürfen. Hierbei kann es sich beispielsweise um die Förderung des Umweltschutzes, die Einhaltung von Tarifverträgen[23] oder die Berücksichtigung sozial- und strukturpolitischer Kriterien durch die Bevorzugung bestimmter Personengruppen bzw. Unternehmen handeln.[24]

---

17 siehe EG-Vertrag Artikel 2
18 Grünbuch das öffentliche Auftragswesen in der Europäischen Union, Ziff. 2
19 Stober, S. 398 f
20 Poche DVBl 2001, 1781, 1782. Nach Auffassung Poches sind vergabefremde Zwecke das „Haupteinfallstor für Protektionismus und allgemeinpolitische Aspekte bei der Auftragsvergabe sowie das hauptsächliche Hindernis für eine tatsächliche Liberalisierung der öffentlichen Beschaffungsmärkte", S. 1789
21 Stabilitätsgesetz vom 8. Juni 1977
22 Daub/Eberstein-Eberstein, Einführung Rdnr. 61
23 Das geplante Tariftreuegesetz soll Bieter in Vergabeverfahren zur Zahlung von Mindestlöhnen verpflichten
24 Daub/Eberstein-Eberstein, Einführung Rdnr. 108

Der EuGH betrachtet es dabei nicht als vergaberechtswidrig, daß der öffentliche Auftraggeber zusätzlich zu den gemeinschaftsrechtlichen Zuschlagskritierien weitere Anforderungen stellen. Hierbei kann es sich beispielsweise um die Bekämpfung lokaler Langzeitarbeitslosigkeit handeln[25].

E. Vergabeverfahren

Um die zwingenden Vorgaben des Vergaberechts nach sparsamer Verwendung öffentlicher Mittel einerseits und freiem europaweitem Wettbewerb andererseits gewährleisten zu können, sind öffentliche Auftraggeber an die Einhaltung eines an strengen Formalismen orientierten Vergabeverfahrens gebunden. Verfahrensvorschriften sind sowohl bei der Vergabe nach haushaltsrechtlichen Vorschriften[26] und um so mehr bei der kartellrechtlichen Vergabe[27] zu beachten. Um die Einhaltung der Verfahrensvorschriften erforderlichenfalls dokumentieren zu können, verpflichtet das so genannte Transparenzgebot[28] dazu, annähernd sämtliche Maßnahmen im Rahmen der öffentlichen Vergabe zu protokollieren und für Dritte zugänglich zu machen.

Zur Einhaltung dieser Grundsätze wird der Einsatz der Haushaltsmittel zunächst von den Aufsichts- und Rechnungsprüfungsbehörden überwacht. Darüber hinaus erfolgt eine Kontrolle der Einhaltung dieses Grundsatzes über das streng formalistische Verfahren der öffentlichen Vergabe, das zumindest oberhalb der Schwellenwerte durch die am Vergabeverfahren beteiligten Bieter überprüft werden kann[29].

F. Personelle Umsetzung der vergaberechtlichen Vorgaben

Um die durch das Haushaltsrecht und Vergaberecht gesteckten weitreichenden Vorgaben erfüllen zu können, ist der öffentliche Auftraggeber gehalten, entweder besonders geschultes Personal vorzuhalten oder sich der Hilfe Dritter zu bedienen.

---

25 EuGH Slg. 1988, 4035, 4060; EuGH v. 26.9.2000, Rs C-225/98, Kommission/Frankreich – JZ 2001, 138 mit ablehnender Anmerkung von Dreher
26 VOL/A, siehe Teil 1, Kap. 3 Ziff. B.III.
27 GWB, VgV, VOL/A, so genannte Kaskadenlösung, siehe Teil 1, Kap. 3
28 siehe Teil 1, Kap. 8 A.II.
29 siehe Teil 1, Kap. 9

Daub/Eberstein[30] unterscheiden dabei zwischen den Bereichen „Bedarf", „Beschaffung" und „Verwendung". Im Bedarfsbereich wird festgestellt, welche Ware bzw. welche Dienstleistung „nach Art, Menge, Fristigkeit und Verwendungsort"[31] zur Erfüllung der gebotenen Zwecke erforderlich ist. Sind die hierfür auf dem Markt vorhandenen Waren oder Dienstleistungen nicht geeignet, den Bedarf der öffentlchen Hand zu decken, wird die Bedarfsanalyse durch Dritte unterstützt, die sich mit der Entwicklung und Erprobung der geeigneten Waren und Dienstleistungen befassen und im Bedarfsbereich die Unterlagen für die endgültige Formulierung des Bedarfsprogramms liefern. Auf der Grundlage der Feststellungen zum Bedarf werden sodann im Beschaffungsbereich des öffentlichen Auftraggebers die ausschreibungsreifen Verdingungsunterlagen erstellt.

Angesichts der besonders hohen Anforderungen, die das haushaltsrechtliche und kartellrechtliche Vergaberecht an eine ordnungsgemäße Vergabe stellt, ist es von größter Bedeutung, daß die mit Beschaffungsaufgaben betrauten Kräfte mindestens in den Grundzügen mit den volkswirtschaftlichen Markt- und Wettbewerbstheorien vertraut sind und die Gesetze der Preisbildung und der Preisermittlung von der volks- wie von der betriebswirtschaftlichen Seite her beherrschen. Außerdem müssen weitreichende juristische Vorkenntnisse vorhanden sein.

Die besonders hohen Qualifikationsmerkmale werden insbesondere auf speziellen Beschaffungsmärkten kaum oder nur selten von Angehörigen der öffentlichen Auftraggeber erfüllt werden können. Es stellt sich deshalb die Frage, inwieweit öffentliche Auftraggeber dazu berechtigt sind, sich zur Erfüllung der weitreichenden Aufgaben der Hilfe Dritter zu bedienen[32].

G. Vergabe von Versicherungsdienstleistungen

Das Vergaberecht stellt insbesondere an die Vergabe von Versicherungsdienstleistungen hohe Anforderungen an den öffentlichen Auftraggeber. Probleme bereiten dabei die Ermittlung des Bedarfs an Absicherung, der geeigneten Versicherungsprodukte, der maßgeblichen Marktverhältnisse und des „angemessenen Preises".

Bis Mitte der neunziger Jahre zeichneten sich Versicherungsprodukte dadurch aus, daß sie dem Versicherungsnehmer zumindest im Standardbereich weitgehend übereinstimmende Leistungspakete zur Verfügung stellten, denen

30 Einführung Rdnr. 90
31 Daub/Eberstein-Eberstein, Einführung Rn 90
32 siehe Teil 2

einheitliche allgemeine Versicherungsbedingungen zugrunde lagen. Durch die Deregulierung des Versicherungsmarktes zum 1. Juli 1994 trat insoweit eine grundlegende Änderung ein. Seit dem Wegfall der Bedingungsaufsicht durch das Bundesaufsichtsamt für das Versicherungswesen[33] weisen selbst Standardprodukte im Privatversicherungsgeschäft weitreichende Unterschiede sowohl hinsichtlich des Leistungsumfangs als auch hinsichtlich der dem Vertrag zugrundeliegenden Versicherungsbedingungen auf. Ungeachtet dessen gab es abseits des versicherungsrechtlichen Massengeschäfts seit jeher individuell vereinbarte Versicherungsprodukte. Dies galt und gilt weiterhin vornehmlich für das Industriegeschäft.

Aber auch in dem hier interessierenden Bereich der Versicherung von Risiken kommunaler Auftraggeber zeichnen sich öffentliche Ausschreibungen sowohl durch Leistungs- als auch durch Bedingungsvielfalt aus. Der öffentliche Auftraggeber befindet sich deshalb in dem Dilemma, einerseits komplizierte haushaltsrechtliche und vergaberechtliche Vorschriften einhalten zu müssen, die sogar der Überprüfung durch Dritte zugänglich sind, er aber andererseits nicht über die erforderlichen Kenntnisse verfügt, die für die Bestimmung des richtigen Produkts zum „angemessenen Preis“ erforderlich sind.

Kapitel 2 Die Entwicklung des Vergaberechts

A. Historische Grundlagen

Geschichtliche Ursprünge des Vergaberechts lassen sich bereits in der griechischen und römischen Rechtsgeschichte finden. Gegenstand der öffentlichen Ausschreibung war bereits damals die öffentliche Vergabe von Aufträgen des Staates gegenüber der Wirtschaft.

In Deutschland finden sich erste Ursprünge des öffentlichen Vergaberechts Ende des 17. Jahrhunderts[34]. Damals fand eine Art öffentliche Versteigerung von Aufträgen zur Lieferung bestimmter Materialien statt[35]. Die Abgabe der Angebote erfolgte noch mündlich.

Mitte des 19. Jahrhunderts trat an die Stelle der öffentlichen Versteigerung die Abgabe schriftlicher Angebote[36]. Hierzu forderte die Verwaltung potenzielle

---

33 3. Durchführungsgesetz EWG v. 21.7.1994, BGBl I S. 1630, in Kraft getreten am 29. Juli 1994

34 Boesen, Vergaberecht, Einleitung Rdnr. 126; Riese, S. 1 ff, Lampe-Helbig/Wörtmann Rn.10, Reidt/Stickler/Glahs, Einleitung, Rdnr 1

35 so genannte Lizitation

36 so genannte Submission

Bieter zur Abgabe entsprechender Angebote auf[37]. Die eingereichten Angebote mußten bis zu ihrer Verlesung geheimgehalten werden[38]. Die Vergabe erfolgte allein nach Maßgabe des günstigsten Gebots ohne Rücksicht auf die Qualität der angebotenen Leistung. Dieses Verfahren liegt dem Grundsatz nach auch dem heutigen Vergaberecht zu Grunde.

Das Vergaberecht war in Deutschland lange Zeit traditionell Bestandteil des öffentlichen Haushaltsrechts[39]. Um die Zielsetzung des Vergaberechts in die Praxis umsetzen zu können, bedurfte es innerhalb der öffentlichen Verwaltung einheitlicher Regelungen für das Vergabeverfahren. Hierzu wurden so genannte Verdingungsordnungen erlassen. Die ersten Regelungen dieser Art waren die Verdingungsordnungen von Bayern und Preußen Mitte des 19. Jahrhunderts[40]. Bemühungen um reichseinheitliche Regelungen mündeten in die Gründung des Reichsverdingungsausschusses, der sich aus Vertretern der Kreisverwaltungen kommunaler Länderregierungen, der Städte, der Wirtschaft und der Gewerkschaften zusammensetzte[41]. Der Reichsverdingungsausschuß erarbeitete im Jahre 1926 die Verdingungsordnung für Bauleistungen, VOB. Da Gegenstand der öffentliche Vergabe nicht nur Bauleistungen, sondern auch Leistungen sonstiger Art waren und sind, erarbeitete der Reichsverdingunsausschuß im Jahre 1936 die Verdingungsordnung für Leistungen - ausgenommen Bauleistungen -, VOL.

Die Verdingungsordnungen behielten auch nach dem Inkrafttreten des Grundgesetzes ihre Gültigkeit[42]. Zur laufenden Anpassung der Verdingungsordnungen an die sich ändernden wirtschaftlichen Verhältnisse wurde die Arbeit des Reichsverdingsausschusses im Bereich VOL von dem im Jahre 1974 gegründeten „Deutschen Verdingungsausschuß für Leistungen - ausgenommen Bauleistungen"[43] fortgesetzt. Der DVAL entwickelte auf der Grundlage der VOL/A aus dem Jahre 1936 insgesamt 5 überarbeitete Ausgaben der Verdingungsordnung[44]. Die aktuelle Version der VOL datiert aus dem Jahre 2000[45].

37 Reidt/Stickler/Glahs, Einleitung, Rn 1
38 Boesen, Vergaberecht Einleitung, Rdnr. 126
39 Bechtold, vor § 97 Rdnr. 2
40 Rittner, Rechtsgrundlagen und Rechtsgrundsätze, Rdnr. 19
41 Boesen, Vergaberecht, Einleitung Rdnr. 127; Ingenstau/Korbion, Einleitung Rdnr. 6
42 Boesen, Vergaberecht, Einleitung Rdnr. 128
43 DVAL
44 1984, 1990, 1993, 1997 und 2000
45 BAnz Nr. 200a vom 24. Oktober 2000

B. *Europarechtliche Entwicklung des Vergaberechts*

I. Einführung

Spätestens seit Ende des 20. Jahrhunderts wird das Deutsche Vergaberecht entscheidend von europarechtlichen Vorgaben geprägt. Grundlage dieser Entwicklung ist das Bemühen um die Schaffung und Errichtung eines gemeinsamen Marktes in Europa.

Nach dem Vorläufer der „Montanunion"[46] enthält erstmals der Vertrag über die Gründung der Europäischen Wirtschaftsgemeinschaft[47] in Art. 2 die Kernaussage, daß es Aufgabe der Gemeinschaft ist, einen gemeinsamen Markt sowie eine Wirtschafts- und Währungsunion herbeizuführen. In Art. 3 a des EWG-Vertrages wird der Grundsatz der offenen Marktwirtschaft mit freiem Wettbewerb manifestiert. Gem. Art. 7a Abs. 2 des EWG-Vertrages umfaßt der Binnenmarkt einen Raum ohne Grenzen, in dem der freie Verkehr von Waren, Personen, Dienstleistungen gemäß den Bestimmungen des EWG-Vertrages gewährleistet ist. Diese Grundsätze wurden im Vertrag über die Gründung der Europäischen Union[48] bestätigt[49].

Grundlagen der nationalen Vergabevorschriften sind danach die Bestimmungen des EWG-Vertrages. Sie garantieren den freien Waren-, Dienstleistungs- und Kapitalverkehr, schreiben die Grundsätze der Gleichbehandlung, Transparenz und der gegenseitigen Anerkennung fest und erklären jegliche Diskriminierung aus Gründen der Staatsangehörigkeit als unzulässig[50]. Ziel ist es dabei, Wettbewerbsbedingungen zu schaffen, die eine öffentliche Vergabe ohne Diskriminierung und eine rationale Verwendung öffentlicher Mittel durch die Wahl des besten Angebotes ermöglichen[51]. Im Übrigen soll durch die Einrichtung eines fairen transparenten Vergabeverfahrens das Risiko von Betrug und Korruption in der öffentlichen Verwaltung vermindert werden[52].

---

46 EGKS, Europäische Gemeinschaft für Kohle und Stahl, vom 18. April 1951, Inkrafttreten am 23. Juli 1952
47 EWG-Vertrag vom 26. März 1957, so genannte „Römische Verträge"
48 Vertrag vom 7. Februar 1992, so genannter „Maastrichter Vertrag"
49 Art. 2
50 Grünbuch, Ziff. 2. I.
51 Grünbuch, Ziff. 2. I 2 .3
52 Grünbuch, Ziff. 2. I. 2.4

Als wesentliches Instrumentarium zur Durchsetzung der vereinbarten Ziele dienen u. a. Richtlinien, die vom europäischen Parlament und dem Rat der europäischen Gemeinschaft erlassen werden. Der Erlaß derartiger Richtlinien war und ist für das Deutsche Vergaberecht von wegweisender Bedeutung.

Die erste vergaberechtlich relevante Richtlinie wurde von der Europäischen Kommission im Jahre 1971 zur Koordinierung der Vergabe öffentlicher Bauaufträge verabschiedet[53]. Ab 1990 schloß sich der Erlaß einer Vielzahl von Richtlinien an, die sämtliche Bereiche der Vergabe öffentlicher Aufträge betrafen. Dabei ist zwischen Vergaberichtlinien einerseits und Rechtsmittelrichtlinien andererseits zu unterschieden.

Die Vergaberichtlinien decken das gesamte Spektrum der öffentlichen Beschaffung der Mitgliedstaaten ab. Zu ihnen gehören die Lieferkoordinierungsrichtlinie[54], die Baukoordinierungsrichtlinie[55], die Dienstleistungskoordinierungsrichtlinie[56] sowie die Sektorenrichtlinie[57].

Die jeweiligen Änderungen der Vergaberichtlinien wurden erforderlich durch den Beitritt der Europäischen Union zum GPA[58]. Das Übereinkommen ist ein Verhandlungsergebnis der sog. Tokio-Runde des GATT[59]. Ziel dieses Übereinkommens ist es, der internationalen Arbeitsteilung und dem Wettbewerb auch im öffentlichen Auftragswesen zum Durchbruch zu verhelfen. Der Anwendungsbereich beschränkte sich allerdings noch auf Warenbeschaffungen zentralstaatlicher Vergabestellen.

---

53 Baukoordinierungsrichtlinie 71/305/EWG, ABl L 185 v. 18. Juni 1971, S. 5

54 Richtlinie des Rates vom 14. Juni 1990 zur Koordinierung der Verfahren zu Vergabe öffentlicher Lieferaufträge (93/36/EWG), geändert durch Richtlinie 97/92/EG des Europäischen Parlaments und des Rates vom 13. Oktober 1997

55 Richtlinie des Rates vom 14. Juli 1993 zur Koordinierung der Verfahren zur Vergabe öffentlicher Bauaufträge (93/37/EWG), geändert durch Richtlinie 97/52/EWG des Europäischen Parlaments und des Rates vom 13. Oktober 1997

56 Richtlinie des Rates vom 18. Juni 1992 über die Koordinierung der Verfahren zu Vergabe öffentlicher Dienstleistungsaufträgen (92/50/EWG), geändert durch Richtlinie 97/52/EG des Europäischen Parlaments und des Rates vom 13. Oktober 1997

57 Richtlinie des Rates vom 15. Juli 1993 zur Koordinierung der Auftragsvergabe durch Auftraggeber im Bereich der Wasser-, Energie- und Altersversorgung sowie dem Telekommunikationssektor (93/38/EWG), geändert durch Richtlinie 98/4/EWG des Europäischen Parlaments und des Rates vom 16. Februar 1998

58 GPA: Agreement on Government Procurement - Übereinkommen über das öffentliche Beschaffungswesen, Text im Anhang zu BR-Drucksache 357/94, S. 533

59 1973-1979

Parallel zur sog. Uruguay-Runde des GATT[60] fand eine Überarbeitung des Übereinkommens statt. Dabei einigten sich die Unterzeichnerstaaten auf eine erhebliche Erweiterung seines Anwendungsbereichs. So wurden erstmals Bau- und Dienstleistungsaufträge einbezogen und der Anwendungsbereich auf Vergabestellen und Auftraggeber in Sektorenbereichen[61] ausgedehnt.

Der GPA wurde im Rahmen der Verhandlungen der WTO über ein Welthandelsabkommen[62] verabschiedet und trat am 01.01.1996 in Kraft. Im GPA werden unter anderem Schwellenwerte bestimmt, bei deren Überschreiten Bieter einen einklagbaren Rechtsanspruch auf die Einhaltung vergaberechtlicher Vorschriften besitzen[63].

III. Rechtsmittelrichtlinien

Die Vergaberichtlinien wurden ergänzt durch so genannte Rechtsmittelrichtlinien. Sie regeln das Vergabeverfahren sowie die Mindestanforderungen, die an die Nachprüfbarkeit von Vergabeentscheidungen durch Bieter zu stellen sind[64]. Hierbei handelt es sich um die Rechtsmittelrichtlinie[65] sowie die Sektorenrechtsmittelrichtlinie[66].

IV. Ziele der Richtlinien

In Übereinstimmung mit den WTO-Regeln läßt sich die gemeinsame Zielrichtung sämtlicher Vergabe- und Rechtsmittelrichtlinien dahingehend zusammenfassen, daß sie eine Gleichbehandlung aller Anbieter, eine Transparenz des Verfahrens sowie die Schaffung von Rechtsmitteln gegen Vergabeentscheide[67] anstreben.

---

60 1986-1994

61 Trinkwasser-, Elektrizitäts-, Verkehrsversorgung

62 so genannte Uruguay-Runde

63 wegen der Einzelheiten hierzu siehe auch Poche, DVBl 2001, 1781, 1783; Boesen, Vergaberecht Einführung Rdnr 51 ff

64 Niebuhr-Portz, Einleitung Rdnr. 4

65 Richtlinie des Rates vom 31. Dezember 1989 zur Koordinierung der Rechts- und Verwaltungsvorschriften für die Anwendung der Nachprüfung Verfahren im Rahmen der Vergabe öffentlicher Liefer- und Bauaufträge

66 Richtlinie des Rates vom 25. Februar 1992 zur Koordinierung der Rechts- und Verwaltungsvorschriften für die Anwendung der Gemeinschaftsvorschriften über die Auftragsvergabe durch Auftraggeber im Bereich der Wasser-, Energie- und Verkehrsversorgung sowie dem Telekommunikationssektor. Wegen der Umsetzung dieser Richtlinie in Deutsches Recht siehe

67 oberhalb von Schwellenwerten

Berrisch[68] formuliert zutreffend, daß die gemeinschaftsrechtlichen Regelungen oberhalb der Schwellenwerte eine diskriminierungsfreie und transparente gemeinschaftsweite Ausschreibung von öffentlichen Aufträgen sowie deren gerichtliche Überprüfbarkeit zu Gunsten der Bieter vorgeben.

Weitere Grundsätze zum Europäischen Vergaberecht sind dem so genannten „Grünbuch“[69] zu entnehmen. Danach ist es Zielsetzung der Politik der Union, im Bereich des öffentlichen Auftragswesens, einen fairen und offenen Wettbewerb auf den staatlichen Beschaffungsmärkten herzustellen, der den Lieferanten die Möglichkeit gibt, den Binnenmarkt bestmöglich zu nutzen und es den Auftraggebern ermöglicht, unter einer großen Auswahl wettbewerbsfähiger Angebote die freie Auswahl zu treffen[70].

Auch nach der Umsetzung der Vergabe- und Rechtsmittelrichtlinien in nationales Recht sind diese Vorschriften weiterhin zu beachten und zu berücksichtigen. Das Deutsche Vergaberecht ist in Zweifelsfällen stets im Lichte der europarechtlichen Vorgaben auszulegen[71].

C. Deutsche Umsetzung der europäischen Vorgaben

Bis zum Erlaß der Europäischen Vergaberechtrichtlinien und Rechtsmittelrichtlinien existierte in Deutschland ausschließlich das haushaltsrechtliche Vergaberecht. Es war bestimmt durch öffentlich-rechtliche Vorschriften im Haushaltsgrundsätzegesetz [72] sowie in den Haushaltsordnungen des Bundes, der Länder und der Gemeinden.

Tragende Prinzipien des haushaltsrechtlichen Vergaberechts waren allein die Grundsätze der Sparsamkeit und Wirtschaftlichkeit[73]. Das Vergabeverfahren war in Verdingungsordnungen geregelt. Die maßgeblichen Vorschriften für das Verfahren zur Vergabe der hier interessierenden Versicherungsdienstleistungen befanden sich in der VOL/A. Das Vergabeverfahren war insgesamt von dem Grundsatz geprägt, daß Bieter gegenüber den öffentlichen Auftraggebern keinen Rechtsanspruch auf die Einhaltung der vergaberechtlichen Vorschriften besaßen.

---

68 DB 2001, 184

69 Grünbuch das öffentliche Auftragswesen in der Europäischen Union: Überlegungen für die Zukunft; Mitteilung, von der Kommission am 27. November 1996 auf Vorschlag von Herrn Monti beschlossen

70 Grünbuch Ziff. 2 „Diskussionsrahmen“

71 Bechtold, vor § 97 GWB Rdnr. 21

72 HGrG

73 siehe Teil 1, Kap. 1 D.I.

Der Erlaß der europäischen Vergaberechts- und Rechtsmittelrichtlinien führte zu einer Diskussion über die Frage, auf welchem Wege die Richtlinien in deutsches Recht transformiert werden sollten. Richtlinien zeichnen sich dadurch aus, daß sie für die Mitgliedstaaten hinsichtlich der Erreichung des vorgegebenen Ziels verbindlich sind. Sie überlassen den jeweiligen Mitgliedstaaten jedoch die Wahl der Form und der Mittel zur Verwirklichung dieses Ziels[74]. Deshalb entfalten sie keine unmittelbare Rechtswirkung in den Mitgliedstaaten. Die ordnungsgemäße Umsetzung der Richtlinien durch die Mitgliedsstaaten wird jedoch von den Organen der EU überwacht und erforderlichenfalls zwangsweise durchgesetzt[75].

Die Umsetzung von Richtlinien kann durch Gesetz, Rechtsverordnung oder andere innerstaatliche Rechtsformen erfolgen[76].

I. Haushaltsrechtliche Lösung

Der Bundesgesetzgeber entschloß sich im Jahre 1993 nach umfangreichen Diskussionen mit dem Verdingungsausschuß dazu, die Europäischen Richtlinien im Wege einer so genannten haushaltsrechtlichen Lösung in deutsches Recht umzusetzen[77]. Praktisch erfolgte dies dadurch, daß die §§ 57 a bis 57 c in das HGrG eingefügt wurden. Dadurch erhielt das Vergaberecht erstmals ein formell-gesetzliches Fundament, also eine demokratische Legitimation[78]. Die Einzelheiten zum Vergabeverfahren wurden weiterhin in den Verdingungsordnungen[79] geregelt. Da die Verdingungsordnungen jedoch zum damaligen Zeitpunkt noch ausschließlich als verwaltungsinterne Dienstanweisungen zu qualifizieren waren, bedurfte es eines Bindegliedes zwischen der gesetzlichen Regelung im HGrG und den Verdingungsordnungen. Dieses Bindeglied bildete die Vergabeverordnung[80] vom 22. Februar 1994[81], die aufgrund der Ermächtigungsgrundlage in § 57 a HGrG erlassen wurde und die ihrerseits auf Regelungen in den Verdingungsordnungen verwies.

Die Umsetzung der Richtlinien in deutsches Recht entsprach jedoch nicht den europäischen Vorgaben. Von den Gremien der Europäischen Union wurde insbesondere bemängelt, daß die vom Deutschen Gesetzgeber verabschiedete ge-

---

74 Art. 249 Abs. 3 EG-Vertrag
75 Niebuhr-Portz, Einleitung Rdnr. 5
76 Niebuhr-Portz, Einleitung Rdnr. 5; Heilbronner, REW 1992, 553
77 Reidt/Stickler/Glahs, Einleitung Rdnr. 6; Noch, S. 6, 7
78 Boesen, Vergaberecht, Einleitung Rdnr. 140
79 VOB/A, VOL/A, VOF
80 Reidt/Stickler/Glahs, Einleitung Rdnr. 6
81 BGBl I 1994, 321

setzliche Regelung entgegen den zwingenden Vorgaben in den Europäischen Richtlinien keine subjektiven Rechte der Teilnehmer am Vergabeverfahren beinhaltete[82].

Die Umsetzung begründete deshalb einen Verstoß gegen das Gemeinschaftsrecht. Diese Tatsache wurde durch Urteil des Europäischen Gerichtshofes vom 11. August 1995 festgestellt[83]. Darüber hinaus leitete die Kommission der EG im Herbst 1995 ein Vertragsverletzungsverfahren gegen die Bundesrepublik Deutschland ein[84]. Am 2. Mai 1996 wurde die Bundesrepublik Deutschland vom EuGH wegen nicht fristgerechter Umsetzung der Dienstleistungsrichtlinie verurteilt[85]. Darüber hinaus geriet die Bundesrepublik Deutschland wegen der nicht umgesetzten Dienstleistungsrichtlinie gegenüber der US-Regierung außenpolitisch unter Druck[86].

II. Vergaberechtsänderungsgesetz

Der Deutsche Gesetzgeber nahm diese Umstände zum Anlaß einer grundlegenden Überarbeitung der bisherigen Umsetzung der EU-Richtlinien. Die Bemühungen mündeten in das Vergaberechtsänderungsgesetz[87]. Durch das Vergaberechtsänderungsgesetz wurden die Vorschriften der bisherigen haushaltsrechtlichen Lösung[88] aufgehoben[89] und neue vergaberechtliche Vorschriften in den vierten Teil des GWB[90] aufgenommen.

Durch die Einbettung des Vergaberechts in das Kartellrecht brachte der Gesetzgeber in besonderem Maße den Wettbewerbsaspekt des Kartellrechts oberhalb der Schwellenwerte zum Ausdruck[91]. Ursprünglich war geplant, im Zuge des Vergaberechtsänderungsgesetzes auch die bisherige VgV aufzuheben. Dieses Ziel konnte jedoch erst zum 1. Februar 2001 umgesetzt werden[92].

---

82 Reidt/Stickler/Glahs, Einleitung Rdnr. 8.
83 EuGH NVwZ 1996,367
84 ZIP 1995, 1940; Reidt/Stickler, Einleitung Rdnr. 8; Bechtold, vor § 97 Rdnr 12
85 EuGH EuZW 1996, 575 ff
86 wegen der Einzelheiten hierzu siehe Bechtold, Einführung Rn. 13; Poche DVBl 2001, 1781, 1786
87 Gesetz zur Änderung der Rechtsgrundlagen für die Vergabe öffentlicher Aufträge, Vergaberechtsänderungsgesetzt - VgRÄG, vom 26. August 1998
88 § 57 a bis 57 c HGrG
89 Art. 3 Nr. 1 VgRÄG
90 §§ 97-129 GWB
91 Bechtold, Einführung Rdnr 16
92 Verordnung über die Vergabe öffentlicher Aufträge vom 9. Januar 2001, BGBl. Nr. 3 vom 18. Januar 2001, Seite 110 ff.

In den §§ 97 bis 129 GWB werden zunächst allgemeine Grundsätze und Ziele des Vergaberechts dargestellt. Von zentraler Bedeutung ist dabei, daß gem. § 97 Abs. 7 GWB erstmals subjektive Rechte von Bietern auf Einhaltung der vergaberechtlichen Bestimmungen begründet wurden. Die Durchsetzung der subjektiven Rechte im Vergabeverfahrensrecht wurde in den §§ 102 bis 124 GWB geregelt. Danach findet auf Antrag ein Nachprüfungsverfahren vor der Vergabekammer statt, dessen Entscheidung durch die sofortige Beschwerde vor dem Oberlandesgericht angegriffen werden kann. Bei den Oberlandesgerichten werden hierzu Vergabesenate eingerichtet. Schließlich regelt das Kartellvergaberecht in den §§ 125 bis 129 GWB erstmals, daß im Falle von Verstößen gegen das Vergaberecht Ansprüche auf Schadensersatz geltend gemacht werden können.[93]

Kapitel 3 Formen der öffentlichen Vergabe

A. Haushaltsrechtliche öffentliche Vergabe

Das haushaltsrechtliche Vergaberecht findet Anwendung auf öffentliche Aufträge unterhalb der so genannten Schwellenwerte[94]. Es ist kodifiziert in den Haushaltsordnungen des Bundes[95], der Länder[96] und der Gemeinden. Zentrale Vorschrift ist dabei § 55 BHO. Gem. § 55 Abs. 1 BHO muß dem Abschluß von Verträgen über Lieferungen und Leistungen grundsätzlich eine öffentliche Ausschreibung vorausgehen, sofern nicht die Natur des Geschäfts oder besondere Umstände eine Ausnahme rechtfertigen. Der Ablauf des Vergabeverfahrens wird nicht in den Haushaltsordnungen geregelt. Vielmehr verweist § 55 Abs. 2 BHO hierzu auf „einheitliche Richtlinien". In den Verwaltungsvorschriften zu den Haushaltsordnungen wird angeordnet, daß für das Vergabeverfahren und die Vergabekriterien die zu diesem Zweck erlassenen Verdingungsordnungen maßgeblich sind[97].

Anders als das Kartellvergaberecht verfolgt das haushaltsrechtliche Vergaberecht in erster Linie das Ziel der sparsamen und wirtschaftlichen Verwendung öffentlicher Mittel. Die europarechtliche Vorgabe, durch das Vergaberecht einen freien Wettbewerb zu gewährleisten, findet hingegen keine ausdrückliche Berücksichtigung.

---

93 siehe Teil1, Kap. 9 A.II.
94 siehe Teil 1, Kap. 7
95 BHO
96 z.B. Niedersächsische Landeshaushaltsordnung, LHO
97 Poche, DVBl 2001, 1781, 1785

Der entscheidende Unterschied zwischen dem haushaltsrechtlichen Vergaberecht und dem Kartellvergaberecht besteht darin, daß das Haushaltsrecht keinen Schutz von subjektiven Bieterrechten gewährleistet. Ein vergaberechtlicher Rechtsschutz findet in diesem Bereich anders als in den §§ 97 ff GWB nicht statt[98].

Fühlt sich ein Bieter im Rahmen eines Vergabeverfahrens nach haushaltsrechtlichen Vorschriften gegenüber einem anderen Bieter benachteiligt und wurde der Zuschlag noch nicht erteilt, kann er die behauptete Verletzung des Gleichheitssatzes gemäß Artikel 3 Absatz 1 GG allenfalls im Rahmen eines öffentlich-rechtlichen Unterlassungsanspruchs auf dem Verwaltungsrechtsweg zur Überprüfung stellen[99].

Die Zuschlagserteilung kann allein auf dem Wege vorläufigen beziehungsweise vorbeugenden Rechtsschutzes gem. §§ 123 VwGO, 935 ff ZPO verhindert werden. Um bereits im Vorfeld einer Zuschlagserteilung einen Verstoß gegen den Gleichheitsgrundsatz begründen zu können, ist der betreffende Bieter jedoch darauf angewiesen, Einsicht in die Vergabeakten zu erhalten. Anders als im Kartellvergaberecht sieht das haushaltsrechtliche Vergaberecht jedoch wesentlich geringere Pflichten zur Transparenz des Vergabeverfahrens vor. Aus diesem Grunde läßt sich der vorläufige Rechtsschutz zur Vermeidung der Zuschlagserteilung in der Praxis häufig nicht realisieren[100].

Nach der Erteilung des Zuschlags besteht für den Bieter allenfalls die Möglichkeit, einen Anspruch auf Schadensersatz aus Verschulden bei Vertragsschluß[101] geltend zu machen[102].

B. Kartellrechtliche öffentliche Vergabe

Die Besonderheit des Kartellvergaberechts besteht darin, daß es erst oberhalb bestimmter Schwellenwerte Anwendung findet[103] und dabei subjektive Rechte zu Gunsten der Bieter auf Einhaltung des Vergabeverfahrens begründet. Ebenso wie das haushaltsrechtliche Vergaberecht zeichnet sich auch das kartellrechtliche Vergaberecht durch eine Mehrheit von ineinander greifenden Kodifikationen aus. Während sich das haushaltsrechtliche Vergaberecht „lediglich" aus den Haushaltsordnungen und den Verdingungsordnungen zusammensetzt, sieht das

98 Poche, DVBl 2001, 1781, 1785
99 Boesen, Vergaberecht, Einleitung Rdnr. 159
100 Boesen, Vergaberecht, Einleitung Rdnr. 160
101 c.i.c., culpa in contrahendo
102 Poche DVBl 2001, 1781, 1785; detailliert hierzu: Bollongino, S. 43 ff
103 siehe Teil 1, Kap. 7

Kartellvergaberecht eine dreistufige Regelungssystematik vor. Berrisch[104] weist zutreffenderweise darauf hin, daß die Dreistufigkeit durch die EG-Vergaberichtlinien nicht nur ergänzt, sondern verkompliziert wird. Die Rede ist vom so genannten Kaskadenprinzip[105].

Die Dreistufigkeit des Kaskadenprinzips setzt sich aus Vorschriften im GWB, in der Vergabeordnung sowie in den Verdingungsordnungen zusammen.

I. GWB

Im Zuge des Vergaberechtänderungsgesetzes[106] wurden die §§ 97 bis 129 GWB als vierter Teil in das GWB aufgenommen. Der erste Abschnitt der §§ 97 bis 101 GWB behandelt allgemeine Grundsätze und Ziele des Vergaberechts, der zweite Abschnitt der §§ 102 bis 124 GWB das Verfahren zur Durchsetzung subjektiver Bieterrechte. Der Dritte Abschnitt der §§ 125 bis 129 GWB beschäftigt sich mit Ansprüchen auf Schadensersatz als Folge der Verletzung von Vorschriften des Vergabeverfahrens.

Die zentralen Bestimmungen des Kartellvergaberechts lassen sich wie folgt zusammenfassen: Wesentlicher Kernpunkt ist zunächst § 97 Abs. 7 GWB. Durch diese Bestimmung wird erstmals ein unmittelbarer gesetzlicher Rechtsanspruch auf Einhaltung der Bestimmungen über das Vergabeverfahrens begründet. Der Durchsetzung der subjektiven Bieterrechte dient das in § 107 GWB geregelte Nachprüfungsverfahren. Antragsbefugt ist hierfür allerdings nur derjenige, der die Verletzung des Vergaberechts vor der Durchführung des Nachprüfungsverfahrens und unverzüglich nach dessen Bemerken gegenüber dem öffentlichen Auftraggeber schriftlich rügt[107]. Durch das auf schriftlichen Antrag eingeleitete Nachprüfungsverfahren wird die Zuschlagserteilung durch den öffentlichen Auftraggeber automatisch für die Dauer des Vergabeverfahrens ausgesetzt, § 115 Abs. 1 GWB[108].

Über den Antrag entscheidet die jeweils zuständige Vergabekammer[109] innerhalb einer Frist von fünf Wochen nach Antragstellung durch Beschluß. Gegen den Beschluß kann die sofortige Beschwerde innerhalb einer Frist von zwei Wochen beim zuständigen Oberlandesgericht eingelegt werden. Dort bestehen eigens hierfür eingerichtete Vergabesenate.

---

104 DB 2001, 184

105 u. a. Boesen, Vergaberecht, Einleitung Rdnr. 151; Poche, DVBl 2001, 1781, 1786

106 siehe Teil 1, Kap. 2 Ziff. C.II.

107 siehe Teil 1, Kap. 9 A.I.b)bb)

108 siehe Teil 1, Kap. 9 A.I.d)

109 pro Bundesland wurde eine Vergabekammer zentral eingerichtet

Über das Nachprüfungsverfahren hinaus erstreckt sich der Rechtsschutz des Bieters auf die Möglichkeit, gegenüber dem öffentlichen Auftraggeber Schadensersatz geltend zu machen, § 126 GWB. Erweist sich der Antrag auf Durchführung des Nachprüfungsverfahrens jedoch von vornherein als unbegründet und liegt ein Mißbrauch des Nachprüfungsverfahrens durch den Antragsteller vor, besteht für den öffentlichen Auftraggeber die Möglichkeit, den Antragsteller seinerseits auf Schadenersatz in Anspruch zu nehmen, § 125 GWB.

II. Vergabeverordnung[110]

Wie bereits ausgeführt[111], trat die neue VgV[112] zum 1. Februar 2001 und damit erst ca. zwei Jahre nach dem Vergaberechtsänderungsgesetz in Kraft. Die längst überfällige Kodifizierung löste die bisherige VgV aus dem Jahre 1994[113] ab.

Während das GWB die allgemeinen Grundlagen des Vergaberechts oberhalb der Schwellenwerte formuliert, werden diese Grundlagen durch die VgV konkretisiert[114]. Die VgV stellt das notwendige „Scharnier" zwischen dem Kartellvergaberecht im IV. Teil des GWB und den Verdingungsordnungen dar[115]. Sie regelt Teile des Vergabeverfahrens und des vergabespezifischen Nachprüfungsverfahrens[116].

Im Einzelnen legt die VgV in Konkretisierung des § 100 Abs. 1 GWB die Schwellenwerte für alle Arten der öffentlichen Auftragsvergabe[117] rechtsverbindlich fest, § 2 VgV. Für die Vergabe von Versicherungsdienstleistungen besitzt dabei § 3 Ziffer 3 der VgV besondere Bedeutung. Darin wird die Berechnung des Schwellenwertes für Dauerschuldverhältnisse und damit auch für Versicherungsverträge näher bestimmt[118].

Die §§ 7 bis 9 und 11 VgV konkretisieren die in § 98 GWB geregelten Sektorenauftraggeber. Von erheblicher praktischer Bedeutung ist die in § 13 VgV geregelte Informationspflicht. Danach ist der Auftraggeber dazu verpflichtet,

---

110 VgV

111 siehe Teil 1, Kap. 2 C.II.

112 Verordnung über die Vergabe öffentlicher Aufträge vom 9. Januar 2001, BGBl Nr. 3 vom 18. Januar 2001, S. 110

113 Verordnung über die Vergabe Bestimmungen für öffentlicher Aufträge vom 22. Februar 1994, BGBl 1994 I, S. 321, geändert durch die erste Verordnung zur Änderung der VgV vom 29. September 1997

114 Poche, DVBl 2001, 1781, 1786

115 Berrisch DB 2001, 184 ff

116 Grundlegend zur VgV siehe Berrisch, DB 2001, 184 ff; Höfler/Bert NJW 2000, 3310 ff

117 Liefer-, Dienstleistungs- und Bauaufträge

118 siehe Teil 1, Kap. 7

diejenigen Bieter, deren Angebote bei der Vergabe nicht berücksichtigt werden sollen, vorab über die beabsichtigte Zuschlagserteilung zu informieren. Die Information muß spätestens 14 Kalendertage vor dem Vertragsabschluß erteilt werden. Dadurch soll den unterlegenen Bietern effektiver Rechtsschutz gegen die Vergabeentscheidung ermöglicht werden[119].

Hintergrund der Informationspflicht ist die Regelung des § 114 Abs. 2 Satz 1 GWB. Danach kann ein bereits erteilter Zuschlag auch dann nicht aufgehoben werden, wenn er rechtswidrig erteilt wurde. Ein rechtswidriger Zuschlag löst lediglich die Möglichkeit aus, gegen den Auftraggeber Schadensersatzansprüche geltend zu machen. Durch die Vorabinformation wird es dem unterlegenen Bieter ermöglicht, noch vor der Zuschlagserteilung ein Nachprüfungsverfahren einzuleiten.

Darüber hinaus bestimmt § 13 Satz 4 VgV, daß ein vor dem Ablauf dieser Frist abgeschlossener Vertrag nichtig ist. Ein Verstoß gegen diese Vorgaben führt deshalb zur Anwendbarkeit des § 134 BGB[120].

Für die vorliegende Arbeit ist im übrigen der Regelungsgehalt des § 16 VgV von besonderer Bedeutung. Diese Vorschrift beschäftigt sich mit der Frage, welche Personen wegen möglicher Interessenkollisionen von einer Beteiligung am Vergabeverfahren ausgeschlossen werden müssen. § 16 VgV dient deshalb der Sicherstellung diskriminierungsfreier Vergabeverfahren[121]. Anlaß zur Aufnahme der Regelung in die VgV gab die so genannte „Flughafen-Schönefeld-Entscheidung" des Brandenburgischen OLG[122]. Das Brandenburgische OLG hatte darüber zu entscheiden, in welchen Fällen ein vergaberechtlich unzulässiges Doppelmandat vorliegt, wenn Personen im Rahmen eines Vergabeverfahrens sowohl auf der Bieter- als auch auf der Auftraggeberseite tätig werden und dadurch ein mit dem Vergaberecht nicht mehr vereinbarer Interessenkonflikt begründet wird[123]. In Analogie zu § 20 VwVfG wurde diese Frage dahingehend beantwortet, daß bereits der bloße „böse Schein einer möglichen Parteilichkeit" ausreichend sei, um eine unzulässige Beeinflussung auf die Vergabeentscheidung anzunehmen[124].

---

119 Berrisch DB 2001, 184, 185

120 Berrisch DB 2001, 185. Wegen der Kritik an diese Regelung wird verwiesen auf Höfler/Bert NJW 2000, Seite 312; Boesen, Vergaberecht, § 107 Rdnr 14 ff und § 114 Rdnr 34 ff

121 Höfler/Bert NJW 2000, 3310, 3315

122 Beschluß vom 3. August 1999, Az. 6 Verg 1/99, veröffentlicht unter anderem in DB 1999, 1793 mit Anm. von Berrisch; BauR 1999, 1175, BB 1999, 1949; ZVgR 1999, 207; zu der Entscheidung weiterhin: Otting NJW 2000, 484; Neßler NVwZ 1999, 1081; Leinemann, BauR 1999, 1183

123 OLG Brandenburg DB 1999, 1794

124 OLG Brandenburg a.a.O, Fn 123

Sowohl in der Rechtsprechung[125] als auch in der Literatur[126] wurde ausgesprochen kontrovers diskutiert, ob es für die Annahme eines Interessenkonflikts erforderlich sei, daß sich das „Doppelmandat“ auf die Vergabeentscheidung konkret auswirken müsse. Dieser Streit wurde in § 16 VgV zu Ungunsten der vom Brandenburgischen OLG entwickelten „Rechtsscheintheorie“ entschieden. Nach der Regelung des § 16 VgV entfällt das Mitwirkungsverbot sowohl bei Doppelmandaten als auch bei Beratungsunternehmen, die in Geschäftsbeziehungen zur Auftraggeber- wie Bieterseite stehen, wenn entweder kein Interessenkonflikt besteht oder sich die betreffende Tätigkeit nicht auf die Vergabeentscheidung auswirkt[127].

Dennoch enthält § 16 VgV eine für den Bieter günstige Regelung. Durch die in § 16 VGV gewählte Formulierung[128] wird klargestellt, daß es im Falle einer möglichen Interessenskollision Aufgabe des Auftraggebers ist nachzuweisen, daß diese entweder tatsächlicher Grundlage entbehrt oder keinen Einfluß auf die Vergabeentscheidung genommen hat[129].

III. VOL/A

1) Einführung

Die Verdingungsordnungen enthalten detaillierte Regelungen über das Vergabeverfahren und die Vergabekriterien. Je nach der Art des öffentlichen Auftrags wurden drei unterschiedliche Verdingungsordnungen erlassen[130]. Während die VOB/A ausschließlich das Bauvergabewesen und die VOF/A ausschließlich freiberufliche Leistungen betreffen, beschäftigt sich die VOL/A mit der Vergabe von Leistungen. Gem. § 1 VOL/A werden hiervon auf dem Wege des Negativausschlusses sämtliche Leistungen erfaßt, die nicht in den Zuständigkeitsbereich der VOB/A und der VOF/A fallen. Hierzu gehören nach einhelliger Auffassung in Rechtsprechung und Literatur auch Versicherungsdienstleistungen[131].

---

125 u. a. OLG Rostock, VersR 1999, 1511; OLG Düsseldorf, Beschluß vom 18. Oktober 2000, Verg 3/99, NJW 2001, 1043 ff

126 u. a. Berrisch, Anm. zu OLG Brandenburg in DB 1999, 1793; Höfler/Bert NJW 2000, 3316

127 Berrisch, DB 2001, 184, 187

128 „es sei denn,“

129 Für die Vergabe von Versicherungsdienstleistungen ebenso OLG Düsseldorf, a.a.O., Fn 125

130 zur Geschichte der Verdingungsordnungen siehe Byock/Jaeger-Kokott, Einführung Rdnr. 9; Schubert, S. 389, 395

131 siehe hierzu lediglich Daub/Eberstein-Müller, § 1 a Rdnr 116 ff

2) Aufbau

Der Aufbau der VOL/A orientiert sich an einer eher unüblichen Gesetzessystematik. Hintergrund dieser Systematik ist, daß die Verdingungsordnung Regelungen enthält, die sowohl für das Vergabeverfahren unterhalb als auch oberhalb der Schwellenwerte gelten. Darüber hinaus muß innerhalb der VOL/A zwischen öffentlichen Auftraggebern sowie privaten Sektorenauftraggebern unterschieden werden. Um diese Unterscheidung gewährleisten zu können, wurde die VOL/A in vier Abschnitte gegliedert. Anders als in anderen gesetzlichen Regelungen wurde dabei jedoch nicht eine fortlaufende Nummerierung der Abschnitte und der darin enthaltenen Paragrafen gewählt. Vielmehr wird zwischen Basisparagrafen, a-Paragrafen, b-Paragrafen und Regelungen für Sektorenauftraggeber unterschieden.

Unterhalb der Schwellenwerte haben öffentliche Auftraggeber ausschließlich den Abschnitt 1 und die darin enthaltenen Basis-Paragrafen 1 bis 30 zu beachten. Die Verpflichtung zur Anwendung der a-Paragrafen wird in § 1 a VOL/A[132] geregelt. Danach müssen öffentliche Auftraggeber bei öffentlichen Aufträgen oberhalb der Schwellenwerte sowohl die vorgenannten Basisparagrafen als auch die a-Paragrafen beachten. Sind öffentliche Auftraggeber in den so genannten Sektorenbereichen[133] tätig, findet Abschnitt 3 der VOL/A Anwendung. Derartige Auftraggeber müssen neben den Basis-Paragrafen auch die so genannten b-Paragrafen beachten. Letztlich findet Abschnitt 4 der VOL/A auf private Sektorenauftraggeber Anwendung.

Da sich die vorliegende Arbeit auf die Behandlung des Kartellvergaberechts oberhalb der Schwellenwerte und außerhalb des Anwendungsbereichs der so genannten Sektorenauftraggeber beschränkt, sind hier allein die Vorschriften der Abschnitte 1 und 2 der VOL/A von Relevanz. Diese Abschnitte beinhalten Regelungen über allgemeine Grundsätze der Vergabe, die maßgeblichen Vergabearten sowie sonstige Regelungen zur Ausgestaltung und zum Ablauf des Vergabeverfahrens bis zur Zuschlagserteilung oberhalb der Schwellenwerte.

3) Rechtliche Qualifikation

Nach Maßgabe ihrer historischen Entwicklung handelt es sich bei der VOL/A ursprünglich um Verwaltungsvorschriften, die sich an die untergeordneten Dienststellen richten und eine gleichmäßige Behandlung der in Frage stehenden

132 Abschnitt 2
133 Verkehr, Energie, Wasser, Telekommunikation

Verwaltungsgeschäfte sicherstellen sollen[134]. Demgemäß besitzen die Vorschriften der VOL/A ihrem Ursprung nach weder die Bedeutung eines Gesetzes noch die einer Rechtsverordnung. Die Vorschriften entfalten somit grundsätzlich keine Außenwirkung.

Die skizzierten Grundsätze zur fehlenden Rechtsnormqualität der VOL/A gelten jedoch nur für die Basis-Paragrafen der VOL/A. Finden hingegen die Regelungen der Abschnitte 2 bis 4 der VOL/A Anwendung, handelt es sich also um ein Vergabeverfahren oberhalb der Schwellenwerte oder für öffentliche oder private Sektorenauftraggeber, besitzen die Regelungen der VOL/A den Rang einer Rechtsverordnung[135]. Folglich haben sie in diesem Bereich Rechtsnormcharakter[136].

Als Rechtsnorm entfalten die Vorschriften drittschützende Wirkung. Bieter oder Bewerber können deshalb behauptete Verstöße gegen Vergabevorschriften in den dafür vorgesehenen Rechtsmittelverfahren[137] überprüfen lassen. Derartige Rechte stehen Bietern und Bewerbern in Vergabeverfahren unterhalb der Schwellenwerte nicht zu. Für sie besteht kein einklagbarer Anspruch auf Einhaltung der vergaberechtlichen Bestimmungen der VOL/A[138].

Kapitel 4 Anwendungsbereich des Kartellvergaberechts

A. Persönlicher/subjektiver Anwendungsbereich

Der persönliche bzw. subjektive Anwendungsbereich des Kartellvergaberechts beantwortet die Frage, welche Auftraggeber die Vorschriften des Kartellvergaberechts zu beachten haben.

I. Institutionelle öffentliche Auftraggeber

Das haushaltsrechtliche Vergaberecht beschränkte seinen Anwendungsbereich noch allein auf die „klassischen" institutionellen öffentlichen Auftraggeber, also den Staat mit seinen Gebietskörperschaften sowie sonstige Körperschaften und

---

134 BGH NJW 1992, 827; Daub/Eberstein-Kokott, Einführung Rdnr. 71

135 Daub/Eberstein-Eberstein, Einführung Rdnr. 83

136 Poche, DVBl 2001, 1781, 1786

137 so genannte Nachprüfungsverfahren, siehe Teil 1, Kap. 9

138 zum fehlenden einklagbaren Anspruch des Bieters unterhalb der Schwellenwerte siehe u. a. OLG Frankfurt JBR 1997, 178; Huber JZ 2000, 877; Daub/Eberstein-Eberstein, Einführung Rdnr. 83

Einrichtungen des öffentlichen Rechts. Private Unternehmen wurden vom Vergaberecht grundsätzlich nicht erfaßt[139].

II. Funktionelle öffentliche Auftraggeber

Dieser Anwendungsbereich erfuhr im Zuge der europarechtlichen Vorgaben[140] eine erhebliche Erweiterung[141]. Anlaß hierzu gab der Umstand, daß sich die Mitgliedstaaten der Europäischen Union zur Erfüllung ihrer öffentlichen Aufgaben in unterschiedlichem Umfang privatrechtlicher Gestaltungsformen bedienten[142].

Um bei der Vergabe öffentlicher Aufträge eine Gleichbehandlung in sämtlichen Mitgliedstaaten zu gewährleisten, bedurfte es einer Ausweitung der Begriffsbestimmung des öffentlichen Auftraggebers. Hierzu wurde vom EuGH[143] der Begriff des „funktionellen öffentlichen Auftraggebers" entwickelt. Danach kommt es für die Bestimmung des öffentlichen Auftraggebers nicht darauf an, ob und inwieweit er förmlich in die staatliche Verwaltung eingegliedert ist. Maßgeblich ist vielmehr, ob eine Einrichtung unabhängig von ihrer öffentlich-rechtlichen oder privatrechtlichen Qualifikation eine im Allgemeininteresse liegende Aufgabe nicht gewerblicher Art erfüllt[144].

III. Der öffentliche Auftraggeber im Kartellvergaberecht

Der Begriff des funktionellen öffentlichen Auftraggebers floß in die Regelungen des subjektiven Anwendungsbereichs des Kartellvergaberechts nach dem GWB ein. Das Kartellvergaberecht gilt gem. § 97 Abs. 1 GWB ausdrücklich nur für öffentliche Auftraggeber[145]. Wer damit im einzelnen gemeint ist, wird in § 98 GWB geregelt.

---

139 Byock/Jaeger-Hailbronner/Werner, § 98 Rdnr. 199

140 Die Gleichstellung aller EG-Unternehmen bei der Vergabe öffentlicher Aufträge stellt ein Gemeinschaftsziel im Sinne des Art. 14 EGV dar, vgl. Prieß, S. 29

141 Jasper, DB 1998, 2151, 2153

142 Byock/Jäger-Hailbronner/Werner, § 98 Rdnr. 202; Pietzcker, ZHR 162 (1998), 427, 443; Boesen, Vergaberecht, Rdnr. 10

143 Urteil v. 20.09.1988, Rs. 31/87, Gebroeders Beentjes BV gegen Niederländischer Staat, Slg 1988, Band V. S. 4635, 4655 Rdnr. 11

144 Byock/Jäger-Hailbronner/Werner § 98, Rdnr. 204; Pietzcker, a.a.O., S. 444

145 grundlegend zum Begriff des öffentlichen Auftraggebers: Dreher, DB 1998, 2579

1) § 98 Nr. 1 GWB

Gem. § 98 Nr. 1 GWB sind sämtliche Gebietskörperschaften sowie deren Sondervermögen als öffentliche Auftraggeber zu qualifizieren. Diese Regelung erfaßt somit zunächst die bereits vom haushaltsrechtlichen Vergaberecht umfaßten „klassischen" öffentlichen Auftraggeber, also den Bund, die Länder sowie auch die in der vorliegenden Arbeit schwerpunktmäßig behandelten Kommunen.

2) § 98 Nr. 2 GWB

Dieser Kreis wird in § 98 Nr. 2 GWB um juristische Personen des öffentlichen und des Privatrechts erweitert, die zu dem besonderen Zweck gegründet wurden, im Allgemeininteresse liegende Aufgabe nicht gewerblicher Art zu erfüllen. Ziel dieser Vorschrift ist es, auch in privatrechtlicher Form durchgeführte staatliche Aufgaben dem Vergaberecht zu unterwerfen und damit in flexibler Weise den zunehmenden Privatisierungstendenzen begegnen zu können[146]. Zur Spezifizierung der von dieser Vorschrift umfaßten öffentlichen Auftraggeber werden im Anhang I zur Dienstleistungsrichtlinie diejenigen Einrichtungen aufgelistet, die hiervon zweifelsfrei mitumfaßt werden. Im Anhang werden u. a. Körperschaften des öffentlichen Rechts wie beispielsweise berufsständische Vereinigungen, Sozialversicherungen und kassenärztliche Vereinigungen, Anstalten und Stiftungen sowie sonstige juristische Person des Privatrechts erfaßt, die der staatlichen Kontrolle unterliegen und im Allgemeininteresse tätig werden. Die Auflistung schließt kommunale Versorgungsunternehmen wie beispielsweise Einrichtungen des Gesundheitswesens, der Kultur und der Wissenschaft ein.

3) § 98 Nr. 3 GWB

§ 98 Nr. 3 GWB behandelt Verbände, deren Mitglieder unter § 98 Nr. 1 oder Nr. 2 GWB fallen. Gemeint sind beispielsweise Zweck- und Kommunalverbände sowie Schulverbände und Gewerkschaften[147].

4) § 98 Nr. 4 GWB

Der Regelungsgehalt des § 98 Nr. 4 GWB beschäftigt sich mit Sektorenauftraggebern. Hierbei handelt es sich um natürliche oder juristische Personen des Privatrechts, die auf dem Gebiet der Trinkwasser- oder Energieversorgung, des

146 Byock/Jaeger-Hailbronner/Werner, § 98 Rdnr. 224
147 Byock/Jaeger-Hailbronner/Werner, § 98 Rdnr. 269

Verkehrs oder der Telekommunikation tätig sind. Die Erweiterung des Anwendungsbereiches des Kartellvergaberechts auf Sektorenauftraggeber basiert auf der Sektorenrichtlinie. Darin wird als Grund für die vergaberechtliche Erfassung dieser Unternehmen die Abschottung der Märkte und die Monopolstellung der Unternehmen in den Sektoren genannt[148].

Da sich die vorliegende Arbeit mit der Vergabe von Versicherungsdienstleistung im Bereich der Sektorenauftraggeber nicht beschäftigt, wird auf eine weitergehende Darstellung dieser Auftraggebereigenschaft verzichtet.

5) § 98 Nr. 5, 6 GWB

Letztlich behandeln § 98 Nr. 5 GWB staatlich subventionierte Auftraggeber sowie § 98 Nr. 6 GWB so genannte Baukonzessionäre.

B. Sachlicher Anwendungsbereich des Kartellvergaberechts auf Versicherungsdienstleistungen

Der sachliche Anwendungsbereich des Kartellvergaberechts beantwortet die Frage, welche Arten von öffentlichen Aufträgen von seinem Regelungsbereich mit umfaßt werden. Für die vorliegende Arbeit ist die Frage zu beantworten, ob das Kartellvergaberecht auf die Vergabe von Versicherungsdienstleistungen Anwendung findet.

I. Versicherungsverträge

Das Vergaberecht nach den Vorschriften des Vergaberechtsänderungsgesetzes[149] gilt für öffentliche Aufträge gem. § 99 GWB. Gem. § 99 Abs. 1 GWB müssen sich die öffentlichen Aufträge auf Lieferleistungen, Bauleistungen, Dienstleistungen oder Auslobungsverfahren, die zu Dienstleistungsaufträgen führen sollen, beziehen. Dienstleistungsaufträge sind sämtliche Aufträge, die weder Lieferleistungen, Bauleistungen nach Auslobungsverfahren zum Gegenstand haben und damit nicht unter § 99 Abs. 2 und 3 GWB zu subsumieren sind. Da Versicherungsdienstleistungen weder Lieferleistungen noch Bauleistungen oder Auslobungsverfahren betreffen, stellen sie Dienstleistungsaufträge dar.

Welche Dienstleistungen vom Regelungsgehalt des Kartellvergaberechts konkret mitumfaßt werden, ergibt sich nicht unmittelbar aus § 99 GWB, sondern

---

148 Richtlinie 93/38, Erwägungsgründe 11-12, Anhang II Nr. 4

149 4. Teil des GWB, §§ 97 bis 129 GWB

aus den Vorschriften der VOL/A sowie der Dienstleistungsrichtlinie[150]. In § 1a Ziffer 3 VOL/A wird zur näheren Bestimmung von Dienstleistungsaufträgen i. S. von entgeltlichen Verträgen über die Erbringung von Dienstleistungen auf Anhang IA und IB zur VOL/A Bezug genommen. Darin wird unter der Kategorie 6 ausdrücklich der Titel „Finanzielle Dienstleistungen, a) Versicherungsdienstleistungen“ aufgeführt.

Die Angaben in der Anlage zur VOL/A decken sich mit denjenigen in der Dienstleistungsrichtlinie. Art. 8 der Dienstleistungsrichtlinie bestimmt, daß Aufträge, deren Gegenstand Dienstleistungen des Anhang IA sind, nach den Vorschriften der Abschnitte III bis VI vergeben werden. Im Anhang IA der Dienstleistungsrichtlinie heißt es ausdrücklich, Dienstleistungen i. S. von Art. 8 sind u. a. Finanzdienstleistungen, zu denen Versicherungsdienstleistungen gehören.

Zur weiteren Präzisierung wird auf die CPC-Referenzen Nr. 812 und 814 verwiesen. Hierbei handelt es sich um die United Nations Central Product Classification. Von Nr. 812 werden nach Sparten aufgegliederte Dienstleistungen der Versicherung und Dienstleistungen von Pensionskassen außer zwingenden Sozialversicherungsdienstleistungen erfaßt. Dieser Kreis wird in Nr. 814 auf sämtliche mit der Versicherung verbundenen Dienstleistungen erweitert[151].

Demgemäß werden Versicherungsverträge jeder Art als Dienstleistungsaufträge qualifiziert[152].

II. Vorläufige Deckungszusagen

Fraglich ist, ob auch versicherungsrechtliche Vereinbarungen über eine vorläufige Deckung unter den Anwendungsbereich des Kartellvergaberechts fallen[153].

Vorläufige Deckungen verfolgen den Zweck, dem Versicherungsnehmer bereits vor dem formellen Abschluß eines Versicherungsvertrages Versicherungsschutz zur Verfügung zu stellen[154]. „Eine Deckungszusage erteilt der Versicherer, wenn zwischen ihm und dem Versicherungsnehmer über den Abschluß eines

---

150 Richtlinie 92/50/EWG des Rates vom 18. Juni 1992 über die Koordinierung der Verfahren zur Vergabe öffentlicher Dienstleistungsaufträge, ABl. EG Nr. L 209 S. 1 i. d. F. des Abkommens über den Europäischen Wirtschaftsraum, ABl. EG Nr. L 160 vom 28. Juni 1994

151 vgl. Dreher, NVersZ 1999, 10, 11

152 siehe hierzu u. a. Kupfer, ZKF 1999, 218, 221; Daub/Eberstein-Müller § 1a Rdnr. 116

153 soweit diese Frage bislang thematisiert wurde, gelangten sämtliche Autoren zu dem Ergebnis, daß auch vorläufige Deckungszusagen unter den Anwendungsbereich des Kartellvergaberechts fallen. Zu verweisen ist u.a. auf Daub/Eberstein-Müller, § 1a Rdnr. 116; Dreher, VersR 2000, 666, 677

154 Römer/Langheid, vor § 1 Rdnr. 12

Versicherungsvertrages oder die Abänderung eines bestehenden Versicherungsvertrages soweit Einigung erzielt ist, daß der künftige Abschluß in Aussicht genommen werden kann, während der endgültige Abschluß, namentlich die Ausfertigung der Versicherungspapiere, vielleicht auch die Besprechung minder wesentlicher Einzelheiten mutmaßlich noch eine gewisse Zeit in Anspruch nehmen wird"[155].

Große praktische Bedeutung besitzt die vorläufige Deckung insbesondere bei Kraftfahrzeughaftpflicht- und -kaskoverträgen. Um dem Versicherungsnehmer die Nutzung des Kraftfahrzeuges bereits vor dem noch einige Zeit in Anspruch nehmenden endgültigen Abschluß des Versicherungsvertrages ermöglichen zu können, wird ihm bereits zuvor durch die vorläufige Deckung zugesichert, beim Eintritt eines Versicherungsfalls Leistungen aus dem Versicherungsvertrag in Anspruch nehmen zu können. Im übrigen kommen vorläufige Deckungszusagen in annähernd sämtlichen Sparten der Sach- und Personenversicherung vor.

1) Trennungstheorie

Eine Pflicht zur Ausschreibung einer vorläufigen Deckung kann nur dann angenommen werden, wenn es sich hierbei um einen selbstständigen Versicherungsvertrag handelt. Dies wird von der überwiegenden Auffassung in Rechtsprechung[156] und Literatur[157] angenommen. Danach stellt die vorläufige Deckungszusage einen echten Versicherungsvertrag vorläufigen Charakters dar[158]. Grundlage dieser Auffassung ist die so genannte Trennungstheorie, wonach durch die vorläufige Deckungszusage im Verhältnis zum später abgeschlossenen Versicherungsvertrag ein selbstständiges Vertragsverhältnis zwischen dem Versicherungsnehmer und dem Versicherer begründet wird[159].

2) Einheitstheorie

Demgegenüber wird von den Vertretern der Einheitstheorie[160] die Auffassung vertreten, daß die Gewährung einer vorläufigen Deckungszusage und der sich daran anschließende endgültige Abschluß des Versicherungsvertrages als ein-

155 RG 107,198
156 u. a. BGHZ 21, 122; BGH VersR 51, 144
157 Prölss/Martin-Prölls, Zusatz zu § 1 VVG Rdnr. 2; Römer/Langheid-Römer vor § 1 Rdnr. 12; BK-Schwintowski, § 5 a Rdnr. 87, 94
158 BK-Schwintowski, a. a. O. (Fn. 157), Rdnr 94
159 u.a. Prölss/Martin-Prölss Zusatz zu § 1 Rdnr 2; Römer/Langheid-Römer, vor § 1 Rdnr 12
160 Bruck/Möller, § 1 VVG Anm. 94; RGZ 19,26

heitliches Rechtsverhältnis zu behandeln sind. Nach dieser Auffassung bedürfte es für die Erteilung einer vorläufigen Deckungszusage keiner separaten öffentlichen Vergabe. Vielmehr wäre der Versicherungsvertrag in seiner Gesamtheit aus vorläufiger Deckung und anschließendem Hauptvertrag öffentlich auszuschreiben.

3) Stellungnahme

Die Einheitstheorie vermag jedoch nicht zu überzeugen. Nach ihrem Sinn und Zweck verfolgt die Vereinbarung einer vorläufigen Deckungszusage das Ziel, ein bis zum endgültigen Abschluß eines Versicherungsvertrages vorläufiges aber selbstständig zu behandelndes Versicherungsverhältnis zwischen den Parteien des Versicherungsvertrages zu begründen. Aus diesem Versicherungsverhältnis resultieren selbstständige Rechte und Pflichten, die unabhängig vom späteren Abschluß des „Hauptvertrages" sein sollen.

Die Trennung zwischen den beiden Versicherungsverträgen entspricht auch dem Schutzbedürfnis des Versicherungsnehmers. Nur wenn die vorläufige Deckung als selbstständiger Versicherungsvertrag qualifiziert werden kann, kann der Versicherungsnehmer beispielsweise die Schutzvorschriften des VVG bei Abschluß des Versicherungsvertrages (§§ 5, 5a VVG) in Anspruch nehmen.

Letztlich geht auch das Gesetz von zwei voneinander getrennten Versicherungsvertragsverhältnissen aus. Dieser Rückschluß leitet sich aus § 5a VVG her. Dort ist geregelt, daß im Falle der Gewährung einer vorläufigen Deckungszusage eine Vereinbarung dahingehend geschlossen werden kann, daß auf die Überlassung der Versicherungsbedingungen und der Verbraucherinformationen bei Vertragsabschluß verzichtet werden kann. Der Regelungsgehalt setzt somit voraus, daß die vorläufige Deckungszusage und der Abschluß des Hauptvertrages als voneinander getrennt zu behandelnde Versicherungsverhältnisse zu qualifizieren sind.

III. Praktische Konsequenzen

Finden somit die Vorschriften des Kartellvergaberechts sowohl auf Versicherungsverträge als auch auf vorläufige Deckungszusagen uneingeschränkte Anwendung, stellt sich die Frage, welche praktischen Konsequenzen hieraus resultieren.

Auch wenn Versicherungsverträge über vorläufige Deckungszusagen grundsätzlich nach dem Kartellvergaberecht zu beurteilen sind, werden sich die Fälle, in denen eine öffentliche Vergabe tatsächlich durchzuführen ist, auf wenige Ausnahmen beschränken. Dies folgt zwangsläufig aus der verhältnismäßig geringen Prämie, die der Versicherungsnehmer für die vorläufige Deckung zu entrichten hat. Diese Prämie wird nur in seltenen Ausnahmefällen die Schwellenwerte für die Anwendung des Kartellvergaberechts überschreiten.

Wird der maßgebliche Schwellenwert[161] dennoch überschritten, ist insbesondere die bei der Vergabe von Versicherungsdienstleistungen zu berücksichtigende zeitliche Komponente von besonderer Relevanz. Sind Versicherungsverträge i. S. von Hauptverträgen abzuschließen, läßt sich die dafür erforderliche öffentliche Vergabe in der Regel rechtzeitig vor dem erforderlichen Versicherungsbedarf in die Wege leiten. Ist jedoch bereits der Versicherungsvertrag über die vorläufige Deckungszusage öffentlich auszuschreiben, wird hierfür nicht in jedem Fall die benötigte Zeit zur Verfügung stehen.

Gemeint sind die Fälle, in denen der Versicherer von seinem Recht Gebrauch macht, einen bestehenden Versicherungsvertrag rechtzeitig vor dem Ablauf der vereinbarten Vertragszeit zu kündigen. Die Kündigungsfrist beträgt hierfür in aller Regel drei Monate vor dem Ablauf der vereinbarten Versicherungszeit. Wird ein öffentlicher Auftraggeber mit einer derartigen Kündigung konfrontiert, befindet er sich in der Not, sich bis zum Ablauf der Kündigungsfrist, also innerhalb von drei Monaten, anderweitigen Versicherungsschutz beschaffen zu müssen. Die zur Vorbereitung und Durchführung des Vergabeverfahrens nach dem Kartellvergaberecht erforderliche Zeit reicht hierfür jedoch in aller Regel nicht aus. Der öffentliche Auftraggeber wird deshalb darauf angewiesen sein, bis zum Abschluß des auszuschreibenden Hauptvertrages vorläufigen Versicherungsschutz in Anspruch zu nehmen.

Sofern der öffentliche Auftraggeber in derartigen Situationen dazu verpflichtet wird, selbst die vorläufige Deckung vergaberechtskonform auszuschreiben, wird der Versicherungsschutz nicht rechtzeitig vor dem Ablauf des gekündigten Versicherungsvertrages zur Verfügung stehen. Zwangsläufige Folge sind zeitliche Deckungslücken. Kommt es in der Zeit zwischen dem Ablauf des alten Versicherungsvertrages und der Vergabe der vorläufigen Deckung bzw. des endgültigen Versicherungsvertrages zu einem Schadenfall, kann dies zu existenzbedrohenden finanziellen Belastungen öffentlicher Auftraggeber führen.

Unter Berücksichtigung dieser weitreichenden Nachteile ist es sachgerecht, den öffentlichen Auftraggeber in derartigen Ausnahmefällen von der Pflicht zur öffentlichen Vergabe der vorläufigen Deckungszusage zu befreien. Einer solchen Auslegung steht der Sinn und Zweck des Kartellvergaberechts nicht entgegen. Nach Maßgabe seiner europarechtlichen Vorgaben und Ursprünge[162] verfolgt das Kartellvergaberecht die Zielsetzung, auch die Vergabe öffentlicher

161 siehe Teil 1, Kap. 7
162 siehe Teil 1, Kap. 2 Ziff. B.

Aufträge in einem transparenten und diskriminierungsfreien europäischen Wettbewerb einzubinden. Der Wettbewerbsgedanke muß jedoch dort zurücktreten, wo die Anwendung der vergaberechtlichen Vorgaben zu existenzgefährdenden Konsequenzen führen kann. Angesichts der verhältnismäßig geringen wirtschaftlichen Bedeutung vorläufiger Deckungszusagen ist dies auch vertretbar[163].

Kapitel 5 Öffentlicher Auftrag im Kartellvergaberecht

A. Einführung

Die Pflicht zur öffentlichen Vergabe nach dem Kartellvergaberecht trifft kommunale Auftraggeber nur dann, wenn sie öffentliche Aufträge im Sinne des § 99 GWB zu vergeben haben. Danach sind öffentliche Aufträge entgeltliche Verträge zwischen öffentlichen Auftraggebern und Unternehmen, die Liefer-, Bau- oder Dienstleistungen zum Gegenstand haben sowie Auslobungsverfahren, die zu Dienstleistungsaufträgen führen sollen.

Die Entgeltlichkeit des Vertrages setzt voraus, daß der öffentliche Auftraggeber eine Gegenleistung erbringen muß[164]. Dies ist immer dann der Fall, wenn der Vertrag rechtlich abhängig ist von einer als Ausgleichung aufgefaßten eigenen Zuwendung in dem Sinne, daß er nur zusammen mit dieser endgültig sein soll[165]. Die Gegenleistung besteht in der Regel in der Zahlung von Geld[166], kann aber auch in jeder anderen Art von Gegenleistung erbracht werden[167].

Bei der Vergabe von Versicherungsdienstleistungen durch öffentliche Auftraggeber steht grundsätzlich nicht in Zweifel, daß es sich hierbei um öffentliche Aufträge gem. § 99 Abs. 1 GWB handelt. Der vom öffentlichen Auftraggeber angestrebte Abschluß eines Versicherungsvertrages stellt einen entgeltlichen Vertrag im Sinne dieser Bestimmung dar. Die Entgeltlichkeit von Versicherungsverträgen folgt aus § 1 Abs. 2 VVG. Danach hat der Versicherungsnehmer die vereinbarte Prämie zu entrichten.

Handelt es sich bei dem Versicherungsunternehmen um einen Versicherungsverein auf Gegenseitigkeit, wird die Prämie als „Beitrag" bezeichnet.

---

163 ungeachtet dessen kann die Gefahr von Deckungslücken durch die Vereinbarung von Nachhaftungszeiträumen in den Versicherungsverträgen minimiert werden

164 Byock/Jaeger-Hailbronner, § 99 Rdnr. 337

165 RG vom 30. Januar 1940, RGZ 163, 348, 356

166 Korbion, § 99 Rdnr. 2

167 Byock/Jaeger-Hailbronner, § 99 Rdnr 337

Fraglich ist allerdings, ob diese Grundsätze für sämtliche Versicherungsdienstleistungen im Bereich der öffentlichen Verwaltung gelten. In der vergaberechtlichen Literatur[168] werden Einschränkungen dort diskutiert, wo Geschäfte der öffentlichen Verwaltung als innerdienstliche Angelegenheit qualifiziert werden können[169].

Reines Verwaltungsinnenrecht liegt vor, wenn Waren oder Dienstleistungen innerhalb derselben juristischen Person ausgetauscht werden. Derartige Vorgänge können mangels Vertragsschlusses von vornherein keine Pflicht zur öffentlichen Vergabe begründen[170]. In Fällen dieser Art findet eine Teilnahme am allgemeinen Wirtschaftsverkehr nicht statt, weshalb die Vorschriften des Vergaberechts nicht zur Anwendung kommen.

Derartige Vorgänge werden auch nach Auffassung des EuGH[171] vom Anwendungsbereich des Rechts der öffentlichen Vergabe ausgenommen[172].

Gegenstand der Diskussion ist dabei, ob die an Kommunalversicherer und an den Kommunalen Schadensausgleich vergebenen Aufträge als öffentliche Auf-

---

168 siehe u.a. Klar, Vergabe von Versicherungsdienstleistungen durch Kommunen und kommunale Einrichtungen aus der Sicht eines Kommunalversicherers, GVV-Mitteilungen 1998, 6 ff; Porz, EG-Recht und öffentliches Vergabewesen, Stadt und Gemeinde 1991,143 ff; ders. Verlieren die Kommunalversicherer ihre Monopolstellung? Stadt und Gemeinde 1995, 123; Trautner, Vergaberecht: Immer neue Risiken für öffentliche Auftraggeber, BADK-Informationen 2001, 1 ff; Kupfer, Ausschreibungspflicht der Kommunen bei der Vergabe von Dienstleistungsverträgen, insbesondere von Versicherungs- und Finanzdienstleistungen, ZKF 1999, 218; Weiser, EG-weite Ausschreibung von Versicherungsdienstleistungen, VW 1992, 224 ff; Kulartz/Niebuhr, Sachlicher Anwendungsbereich und wesentliche Grundsätze des materiellen GWB-Vergaberechts, NZBau 2000, 6 ff

169 die Rede ist auch von so genannten „In-House-Geschäften", siehe u.a. Trautner, BADK-Informationen 2001, 1, 2

170 Kupfer ZKF, 1999, 218

171 Urteil des Europäischen Gerichtshofs vom 18. November 1999 (C 107/98), u.a. RdSchrb.DStGB Nr. 51 vom 23.12.1999

172 Der Europäische Gerichtshof hatte über die Frage zu entscheiden, ob die Lieferkoordinierungsrichtlinie auf einen Fall Anwendung findet, in dem eine Gebietskörperschaft die Lieferung von Waren einem Konsortium übertrug, dem sie selbst angehörte. Die Anwendbarkeit der Lieferkoordinierungsrichtlinie wurde vom EuGH bejaht, weshalb eine öffentliche Vergabe hätte durchgeführt werden müssen. Allerdings sei dies in den Anwendungsfällen der hier interessierenden Lieferkoordinierungsrichtlinie anders zu beurteilen, als nach der Dienstleistungsrichtlinie. Nach Art. 6 der Dienstleistungskoordinierungsrichtlinie gilt die Richtlinie nicht für die Vergabe von Dienstleistungsaufträgen, die an eine Stelle vergeben werden, die ihrerseits einen öffentlicher Auftraggeber im Sinne der Richtlinie darstellt

träge im Sinne des § 99 Abs. 1 GWB zu qualifizieren sind oder reines Verwaltungsinnenrecht betreffen. Zur Beantwortung dieser Frage ist zu prüfen, ob die an diese Einrichtungen vergebenen Aufträge anders zu beurteilen sind, als die Vergabe öffentlicher Aufträge an Versicherungsgesellschaften.

I. Kommunalversicherer

Regelmäßig decken die „klassischen" öffentlichen Auftraggeber Bund, Länder und Gemeinden die in ihrem Bereich auftretenden Risiken nach dem Prinzip der Selbstversicherung ab. Zur Absicherung der Risiken werden deshalb keine privatrechtlichen Versicherungsverträge abgeschlossen. Vielmehr werden Schadensfälle aus Haushaltsmitteln reguliert.

Diese Möglichkeit besteht jedoch nicht für jede Kommune. Teilweise begründet das Prinzip der Selbstversicherung im Schadensfall zu große Haushaltrisiken. Um sich die erforderliche Absicherung derartiger Risiken dennoch nicht auf dem freien und kostenintensiven Versicherungsmarkt beschaffen zu müssen, gründeten kommunale Gebietskörperschaften mit so genannten Kommunalversicherern spezielle Formen der Selbstversicherung[173].

Hierbei handelt es sich um Institutionen mit eigener Rechtspersönlichkeit, die versicherungsrechtliche Risiken ebenso wie andere Versicherer über Beitragserhebungen abdecken[174]. Die Risiken werden somit nach dem Prinzip der Solidar- und Gefahrengemeinschaft getragen. Mitglieder der Kommunalversicherer sind Städte, Gemeinden und Kommunale Unternehmen wie beispielsweise Sparkassen.

Prägendes Merkmal der Kommunalversicherer ist, daß deren Versicherungsnehmer gleichzeitig deren Mitglieder sind. Damit entsprechen sie dem allgemeinen Grundprinzip des VvaG gem. §§ 15 ff VAG. Die Kommunalversicherer verstehen sich deshalb als kommunale Selbsthilfeeinrichtung mit Sonderstatus. Als Selbsthilfeeinrichtung in der Rechtsform des Versicherungsvereins auf Gegenseitigkeit richtet sich die Beitragsgestaltung ausschließlich nach dem Schadensbedarf. Es besteht deshalb keine Gewinnerzielungsabsicht. Überschüsse aus dem

---

173 Einer der größten bundesdeutschen Kommunalversicherer ist die „GVV-Kommunalversicherung" mit über 5.700 Mitgliedern in Form von Städten, Gemeinden, Kreisen, Ämtern, kommunalen Sparkassen und sonstigen kommunalen Einrichtungen. Das Geschäftsgebiet der GVV-Kommunalsversicherung umfaßt die Bundesländer Hessen, Saarland, Nordrhein-Westfalen, Berlin, Hamburg, Bremen sowie Teile von Rheinland-Pfalz und Baden-Württemberg. In den anderen Bundesländern bestehen weitere Kommunalversicherer wie beispielsweise die OKV - Ostdeutsche Kommunalversicherung.

174 Klar, GVV-Mitteilungen 1998, 6, 7

Beitragsaufkommen werden nach den Bestimmungen der Satzung an die Mitglieder erstattet[175].

Nach überwiegender Auffassung in der Literatur[176] fällt die Inanspruchnahme von Leistungen der Kommunalversicherer durch öffentliche Auftraggeber nicht unter den Anwendungsbereich des Kartellvergaberechts. Wesentliche Argumente sind hierfür, daß es sich hierbei um innerdienstliche Geschäfte der Verwaltung handele. Soweit Dienstleistungen der Kommunalversicherer in Anspruch genommen werden, stelle dies eine besondere Ausprägung der kommunalen Selbstverwaltung gem. Art. 28 Abs. 2 GG dar. Durch die Inanspruchnahme der Dienstleistungen der Kommunalversicherer werde nicht am allgemeinen Wirtschaftsverkehr teilgenommen. Vielmehr handele es sich um eine besondere Form der geschlossenen Risikogemeinschaft[177].

Die zur Begründung der Sonderstellung der Kommunalversicherer angeführten Argumente bedürfen einer umfassenden und kritischen Überprüfung. Fraglich ist, ob die von den Kommunalversicherern angebotenen Dienstleistungen eine Sonderbehandlung in vergaberechtlicher Hinsicht rechtfertigen.

1) Kartellrechtliche Überprüfung

a) Öffentliche Dienstleistungsaufträge gem. § 99 Abs. 1, 4 GWB

Vorab bedarf es der Prüfung, ob die von den Kommunalversicherern zur Verfügung gestellten Leistungen überhaupt als öffentliche Dienstleistungsaufträge gem. § 99 Abs. 1, 4 GWB qualifiziert werden können.

aa) Entgeltlicher Vertrag

Prägendes Merkmal öffentlicher Aufträge ist gem. § 99 Abs. 1 GWB zunächst, daß es sich hierbei um entgeltliche Verträge handeln muß. Wie bereits ausgeführt[178],liegt eine Entgeltlichkeit in jedem Fall dann vor, wenn für die in Anspruch genommenen Leistungen eine Gegenleistung in Form einer Geldleistung erbracht wird. Ebenso wie bei privaten Versicherern erbringen die Versicherungsnehmer von Kommunalversicherern ihre Gegenleistung durch die Zahlung

---

175 siehe hierzu Satzung der GVV-Kommunalversicherung VVaG § 21 Abs. 2.

176 siehe u. a. Klar, GVV-Mitteilungen 1998,6, 7; Portz, Stadt und Gemeinde 1995, 123, 128

177 Klar, GVV-Mitteilungen, 6, 7

178 siehe Teil 1, Kap. 5 B.I.1)a)aa)

von Beiträgen. Daß es sich bei den von Kommunalversicherern erbrachten Leistungen um entgeltliche Leistungen handelt, steht deshalb nicht in Zweifel[179].

bb) Vertrag mit einem Unternehmen

Darüber hinaus erfordert § 99 Abs. 1 GWB, daß die entgeltlichen Verträge zwischen einem öffentlichen Auftraggeber und einem „Unternehmen" geschlossen werden. Im Hinblick auf Kommunalversicherer wird dies mit dem Argument in Zweifel gezogen, bei den von den Kommunalversicherern erbrachten Versicherungsdienstleistungen handele es sich um Eigenleistungen innerhalb der Verwaltung[180]. Um dieses Argument auf seine Stichhaltigkeit hin überprüfen zu können, bedarf es eines Vergleichs der Kommunalversicherer mit privaten Versicherungsgesellschaften.

b) Vergleich Kommunalversicherer/Private Versicherer

aa) Rechtsform

Daß das Kartellvergaberecht auf Kommunalversicherer keine Anwendung findet, wird allgemein darauf gestützt, es handele sich hierbei um besondere Selbsthilfeeinrichtungen des Kommunalrechts, die sich von privaten Versicherungsgesellschaften grundlegend unterscheiden.

Kommunalversicherer werden in der Rechtsform des Versicherungsvereins auf Gegenseitigkeit betrieben. Dadurch unterscheiden sie sich hinsichtlich ihrer Rechtsform nicht von privaten Versicherungsgesellschaften[181].

Die Rechtsgrundlagen des Versicherungsvereins auf Gegenseitigkeit wurden in den §§ 15 ff. VAG kodifiziert. Danach ist ein VVaG[182] von einer personalen und damit vereinsmäßigen Verbundenheit geprägt. Die Mitglieder des VVaG sind grundsätzlich gleich zu behandeln. Sie besitzen eine eigentümerähnliche

---

179 im Ergebnis auch Portz, Stadt und Gemeinden 1995, 123, 127, dessen Ausführungen sich allerdings auf Art. 1a der Dienstleistungsrichtlinie beziehen

180 Portz, Stadt und Gemeinde 1995,123, 127, 128

181 gem. § 7 VAG dürfen Versicherungsgeschäfte nur in der Rechtsform der Aktiengesellschaft, des Versicherungsvereins auf Gegenseitigkeit sowie durch Körperschaften und Anstalten des öffentlichen Rechts betrieben werden

182 unabhängig davon, ob er als „großer" VVaG zu qualifizieren ist und sämtliche Vorschriften der §§ 15 ff. VAG auf ihn Anwendung finden oder es sich lediglich um einen „kleinen" VVaG im Sinne der §§ 53 ff VAG handelt

Stellung hinsichtlich des Vereinsvermögens. Danach ist der VVaG von seinem Grundgedanken her der Genossenschaft verwandt[183].

Diese Struktur unterscheidet sich nicht von derjenigen der Kommunalversicherer. Auch Kommunalversicherer besitzen eine personale und vereinsmäßige Verbundenheit ihrer Mitglieder. Die Mitglieder der Kommunalversicherer sind „Inhaber" des Versicherers.

bb) Vergleich mit dem Begriff der „Versicherung"

Fraglich ist, ob es sich bei den Leistungen der Kommunalversicherer überhaupt um typisches Versicherungsgeschäft handelt. Bedenken hiergegen begründet die Tatsache, daß die Dienstleistungen der Kommunalversicherer nur ihren eigenen Mitgliedern und damit einem eng umgrenzten Personenkreis angeboten werden.

In diesem Zusammenhang wird die Auffassung vertreten, Kommunalversicherer stellten eine besondere Ausprägung des Prinzips der „Selbstversicherung" dar. Dadurch werde ein wesentlicher Unterschied zu privaten VVaG begründet, die auf dem für das private Versicherungsrecht prägenden Prinzip der Fremdversicherung basierten[184]. Kommunalversicherer werden deshalb auch als so genannte „Selbstversicherungsfonds" [185] bezeichnet. Zu prüfen ist deshalb, ob Kommunalversicherer aus den aufgeführten Argumenten kein typisches Versicherungsgeschäft vermitteln.

Was unter dem Begriff der „Versicherung" zu verstehen ist, wird im Gesetz nicht ausdrücklich geregelt. Ebenso wenig existiert eine hierfür allgemein anerkannte und einheitliche Definition[186].

Wirtschaftlich betrachtet handelt es sich bei einer „Versicherung" um die Übernahme eines Risikos gegen Entgelt[187]. Ungeachtet weitreichender Versu-

183 Fahr/Kaulbach, Vorbemerkung zu § 15 Rdnr. 2. Der Zweck von Genossenschaften ist gem. § 1 GenG darauf gerichtet, den Erwerb und die Wirtschaft der Mitglieder mittels eines gemeinschaftlichen Geschäftsbetriebes zu fördern

184 Weiser, VW 1992, 224, 230; Portz, Stadt und Gemeinde 1995, 123.

185 Portz, Stadt und Gemeinde 1995, 123. Der Autor vertritt im übrigen die Auffassung, es sei im nationalen Bereich angeblich anerkannt, daß es einer Ausschreibung dort nicht bedürfe, wo die Kommune die abzuschließenden Versicherungen auf eine von ihr selbst als Mitglied getragene kommunale Selbsthilfeeinrichtung übergeben habe

186 vgl. Fahr/Kaulbach, § 1 Rdnr. 3; Römer/Langheid-Römer, § 1 Rdnr. 1; Prölss/Martin-Prölss § 1 VVG Rdnr. 1

187 Koch/Farny, HdV 1988, 861; Farny, Versicherungsbetriebslehre, S. 13, 16; Fahr/Kaulbach, § 1 Rn. 4

che, den Begriff der Versicherung rechtswissenschaftlich zu durchdringen[188], bietet die Rechtsprechung des Bundesverwaltungsgerichts[189] die hierfür besten praktischen Anknüpfungspunkte. Danach liegt ein Versicherungsprodukt vor, wenn

- für den Fall des Eintritts eines unbestimmten Ereignisses
- eine bestimmte Leistung
- gegen Entgelt gewährt wird,
- wobei das Risiko auf eine Vielzahl durch die gleiche Gefahr bedrohter Personen verteilt
- und der Risikoübernahme eine auf dem Gesetz der großen Zahl[190] beruhende Kalkulation zu Grunde gelegt wird.

Danach bestehen keine Bedenken, auch die von Kommunalversicherern erbrachten Dienstleistungen als Versicherungsleistungen zu qualifizieren. Neben der bereits festgestellten Entgeltlichkeit verfolgt die Gründung der Kommunalversicherer das Ziel, ihren Mitgliedern bzw. Versicherungsnehmern bestimmte Versicherungsleistungen für den Fall zur Verfügung zu stellen, daß sie „Opfer" eines Versicherungsfalls im Sinne eines unbestimmten und von außen einwirkenden Ereignisses werden. Mit ihrem Zusammenschluß verfolgen die Mitglieder der Kommunalversicherer das Ziel, das Risiko des Eintritts von Versicherungsfällen auf eine Vielzahl hiervon bedrohter Kommunen und kommunaler Einrichtungen zu verteilen. Damit beruht der Zusammenschluß auf dem Gesetz der großen Zahl. Daß die mit der Einrichtung der Kommunalversicherer angestrebte gemeinsame Vorsorge ausschließlich dazu dient, kommunalbezogene Risiken aus der geschaffenen Rücklage aufzufangen[191], steht dem nicht entgegen.

---

188 insbesondere Dreher, Die Versicherung als Rechtsprodukt; Bruck-Möller, § 1 Anm. 2-11

189 VersR 1987, 701, 702; VersR 1987, 453, 454; VersR 87, 297, 298

190 Dieses Prinzip wird als „Grundgesetz" der Versicherungswirtschaft verstanden. Gegenstand des Prinzips ist eine wahrscheinlichkeitstheoretische Vorhersage über den künftigen Schadenverlauf: Je größer die Zahl der erfaßten Personen, Güter und Sachwerte ist, die von der gleichen Gefahr bedroht sind, desto geringer ist der Einfluß von Zufälligkeiten. Das Gesetz der großen Zahl sagt nichts darüber aus, wer von einem Schaden getroffen wird, wohl aber, wie viele der in der Risikogemeinschaft Zusammengeschlossenen von einem bestimmten Unglücksfall ereilt werden. Fundstelle: http://www.gdv.de/von_a_bis_z/2298.htm

191 Klar, GVV-Mitteilungen, S. 6, 7

cc) Fehlendes Gewinnstreben

Die Anwendbarkeit des Kartellvergaberechts wird entgegengehalten, daß den Kommunalversicherern ein erwerbswirtschaftliches Streben nach Gewinn fehle[192]. Der Status der Mitglieder kommunaler Versicherer beschränke sich anders als bei privaten Versicherungsgesellschaften nicht lediglich auf ihre Stellung als Versicherungsnehmer. Aufgrund des kommunalen Selbstversicherungsprinzips seien sie gleichfalls mittelbare Risikoträger[193]. Das fehlende Gewinnstreben führe dazu, das erwirtschaftete Überschüsse durch Beitragsrückgewähr an die Kommunen und sonstigen Mitglieder der Kommunalversicherer zurückgezahlt würden[194].

Auch durch dieses Argument grenzen sich Kommunalversicherer jedoch nicht von privaten VVaG ab. Zwar sind auch in privatrechtlich organisierten VVaG die Mittel für die Versicherungsleistungen von der Gesamtheit der Versicherten aufzubringen[195]. Diese Entgeltlichkeit ist jedoch nicht mit Gewinnstreben gleichzusetzen[196]. Demgemäß sind privatrechtlich organisierte VvaG grundsätzlich und kraft der für sie geltenden gesetzlichen Vorgaben ebenso wenig von einem erwerbswirtschaftlichen und auf Gewinn ausgerichteten Streben geprägt wie Kommunalversicherer.

dd) Beitragsrückgewähr

Ebenso wenig grenzen sich Kommunalversicherer dadurch von sonstigen VVaG ab, daß sie die erwirtschafteten Überschüsse ihren Mitgliedern im Rahmen der Beitragsrückgewähr wieder zur Verfügung stellen. Die Beitragsrückgewähr entspricht der in § 38 VAG geregelten Überschußverwendung. Danach wird ein sich nach der Bilanz ergebender Überschuß des VVaG an die in der Satzung bestimmten Mitglieder verteilt, soweit in der Satzung nichts anderes geregelt ist. Auch hinsichtlich der Überschußverteilung bestehen deshalb keine Unterschiede zwischen privatrechtlichen VvaG und Kommunalversicherern.

ee) Zwischenergebnis

Als Zwischenergebnis ist somit festzuhalten, daß es sich bei den von Kommunalversicherern erbrachten Dienstleistungen um typische Versicherungsdienst-

---

192 Klar, GVV-Mitteilungen, S. 6, 7
193 Klar, GVV-Mitteilungen, S. 6, 7
194 Klar, GVV-Mitteilungen, S. 6, 7
195 Dreher, Die Versicherung als Rechtsprodukt, S. 37
196 Fahr/Kaulbach, § 1 Rdnr. 18

leistungen handelt, die sich hinsichtlich ihrer Zielrichtung und Zweckverfolgung nicht von denjenigen herkömmlicher Versicherer unterscheiden.

c) Befreiungsvorschrift des § 100 Abs. 2g GWB/Art 6 DKR

Da die von den Kommunalversicherern erbrachten Leistungen weder als Liefer- noch als Bauaufträge gem. § 99 Abs. 2 und 3 GWB zu qualifizieren sind, stellen sie Dienstleistungsaufträge gem. § 99 Abs. 4 GWB dar. Im Ergebnis findet deshalb das Kartellvergaberecht auf die von den Kommunalversicherern erbrachten Dienstleistungen grundsätzlich Anwendung[197].

Da die Leistungen der Kommunalversicherer grundsätzlich unter den Anwendungsbereich des Kartellvergaberechts fallen, bedarf es einer weitergehenden Prüfung, ob eine der in § 100 Abs. 2 GWB genannten Befreiungstatbestände eingreift.

§ 100 GWB beschäftigt sich grundsätzlich mit der Frage, welche öffentlichen Aufträge vom Regelungsbereich des Kartellvergaberechts erfaßt werden. Gem. § 100 GWB macht sich die Beantwortung dieser Frage zunächst daran fest, ob die für das Kartellvergaberecht festgelegten Schwellenwerte[198] überschritten werden.

Darüber hinaus bestimmt § 100 Abs. 2 GWB, in welchen Fällen und auf welche Aufträge das Kartellvergaberechts gerade keine Anwendung findet. Für die vorliegende Arbeit ist § 100 Abs. 2g GWB von Bedeutung. Danach werden Aufträge vom Anwendungsbereich des Kartellvergaberechts nicht mitumfaßt, die an eine Person vergeben werden, die ihrerseits Auftraggeber nach § 98 Nr. 1, 2 oder 3 GWB ist und ein auf Gesetz oder Verordnung beruhendes ausschließliches Recht zur Erbringung der Leistung hat.

§ 100 Abs. 2g GWB entspricht Art. 6 der Dienstleistungskoordinierungsrichtlinie[199].

---

197 so im Ergebnis auch Portz, Stadt und Gemeinde 95, 123. Die dortigen Ausführungen beziehen sich allerdings noch auf die Rechtslage vor dem Erlaß des Kartellvergaberechts

198 die Einzelheiten hierzu regelt § 127 GWB. Auf der Grundlage der dortigen Ermächtigungsgrundlage wurde die Vergabeverordnung erlassen. Die Höhe der Schwellenwerte wird in § 2 VgV geregelt.

199 Richtlinie 92/50/EWG vom 18. Juni 1992. Art. 6 DKR hat folgenden Wortlaut: „Diese Richtlinie gilt nicht für die Vergabe von Dienstleistungsaufträgen, die an eine Stelle vergeben werden, die ihrerseits ein Auftraggeber im Sinne des Art. 1 Buchstabe b ist, aufgrund eines ausschließlichen Rechts derselben, das diese gem. veröffentlichter, mit dem Vertrag übereinstimmender Rechts- oder Verwaltungsvorschriften innehat."

Sowohl nach § 100 Abs. 2g GWB als auch nach Art. 6 DKR bedarf es somit trotz der Überschreitung der Schwellenwerte keiner öffentlichen Vergabe von Dienstleistungsaufträgen, wenn zwei Voraussetzungen erfüllt werden: einerseits gilt das Kartellvergaberecht nicht für Aufträge, die an eine Person vergeben werden, die ihrerseits Auftraggeber nach § 98 Nr. 1, 2 oder 3 ist. Andererseits setzt die Regelung voraus, daß der öffentliche Auftraggeber ein auf Gesetz oder Verordnung beruhendes ausschließliches Recht zur Erbringung dieser Leistungen haben muß.

Zu prüfen ist, ob und inwieweit Versicherungsdienstleistungen, die von öffentlichen Auftraggebern an Kommunalversicherer vergeben werden, vom Anwendungsbereich der Ausnahmevorschrift des § 100 Abs. 2g GWB bzw. Art. 6 DKR erfaßt werden oder nicht.

aa) Kommunalversicherer als öffentliche Auftraggeber gemäß § 98 Nr. 2 GWB

Soweit Kommunalversicherer überhaupt als öffentliche Auftraggeber qualifiziert werden können, kommt hierfür allenfalls die Auftraggebereigenschaft gem. § 98 Nr. 2 GWB in Betracht. Dabei handelt es sich um Einrichtungen des öffentlichen Rechts, die in privatrechtlicher Form staatliche Aufgaben durchführen[200]. Die Anwendbarkeit von § 98 Nr. 2 GWB ist an diverse Tatbestandsmerkmale geknüpft, die der kritischen Prüfung bedürfen.

aaa) Selbständige Rechtspersönlichkeit

Um als Auftraggeber im Sinne dieser Vorschrift qualifiziert werden zu können, muß die öffentliche Einrichtung eine selbstständige Rechtspersönlichkeit besitzen. Dies ist hinsichtlich des VVaG, in dessen Rechtsform Kommunalversicherer geführt werden, unzweifelhaft der Fall.

bbb) Aufgabe im Allgemeininteresse

Darüber hinaus muß die Einrichtung zur Erfüllung einer im Allgemeininteresse liegenden Aufgabe nichtgewerblicher Art gründet worden sein. Was hierunter im einzelnen zu verstehen ist, ist weder aus den Richtlinien und dem sonstigen Gemeinschaftsrecht noch aus den Bestimmungen des nationalen Rechts zu entnehmen[201].

---

200 Byock/Jaeger-Werner, § 98 Rdnr. 224
201 Byock/Jaeger-Werner, § 98 Rdnr 247, 248

Wird die Einrichtung in einer privatrechtlichen Rechtsform errichtet, begründet dies nach bestrittener Auffassung grundsätzlich eine Vermutung dafür, daß sie nicht im Allgemeininteresse handelt[202]. Da Kommunalversicherer in der privatrechtlichen Rechtsform des VVaG gegründet werden, begründet dies somit die Vermutung dafür, daß sie keine im Allgemeininteresse stehenden Aufgaben erfüllen.

Unabhängig von der Frage, welcher der hierzu vertretenen Auffassungen der Vorzug einzuräumen ist, kann diese Vermutung in jedem Fall unter Berücksichtigung des konkreten Zwecks der Einrichtung widerlegt werden. Danach sind Kommunalversicherer auf ihre konkrete Zielsetzung hin zu überprüfen.

Wie bereits ausgeführt, dienen Kommunalversicherer dem Zweck, ihren Mitgliedern finanziellen Schutz für drohende Risiken zu bieten, bei deren Verwirklichung die dadurch verursachten Aufwendungen andernfalls aus Haushaltsmitteln bestritten werden müßten. Dabei stellen Kommunalversicherer ihren Mitgliedern in erster Linie Versicherungsschutz auf dem Gebiet der Schadensversicherung zur Verfügung. Derartige Risiken können entweder durch eigene Haushaltsmittel, auf dem Wege eines kommunalen Schadensausgleiches oder durch den Abschluß von Versicherungsverträgen auf dem freien Versicherungmarkt abgesichert werden. Die besondere Struktur der Kommunalversicherer ermöglicht es ihren Mitgliedern, auf besonders kostengünstige Art und Weise Versicherungsschutz für drohende Risiken in Anspruch nehmen zu können. Die dadurch herbeigeführte Kostenersparnis und Risikominimierung führen zu einer Stärkung der kommunalen Haushalte. Demgemäß liegt der mit der Einrichtung von Kommunalversicherern verbundene Zweck im Allgemeininteresse.

Diesem Argument steht nicht entgegen, daß sich durch den Einsatz privatrechtlich organisierter Versicherer unter Umständen sogar Gewinne generieren lassen, die an die Kommunen abzuführen sind. Die theoretische Möglichkeit einer weitergehenden Optimierung der Risikoabsicherung steht nicht der Annahme entgegen, bereits im Falle einer Kostenersparnis bzw. einer Risikominimierung durch den Einsatz von Kommunalversicherern eine Zweckerfüllung im Allgemeininteresse anzunehmen. Maßgeblich ist allein, ab wann die Grenze überschritten wird, um von der Erfüllung einer Aufgabe im Allgemeininteresse sprechen zu können. Dies ist bereits dann der Fall, wenn die Maßnahme der Kommune der Kostenersparnis und der Risikominimierung dient.

Die aus der Rechtsform resultierende Vermutung dafür, Kommunalversicherer würden keine Aufgaben im Allgemeininteresse erfüllen, greift also nicht ein.

---

202 Byock/Jaeger-Werner, § 98 Rdnr 250; a.A.: Reidt/Stickler/Glahs, § 98 Rdnr. 20

ccc) Nichtgewerblichkeit

Das Tatbestandsmerkmal der Nichtgewerblichkeit setzt voraus, daß die Einrichtung nicht mit Gewinnerzielungsabsicht betrieben wird[203]. Wie bereits ausgeführt [204] folgt bereits aus der gewählten Rechtsform des VVaG, daß Kommunalversicherer grundsätzlich nicht mit Gewinnerzielungsabsicht betrieben werden.

ddd) Überwiegende staatliche Finanzierung oder staatlicher Beherrschung

Eine überwiegende Finanzierung in diesem Sinne liegt bereits vor, wenn die in Rede stehende Einrichtung durch eine oder mehrere der in § 98 Nr. 1 oder 3 GWB genannten öffentlichen Auftraggeber zu mehr als 50 Prozent finanziert wird[205]. Da die Finanzierung der Kommunalversicherer ausschließlich durch Auftraggeber gem. § 98 Nr. 1 GWB erfolgt, wird diese Voraussetzung erfüllt.

Was unter dem Begriff der staatlichen Beherrschung zu verstehen ist, wird in § 98 Nr. 2 GWB konkretisiert. Danach ist hierfür erforderlich, daß öffentliche Auftraggeber gem. § 98 Nr. 1 oder Nr. 3 GWB einzeln oder gemeinsam durch Beteiligungen oder auf sonstige Weise Einfluß auf ihre Leitung ausüben oder mehr als die Hälfte der Mitglieder eines ihrer zur Geschäftsführung oder zur Aufsicht berufenen Organe bestimmt haben.

An Kommunalversicherern sind ausschließlich öffentliche Auftraggeber beteiligt. Die Leitung der Kommunalversicherer setzt sich aus Vertretern ihrer Mitglieder zusammen. Eine staatlichen Beherrschung im Sinne des § 98 Nr. 2 GWB liegt deshalb vor.

eee) Ausschließliches Recht zur Erbringung der Leistung

Neben ihrer Qualifikation als öffentlicher Auftraggeber muß die betreffende Einrichtung ein auf Gesetz oder Verordnung beruhendes ausschließliches Recht zur Erbringung der betreffenden Leistung haben. Das der Einrichtung eingeräumte Recht muß der Erfüllung von im Allgemeininteresse liegenden Aufgabe dienen[206]. Darüber hinaus muß die betreffende Aufgabe durch private Anbieter

---

203 Byock/Jaeger-Werner, § 98 Rdnr 256
204 siehe Teil 1 Kap. 5 B.I.1)b)bb)
205 Byock/Jaeger-Werner, § 98 Rdnr 262
206 Byock/Jaeger-Heilbronner, § 100 Rdnr. 426

nicht in dem Maße erfüllt werden können, wie es aus im Allgemeininteresse liegenden Gründen für erforderlich gehalten wird[207].

Diese Voraussetzung wird im Falle der Erbringung von Versicherungsdienstleistungen durch Kommunalversicherer jedoch gerade nicht erfüllt[208]. Weder liegen der Erbringung der Versicherungsdienstleistungen besondere gesetzliche Vorschriften zu Grunde, die ein ausschließliches Recht zur Erbringung der Leistung begründen. Noch kann davon ausgegangen werden, daß die in Rede stehenden Versicherungsdienstleistungen von privaten Anbietern nicht in dem Maße erfüllt werden können, die das Allgemeinwohl erfordert. Die von den Kommunalversicherern erbrachten Leistungen unterscheiden sich nach Maßgabe ihres Leistungsinhalts nicht von denjenigen sonstiger Versicherungsdienstleister. Zwar zeichnen sich die Leistungen dadurch aus, daß sie auf Grund der besonderen Verwaltungsstruktur der Kommunalversicherer den Mitgliedern i. d. R. verhältnismäßig günstig angeboten werden können. Dieser Umstand begründet jedoch keine Ausschließlichkeit im Sinne des § 100 Abs. 2 g) GWB.

Daß die von den Kommunalversicherern angebotenen Versicherungsdienstleistungen gerade nicht auf einem ausschließlichen Recht basieren können, folgt darüber hinaus aus der Art des Zusammenschlusses ihrer Mitglieder. Wie bereits ausgeführt, handelt es sich bei Kommunalversicherern um freiwillige Zusammenschlüsse diverser Gemeinden. Die gewählte Vertragsform schließt die Annahme eines ausschließlichen Rechts zur Erbringung der Dienstleistung von vornherein aus[209].

bb) Zwischenergebnis

Als Zwischenergebnis ist somit festzuhalten, daß die Befreiungsvorschrift des § 100 ABs. 2 g GWB auf Kommunalversicherer keine Anwendung findet, da diese nicht als öffentliche Auftraggeber im Sinne der Bestimmung qualifiziert werden können.

---

207 vgl. EuGH vom 10. November 1998 - Rs. C-360/96, BFI Holding ./. Gemeente Arnhem, Slg 1998-I 6821, Tz. 52. die Entscheidung beschäftigt sich mit Dienstleistungen im Rahmen der Müllabfuhr

208 so im Ergebnis auch Portz, Stadt und Gemeinde 1995, S. 123, 126

209 Potz, Stadt und Gemeinde 1995, 123, 126. Portz weist zutreffenderweise darauf hin, daß von einer Ausschließlichkeit im Sinne des § 100 Abs. 2g GWB nur dann gesprochen werden kann, wenn die Kommunen durch gesetzliche Vorgaben der Länder zur Gründung von Kommunalversicherern zum Abschluß von Versicherungsverträgen mit derartigen Einrichtungen verpflichtet werden. Dies ist jedoch nicht der Fall.

2) Verfassungsrechtliche Überprüfung: Das Prinzip der kommunalen Selbstverwaltung gem. Art. 28 Abs. 2 Grundgesetz

Die vergaberechtliche Sonderbehandlung der von Kommunalversicherern erbrachten Versicherungsdienstleistungen wird auch darauf gestützt, daß die Kommunalversicherer im Rahmen der Organisationshoheit ihrer Mitglieder gegründet wurden. Ihre Gründung sei deshalb Ausdruck der kommunalen Selbstverwaltung gem. Art. 28 Abs. 2 GG. Fraglich ist, ob die grundgesetzlich geschützte kommunale Selbstverwaltung im Verhältnis zum Kartellvergaberecht höherrangige Rechte begründet, die eine Sonderbehandlung der Kommunalversicherer gegenüber privaten Versicherungsvereinen auf Gegenseitigkeit rechtfertigt.

Gem. Art. 28 Abs. 2 GG haben die Gemeinden das Recht, alle Angelegenheiten der örtlichen Gemeinschaft im Rahmen der Gesetze in eigener Verantwortung zu regeln. Die in Art. 28 Abs. 2 GG statuierte Allzuständigkeit begründet eine Vermutung zu Gunsten der Zuständigkeit der Gemeinden[210]. Kommunale Selbstverwaltung bedeutet ihrem Wesen und ihrer Intention nach „Aktivierung der Beteiligten für ihre eigenen Angelegenheiten, die die in der örtlichen Gemeinschaft lebendigen Kräfte des Volkes zur eigenverantwortlichen Erfüllung öffentlicher Aufgaben der engeren Heimat zusammenschließt mit dem Ziel, das Wohl der Einwohner zu fördern und die geschichtlichen unvermeidlichen Eigenarten zu wahren“[211].

Die „Allzuständigkeit“ der Gemeinden ist jedoch nicht grenzenlos. Sie besteht gem. Art. 28 Abs. 2 GG ausdrücklich nur „im Rahmen der Gesetze“. Danach können Inhalt und Schranken der kommunalen Selbstverwaltung durch staatliche Gesetze bestimmt werden. Beschränkungen der Selbstverwaltung der Gemeinden sind mit Art. 28 Abs. 2 Satz 1 Grundgesetz vereinbar, wenn sie deren Kernbereich unangetastet lassen[212].

Soweit sich Kommunen dazu entschlossen haben, das kommunale Selbstversicherungsprinzip wegen der damit verbundenen Gefahren für den Haushalt nicht anzuwenden und als Ersatz hierfür Kommunalversicherer zu gründen, ist dies zweifellos Ausdruck der kommunalen Selbstverwaltung. Dieses Recht kann jedoch durch Gesetz eingeschränkt werden. Es steht deshalb auch nicht in Zweifel, daß die kommunale Selbstverwaltung bereits durch die von den jeweiligen Landesregierungen im Rahmen des haushaltsrechtlichen Vergaberechts verbind-

---

210 so bereits Maunz/Dürig-Maunz, Art. 28 Rdnr. 60
211 BVerfGE 11, 275 f
212 BVerfGE 1, 175; 7, 364; 21, 117

lich festgelegten Vergabegrundsätze zu einer wirksamen Beeinträchtigung der kommunalen Selbstverwaltung führte[213].

In diesem Zusammenhang ist bereits fraglich, ob die Verpflichtung, die von Kommunalversicherern angebotenen Versicherungsdienstleistungen nach dem Kartellvergaberecht öffentlich ausschreiben zu müssen, eine Einschränkung des Rechts zur Gründung von Kommunalversicherern begründet. Auch unter dem Einfluß des Vergaberechts bleibt es den Kommunen nämlich unbenommen, Kommunalversicherer zu gründen. Eine Beeinträchtigung der kommunalen Selbstverwaltung besteht allenfalls darin, durch das Kartellvergaberecht in der Entscheidung beschränkt zu werden, die möglichen Versicherungsdienstleistungen exklusiv und ausschließlich bei den Kommunalversicherern zu beschaffen, bei denen die Kommunen Mitglieder sind. Diese Einschränkung muß jedoch schon deshalb hingenommen werden, da es sich bei den Vorschriften des Kartellvergaberechts im IV. Teil des GWB um Vorschriften im Sinne des Gesetzesvorbehalts des Art. 28 Abs. 2 Satz 1 GG handelt.

3) Europarechtliche Überprüfung

a) Art. 6 DKR

Diese Sichtweise steht auch mit dem Sinn und Zweck des Regelungsgehaltes des § 100 Abs. 2 g) GWB sowie Art. 6 DKR im Einklang.

Das Recht der öffentlichen Vergabe wird in erster Linie von der Zielsetzung geprägt, auch bei der Vergabe öffentlicher Dienstleistungen einen diskriminierungsfreien Wettbewerb innerhalb der Staaten der Europäischen Union zu gewährleisten[214]. Der Regelungsbereich des § 100 Abs. 2g GWB, Art. 6 DKR muß deshalb stets im Lichte dieses Grundsatzes ausgelegt werden. Demgemäß stellt § 100 Abs. 2 GWB, Art. 6 DKR eine Ausnahmevorschrift vom Grundsatz der stets durchzuführenden öffentlichen Vergabe dar. Da Ausnahmevorschriften stets restriktiv auszulegen sind, besteht kein Raum für eine über den Wortlauf des § 100 Abs. 2 GBW, Art 6 DKR hinausgehende Ausdehnung ihres Anwendungsbereichs.

Unter Berücksichtigung dieser Grundsätze besteht keine Veranlassung dafür, die Leistungen der Kommunalversicherer in vergaberechtlicher Hinsicht gegenüber sonstigen Anbietern von Versicherungsdienstleistungen und damit sachlich identischen Dienstleistungen zu privilegieren. Im Gegenteil müssen sich auch Kommunalversicherer im Rahmen der von ihnen angebotenen Dienstleistungen im freien Wettbewerb behaupten.

---

213 Portz, Stadt und Gemeinde 1991, 143
214 siehe Teil1, Kap. 2 Ziff. B.

b) Urteil des Europäischen Gerichtshofs vom 18. November 1999[215]

Die Bundesarbeitsgemeinschaft der deutschen Kommunalversicherer vertritt die Auffassung, daß die von öffentlichen Auftraggebern an Kommunalversicherer erteilten Aufträge zur Vermittlung von Versicherungsdienstleistungen grundsätzlich und auch bei Überschreiten der maßgeblichen Schwellenwerte nicht dem Kartellvergaberecht unterliegen[216]. Zur Begründung dieser Auffassung wird u. a. auf die Entscheidung des Europäischen Gerichtshofs vom 18. November 1999[217] verwiesen. Die Bundesarbeitsgemeinschaft der Kommunalversicherer legt die Entscheidung des Europäischen Gerichtshofs dahingehend aus, daß Aufträge an Kommunalversicherer einer vergaberechtlichen Privilegierung unterliegen. Nach der Auffassung des Europäischen Gerichtshofs reiche es für die Privilegierung aus, daß eine öffentliche Einrichtung von mehreren Kommunen gegründet wurde und diese Kommunen über die Einrichtung eine Kontrolle wie über ihre eigenen Dienststellen ausüben. Weiterhin sei erforderlich, daß die Einrichtungen ihre Tätigkeit im wesentlichen für ihre Mitglieder verrichten. Diese Voraussetzungen würden von Kommunalversicherern erfüllt, da sie von den Kommunen getragen und über deren Gremien gesteuert würden.

Die Auffassung der Bundesarbeitsgemeinschaft deutscher Kommunalversicherer läßt jedoch eine hinreichende Auseinandersetzung mit der zitierten Entscheidung des Europäischen Gerichtshofs vermissen. Bei genauer Überprüfung läßt sich aus der Entscheidung keine Privilegierung der Kommunalversicherer im Rahmen der Vergabe von Versicherungsdienstleistungen herleiten.

Der Europäische Gerichtshof hatte über die Frage zu entscheiden, ob die Lieferkoordinierungsrichtlinie eine Durchführung einer öffentlichen Vergabe für den Fall vorschreibt, daß eine Gebietskörperschaft die Lieferung von Waren einem Konsortium überträgt, dem sie selbst angehört. Diese Frage wurde vom EuGH bejaht. Zur Begründung führte der europäische Gerichtshof aus, daß die Lieferkoordinierungsrichtlinie anders als die Dienstleistungskoordinierungsrichtlinie keine dem Art. 6 DKR entsprechende Regelung enthält. Demgemäß gäbe es im Anwendungsbereich der Lieferkoordinierungsrichtlinie keine Privilegierung von Aufträgen an bestimmte öffentliche Auftraggeber.

Entgegen der Auffassung der Bundesarbeitsgemeinschaft der Kommunalversicherer enthält die Entscheidung des Europäischen Gerichtshofs keine Aussage, die eine Privilegierung der Kommunalversicherer im Verhältnis zu sonstigen Unternehmen aus der Privatversicherungswirtschaft zuläßt. Der Europäische Ge-

---

215 C 107/98, u.a. RdSchrb.DStGB Nr. 51 vom 23.12.1999

216 Anonym, BADK-Informationen 4/2000, S. 107

217 s.o.

richtshof beschränkte sich in seinem Urteil vielmehr darauf festzuhalten, daß bestimmte öffentliche Aufträge vom Anwendungsbereich des Kartellvergaberechts ausgenommen sind. Um welche Aufträge es sich dabei handelt, wird abschließend in Art. 6 DKR geregelt.

Wie bereits ausgeführt, wurde Art. 6 DKR durch § 100 Abs. 2 g) GWB in deutsches Recht umgesetzt. Durch diese Vorschrift werden die von Kommunalversicherern erbrachten Versicherungsdienstleistungen jedoch gerade nicht vom Anwendungsbereich des Kartellvergaberechts ausgenommen. Im Ergebnis führt deshalb auch die zitierte Entscheidung des EuGH dazu, daß die an Kommunalversicherer erteilten Dienstleistungsaufträge nach Maßgabe der Regelungen des Kartellvergaberechts öffentlich ausgeschrieben werden müssen, sofern die vorgegebenen Schwellenwerte überschritten werden.

4) Ergebnis

Entgegen der bislang einhelligen Auffassung in der Literatur besitzen Kommunalversicherer grundsätzlich denselben Status wie sonstige Versicherungsgesellschaften. Die Vorschriften des Kartellvergeberechts finden auf Versicherungsdienstleistungen von Kommunalversicherern uneingeschränkte Anwendung. Soweit kommunale Auftraggeber Versicherungsdienstleistungen von Kommunalversicherern in Anspruch nehmen, müssen diese deshalb ebenso öffentlich ausgeschrieben werden, wie jede andere Dienstleistung auch.

II. Kommunaler Schadensausgleich

1) Einführung

Ebenso wie Kommunalversicherer verfolgen kommunale Schadensausgleiche[218] den Zweck, öffentlichen Auftraggebern einen möglichst günstigen Versicherungsschutz zur Verfügung zu stellen. Zur Erreichung dieses Zwecks haben sich Gemeinden, Gemeindeverbände und öffentliche Unternehmen in der Rechtsform des nicht rechtsfähigen Vereins[219] zusammengeschlossen[220].

---

218 grundlegend: Reimer Schmidt, Seite 233 ff;

219 Bruck-Möller, a.a.O., § 1 Anm. 18;

220 der älteste kommunale Schadensausgleich ist der Haftpflichtschadensausgleich westdeutscher Städte in Bochum. Weitere kommunale Schadensausgleiche sind u.a. die KSA Berlin, Hannover und Schleswig Holstein

Kommunale Schadenausgleiche arbeiten mit dem Prinzip des Umlageverfahrens[221]. Die Mitglieder der kommunalen Schadensausgleiche zahlen auf der Grundlage eines Umlageschlüssels[222] regelmäßige Vorschüsse, die dazu verwendet werden, den laufenden Schadenaufwand der Mitglieder abzudecken. Dabei besteht für die Mitglieder der kommunalen Schadensausgleiche grundsätzlich keine finanzielle Risikobeschränkung[223] bzw. Leistungsmaximierung. Vielmehr müssen von den Mitgliedern finanzielle Mittel bis zur Deckung der tatsächlich entstandenen Schäden aufgebracht werden. Am Schluß eines jeden Geschäftsjahres wird der sich aus dem tatsächlichen Schadenaufwand und dem Umlageschlüssel resultierende Beitrag pro Mitglied ermittelt und mit den von den Mitgliedern geleisteten Vorschüssen verrechnet. Die Leistungen der kommunalen Schadenausgleiche verursachen verhältnismäßig geringe oder sogar keine Verwaltungskosten, da die Schadenfälle in der Regel unmittelbar durch ihre Mitglieder abgewickelt werden[224].

Die von kommunalen Schadenausgleichen erbrachten Dienstleistungen stellen nach einhelliger Auffassung[225] Versicherungsleistungen dar. Diese Tatsache erschließt sich auch aus der in § 1 Abs. 3 Nr. 3 VAG postulierten Fiktion, wonach kommunale Schadenausgleiche nicht als Versicherungsunternehmen anzusehen sind[226]. Einer solchen Fiktion hätte es nicht bedurft, wenn kommunale Schadensausgleiche bereits grundsätzlich nicht als Versicherungsunternehmen zu qualifizieren wären. Das Tätigkeitsfeld der kommunalen Schadenausgleiche beschränkt sich auf Haftpflichtdeckungsschutz, Kraftfahrtdeckungsschutz und Unfalldeckungsschutz .

Zu prüfen ist, ob kommunale Schadenausgleiche ebenso zu behandeln sind, wie Kommunalversicherer.

---

221 Portz, Stadt und Gemeinde 1995, S. 123; Klar, GVV-Mitteilungen, S. 7; Reimer Schmidt, S. 235, bezeichnet das Umlageverfahren als das „primitivste Prinzip versicherungstechnischer Deckung“

222 z. B. nach Maßgabe der Einwohnerzahl der betreffenden Kommunen

223 Reimer Schmidt, S. 241

224 Reimer Schmidt, S. 235

225 so bereits Bruck-Möller, a.a.O., § 1 VVG Anm. 4; Portz, Stadt und Gemeinde 1995, S. 123; BGH VersR 1986; 138 f

226 dieser Qualifikation steht auch nicht der so genannte juristische Versicherungsbegriff von Möller in Bruck-Möller, § 1 Anm. 10, entgegen, der u. a. eine Selbstständigkeit der Gefahrtragungsleistung erfordert. Bedenken könnten zwar damit begründet werden, daß die kommunalen Schadensausgleiche als nichtrechtsfähige Vereine keine eigene Rechtspersönlichkeit besitzen. Zutreffenderweise stellt Reimer Schmidt, S. 238, dem jedoch eine „sinnvolle, wirtschaftliche Wirklichkeit berücksichtigende Betrachtungsweise“ entgegen

2) Kartellrechtliche Überprüfung

a) Öffentlicher Auftrag gemäß § 99 Abs. 1 GWB

aa) Entgeltlicher Vertrag

Wie bereits ausgeführt[227], bedarf es für die Annahme eines öffentlichen Auftrags gem. § 99 Abs. 4 GWB einer Entgeltlichkeit der erbrachten Dienstleistung. Der Begriff der Entgeltlichkeit des öffentlichen Auftrags gem. § 99 GWB ist grundsätzlich weit auszulegen. Hiervon wird jede Art von Vergütung oder Gegenleistung des Auftraggebers erfaßt, die einen Geldwert haben kann, also jede Art von zweiseitig verpflichtenden Verträgen[228].

Das dem kommunalen Schadenausgleich zu Grunde liegende Umlageverfahren steht dem nicht entgegen. Durch das Umlageverfahren „erkauft" sich jedes Mitglied des kommunalen Schadenausgleichs das Recht, die aus einem Schadenfall resultierenden Aufwendungen auf die Gesamtheit der Mitglieder verteilen zu können. Nach dem „Gesetz der großen Zahl"[229] führt dieses Prinzip im Ergebnis zu einer Besserstellung jedes Mitglieds. Diesem Vorteil steht die Umlage als konkrete Gegenleistung gegenüber.

bb) Vertrag mit einem Unternehmen

Problematisch ist allerdings, ob kommunale Schadenausgleiche als „Unternehmen" i. S. des § 99 Abs. 1 GWB qualifiziert werden können. Unter dem Begriff eines Unternehmens wird ein Rechtsträger verstanden, der sich unabhängig von seiner Rechtsform wirtschaftlich betätigt[230]. Eine Auftragsvergabe an ein Unternehmen i. S. des § 99 Abs. 1 GWB setzt voraus, daß die Leistungsanforderung nicht innerhalb der gleichen juristische Person erfolgt. Wird eine Leistung durch eine Organisationseinheit innerhalb derselben juristische Person angefordert, stellt dies einen internen Vorgang dar, der bereits begrifflich keine „Vergabe" begründet[231]. Unter den Begriff des Unternehmens fallen deshalb nicht so genannte Eigenbetriebe. Hierbei handelt es sich um unselbstständige Verwaltungseinheiten ohne eigene Rechtspersönlichkeit[232].

---

227 siehe Teil 1, Kap. 5 B.I.1)a)aa)
228 OLG Düsseldorf NZBau 2000, 530; OLG Koblenz, Beschl. vom 6. November 2000 - 1 Verg 4/00
229 siehe Teil 1 Kap. 5 B.I.1)b)bb) (Fn 190)
230 Kulartz/Niebuhr NZBau 2000, 6, 8 m.V.a. Niebuhr-Eschenbruch, § 99 Rdnr 29
231 Kupfer, ZKF 1999, 218
232 Kulartz/Niebuhr, a.a.O., S. 8; Kupfer, ZKF 1999, S. 218

Fraglich ist, ob kommunale Schadensausgleiche als Unternehmen oder als unselbstständige Verwaltungseinheiten zu qualifizieren sind.

cc) Rechtsform

Kommunale Schadensausgleiche werden ausschließlich in der Rechtsform des nicht rechtsfähigen Vereins geführt. Ein Verein i. S. des BGB ist ein auf Dauer angelegter Zusammenschluß von Personen zur Verwirklichung eines gemeinsamen Zwecks mit körperschaftlicher Verfassung, wobei sich die körperschaftliche Organisation in einem Vereinsnamen, in der Vertretung durch den Vorstand und in der Unabhängigkeit vom Wechsel der Mitglieder äußert[233]. Das wesentliche Abgrenzungskriterium des nicht rechtsfähigen Vereins zum rechtsfähigen Verein ist das der fehlenden Rechtsfähigkeit. Folglich besitzt der nichtrechtsfähige Verein auch keine eigene Rechtspersönlichkeit[234].

Beim kommunalen Schadensausgleich handelt es sich somit um einen Zusammenschluß kommunaler Einrichtungen, der seine Rechtspersönlichkeit allein aus seinen Mitgliedern und nicht aus seiner Rechtsform herleitet. Da die Mitglieder des kommunalen Schadenausgleichs ausnahmslos Gemeinden, Sparkassen, kommunale Unternehmen und Verbände darstellen, sofern Gemeinden daran zu mindestens 50% beteiligt sind[235], stellen kommunale Schadensausgleiche einen Zusammenschluß mehrerer innerhalb der öffentlichen Verwaltung dar. Soweit der kommunale Schadensausgleich Dienstleistungen erbringt, indem er seinen Mitgliedern Versicherungsleistungen zur Verfügung stellt, überschreitet dies nicht die Grenzen der eigenen Organisationshoheit, erfolgt also innerhalb der öffentlichen Verwaltung.

---

233 Palandt-Heinrichs, Einführung vor § 21 BGB Rdnr. 13 mit Verweis auf RG 143, 213; 165, 143; BGH LM § 31 Nr. 11

234 auf Grund seiner fehlenden Rechtsfähigkeit finden auf den nichtrechtsfähige Verein gem. § 54 BGB grundsätzlich die Vorschriften über die Gesellschaft Anwendung. Mit der körperschaftlichen Struktur des nicht rechtsfähigen Vereins läßt sich dieser Verweis jedoch nicht vereinbaren. In der Praxis wird die Anwendung der Vorschriften des Rechts der GbR nicht als sachgerecht empfunden. Wegen des Meinungsstandes wird auf MüKo-Reuter, § 54 BGB, Rdnr 2 verwiesen. Da sich die personale Struktur der GbR mit der körperschaftlichen Struktur des nicht rechtsfähigen Vereins nicht oder nur schwer vereinbaren läßt, ist auf den nichtrechtsfähigen Idealverein grundsätzlich Vereinsrecht anzuwenden. Hiervon ausgenommen werden sämtliche Vorschriften, die die Rechtsfähigkeit voraussetzen, Palandt-Heinrichs § 54 BGB Rdnr. 1 mit Verweis auf BGHZ 50, 325; OLG Frankfurt/Main ZIP 1985, 215

235 Portz, Stadt und Gemeinde 1995, 123, 127

Eine andere Sichtweise könnte sich aus der aktuellen höchstrichterlichen Rechtsprechung des BGH[236] zur Rechtsfähigkeit der GbR ergeben. Danach besitzt die GbR in bestimmten Konstellationen eine von ihren Gesellschaftern unabhängige eigene Rechtspersönlichkeit und Rechtsfähigkeit. Fraglich ist, ob auch ein nichtrechtsfähiger Verein von seinen Mitgliedern getrennt betrachtet werden und daraus eine Teilrechtsfähigkeit mit eigener Rechtspersönlichkeit hergeleitet werden kann. Wäre dies der Fall, müßten u. U. auch die kommunalen Schadensausgleiche als „Dritte" im Sinne des Vergaberechts betrachtet werden. Dies hätte zur Folge, daß die Leistungen der kommunalen Schadensausgleiche nach den Vorgaben des Kartellvergaberechts öffentlich ausgeschrieben werden müßten.

Auch eine Übertragung der für die GbR entwickelten Grundsätze auf den nichtrechtsfähigen Verein führt jedoch im Ergebnis dazu, daß die Dienstleistungen der kommunalen Schadensausgleiche die Grenzen der Organisationshoheit öffentlicher Auftraggeber nicht überschreiten. Voraussetzung für die Annahme einer Teilrechtsfähigkeit der GbR ist nämlich, daß sie als Außengesellschaft am Rechtsverkehr teilnimmt und dadurch eigene Rechte und Pflichten begründet. Gerade die Teilnahme der GbR am allgemeinen Rechtsverkehr erfordert es, nicht nur die einzelnen Gesellschafter, sondern auch die Gesellschaft selbst als Zuordnungssubjekt für die aus der Teilnahme am Rechtsverkehr resultierenden Rechte und Pflichten zu definieren[237]. Die Begründung einer Teilrechtsfähigkeit dient damit letztlich dem Gläubigerschutz.

Ein solches Bedürfnis wird durch die von den kommunalen Schadensausgleichen erbrachten Dienstleistungen jedoch nicht geweckt. Für die Leistungen der kommunalen Schadensausgleiche ist gerade bestimmend, daß ihre Adressaten nicht Bestandteil des allgemeinen Rechtsverkehrs sind. Vielmehr sind die Empfänger der Leistungen interne Bestandteile der öffentlichen Verwaltung. Durch die Leistungen der kommunalen Schadensausgleiche wird deshalb der Bereich des Innenrechts der öffentlichen Verwaltung nicht überschritten.

Als Bestandteile der öffentlichen Verwaltung bedürfen die Adressaten der Leistungen der kommunalen Schadensausgleiche - anders als zivilrechtliche Gläubiger der GbR - auch keines besonderen Schutzes. Die Qualifikation der von den kommunalen Schadensausgleichen erbrachten Leistungen als reines „Internum" steht ihrer Justitiabilität grundsätzlich entgegen.

---

236 BGHZ 146, 341 ff = NJW 2002, 1207

237 BGHZ 146, 341, 344

b) Zwischenergebnis

Der kommunale Schadensausgleich kann deshalb nicht als Unternehmen gem. § 99 Abs. 1 GWB qualifiziert werden. Die Anwendung des Kartellvergaberechts auf die vom kommunalen Schadensausgleich erbrachten Dienstleistungen scheidet deshalb von vornherein aus.

3) Überprüfung nach Sinn und Zweck

Zu prüfen ist letztlich, ob es mit der Intention des Kartellvergaberechts vereinbar ist, die von kommunalen Schadenausgleichen erbrachten Versicherungsdienstleistungen per se vom Anwendungsbereich des Kartellvergaberechts auszunehmen.

Wie bereits ausgeführt[238], verfolgt das Kartellvergaberecht unter Berücksichtigung seiner europarechtlichen Vorgaben das Ziel, im Bereich öffentlicher Aufträge einen diskriminierungsfreien europaweiten Wettbewerb zu ermöglichen. Aufgrund dieser Zielvorgabe könnten öffentliche Auftraggeber dazu verpflicht sein, eine öffentliche Vergabe bereits dann durchzuführen, wenn die in Rede stehende Dienstleistung von Unternehmern außerhalb der öffentlichen Verwaltung ebenfalls angeboten wird. Bereits die Existenz derartiger Unternehmen führt zu einer faktischen Konkurrenz- und Wettbewerbssituation.

Der außerhalb der Verwaltung stehende Dienstleister hat ein u. U. schützenswertes Interesse daran, mit dem öffentlichen Auftraggeber über die Ausführung der betreffenden Dienstleistung in einen Wettbewerb zu treten. Ein freier Wettbewerb zwischen öffentlichen Auftraggebern und sonstigen Unternehmen könnte im Ergebnis dazu führen, daß die Erledigung der betreffenden Aufgabe durch Unternehmer außerhalb der öffentlichen Verwaltung kostengünstiger und effektiver erledigt wird.

Hiermit steht es auch im Einklang, daß für die Annahme eines öffentlichen Auftrags gem. § 99 GWB die rein zivilrechtliche Gestaltung des Beschaffungsvorgangs nicht von entscheidender Bedeutung ist[239]. Ob ein zur öffentlichen Vergabe verpflichtender Beschaffungsvorgang vorliegt, wird deshalb nicht förmlich, sondern funktional beantwortet[240]. Entscheidend ist die wirtschaftliche Funktion des Geschäfts[241].

Voraussetzung für die Anwendbarkeit des Kartellvergaberechts ist jedoch, daß sich die öffentliche Verwaltung durch ihr Handeln überhaupt am Wirt-

---

238 siehe Teil 1, Kap. 2 B.
239 Byock, NJW 2001, 2295, 2298
240 Byock, NJW 2001, 2298 m.V.a. Jaeger, NZBau 2001, 6
241 Byock, NJW 2001, 2298 m.V.a. Jaeger, NZBau 2001, 6; Opitz ZVgR 2000, 97, 103

schaftsverkehr beteiligt. Auch bei einem funktionalen Verständnis des öffentlichen Vertrages gem. § 99 GWB[242] muß berücksichtigt werden, daß es hierfür mindestens zweier rechtlich voneinander verschiedener Personen bedarf. Der Vertragspartner des öffentlichen Auftraggebers muß also als „Dritter" bezeichnet werden können[243]. Soweit sich eine Maßnahme der öffentlichen Verwaltung hingegen allein auf die Regelung interner Vorgänge beschränkt, kann dies per se nicht Gegenstand marktwirtschaftlicher Vorgänge sein.

Dabei wird nicht verkannt, daß die öffentliche Verwaltung zahllose Aufgaben zu erfüllen hat, die außerhalb ihres Zuständigkeitsbereiches Gegenstand wirtschaftlicher Betätigungen von Unternehmern ist. Zu denken ist beispielsweise an die Instandhaltung, Reinigung und Pflege der Verwaltungsgebäude mit seinen Gartenanlagen sowie die Verpflegung der Mitarbeiter durch Kantinen. Der öffentlichen Verwaltung steht es dabei grundsätzlich frei, diese Aufgaben entweder selbst zu organisieren und hierfür eigene Mitarbeiter einzusetzen oder externe Unternehmen zu beauftragen. Allein der Umstand, daß derartige Aufgaben auch von Unternehmen außerhalb der öffentliche Verwaltung erledigt werden können, verpflichtet noch nicht dazu, eine öffentliche Vergabe durchzuführen, um dadurch einen freien Wettbewerb zwischen der Erledigung der Aufgaben durch eigene Kräfte und externe Unternehmer zu gewährleisten[244].

4) Ergebnis

Kommunale Schadensausgleiche stellen keine Unternehmen im Sinne des Kartellvergaberechts dar. Soweit kommunale Schadensausgleiche gegenüber ihren Mitgliedern Versicherungsdienstleistungen erbringen, handelt es sich hierbei um verwaltungsinterne Vorgänge, also so genannte „In-house-Geschäfte". Die Regeln des Kartellvergaberechts finden auf die von kommunalen Schadensausgleichen erbrachten Versicherungsdienstleistungen keine Anwendung, weshalb es insoweit keiner öffentlichen Vergabe durch kommunale Auftraggeber bedarf.

---

242 siehe oben

243 Byock, NJW 2001, 2298

244 so im Ergebnis auch u.a. Byock, NJW 2001, 2299; Klar, GVV-Mitteilungen, 7; Portz, Stadt und Gemeinde 1995, 127

Kapitel 6 Bedarf für Ausschreibung

A. Einführung

Wann ein öffentlicher Auftraggeber im Rahmen der Beschaffung von Dienstleistungen eine europaweite Ausschreibung nach dem Kartellvergaberecht durchzuführen hat, richtet sich danach, ob ein „Bedarf“ für eine solche Ausschreibung besteht und die vom Kartellvergaberecht vorgegebenen Schwellenwerte überschritten werden[245]. Hierbei geht es um die Frage, welche Sachverhalte zu einem öffentlichen Auftrag führen[246].

Die Antwort auf die Frage gibt zunächst § 99 Abs. 1 GWB. Danach begründet die Vergabe jedes Versicherungsvertrages grundsätzlich einen eigenständigen Auftrag, der zur öffentlichen Vergabe verpflichtet, sofern die weiteren hierfür erforderlichen Voraussetzungen erfüllt werden[247]. Im Rahmen dieser Thematik muß zwischen bereits versicherten und neu zu versichernden Risiken unterschieden werden. Darüber hinaus bedarf es der Prüfung, in welchen Fällen inhaltliche Änderungen bereits bestehender Verträge eine Pflicht zur öffentlichen Vergabe begründen.

I. Neue Risiken

1) Einführung

Sind neue Risiken versicherungstechnisch abzusichern, stellen sich hinsichtlich der Pflicht zur Vergabe grundsätzlich keine Probleme. Neue Risiken entstehen beispielsweise durch neu errichtete oder erworbene Gebäude, durch erworbene Sachen oder durch Veranstaltungen[248], die bislang nicht von einem Versicherungsvertrag erfaßt wurden.

2) Aufteilung/Zusammenfassung von Risiken

Zu prüfen ist die Frage, ob und inwieweit der öffentliche Auftraggeber bei der versicherungstechnischen Gestaltung seiner Risiken Beschränkungen unterliegt[249]. Errichtet der öffentliche Auftraggeber beispielsweise mehrere neue Gebäude, besteht für ihn die Alternative, entweder für jedes Gebäude separaten

245 Müller, S. 59
246 Dreher, VersR 2000, 666
247 Dreher, VersR 2000, 666
248 Konzerte, Ausstellungen
249 vgl. Dreher VersR 2000, 666, 667

Versicherungsschutz zu beschaffen oder alle Gebäude in einem Versicherungsvertrag zusammenzufassen. Gleichfalls kann er versicherungstechnische Risiken wie z. B. Feuer, Einbruchsdiebstahl, Sturm, Hagel, und Leitungswasser in einem Versicherungsvertrag zusammenfassen oder getrennt voneinander policieren lassen[250].

Je nach der Gestaltung der Versicherungsverträge resultiert aus jedem einzelnen Versicherungsvertrag eine höhere oder niedrigere Versicherungsprämie. Durch die Aufteilung bzw. Zusammenfassung unterschiedlicher Risiken kann der öffentliche Auftraggeber deshalb Einfluß darauf nehmen, ob die für die Pflicht zur öffentlichen Vergabe maßgeblichen Schwellenwerte unter- oder überschritten werden.

3) Umgehungsverbot

Dennoch ist der öffentliche Auftraggeber bei der Gestaltung seiner Versicherungsverträge grundsätzlich frei. Die einzige Beschränkung resultiert aus Art. 7 Abs. 3 DKR. Danach darf die Wahl der Berechnungsmethode nicht die Absicht verfolgen, die Anwendung dieser Richtlinie zu umgehen. Ein Beschaffungsbedarf für eine bestimmte Menge von Dienstleistungen darf deshalb nicht in der Absicht aufgeteilt werden, ihn der Anwendung dieses Artikels zu entziehen. Art 7 Abs. 3 DKR enthält also ein Umgehungsverbot. Die Regelung wurde weder wörtlich noch sinngemäß in die Vorschriften des deutschen Kartellvergaberechts[251] übernommen. Dennoch resultiert aus Art. 7 Abs. 3 DKR ein auch im deutschen Kartellvergaberecht zu beachtendes allgemeines Umgehungsverbot[252].

Eine Verletzung des Umgehungsverbots wird sich jedoch nur in seltenen Fällen nachweisen lassen. Indizien für die Umgehung vergaberechtlicher Vorschriften lassen sich in erster Linie aus dem bisherigen Verhalten des öffentlichen Auftraggebers bei der Versicherung vergleichbarer Risiken herleiten[253]. Selbst wenn ein öffentlicher Auftraggeber in der Vergangenheit bestimmte Risiken versicherungstechnisch zusammengefaßt hat, folgt daraus nicht automatisch eine Verletzung des Umgehungsverbots, wenn er hiervon bei der Versicherung neuer Risiken abweicht. Der öffentliche Auftraggeber bleibt in der Absicherung seiner versicherungstechnischen Risiken wenigstens solange frei, wie er seine Vorgehensweise sachlich zu begründen vermag.

---

250 diese Frage stellt sich auch im Zusammenhang mit dem Gebot zur Aufteilung von Aufträgen in Lose, siehe Teil 1 Kap. 7 Ziff. D.III.

251 GWB, VgV, VOL/A

252 Dreher, VersR 2000, 666, 667 mit Verweis auf OLG Brandenburg WUW/E Verg 233 - Flughafen Berlin; Klar, GVV-Mitteilungen 1998, 7

253 Dreher VersR 2000, 666, 667

Die weiteren Probleme bei der Zusammenfassung und Aufspaltung von Risiken werden im Zusammenhang mit der Schwellenwertberechnung erörtert[254].

II. Alte Risiken

1) Einführung

Mit dem Begriff der „Alten Risiken" sind diejenigen Risiken gemeint, die bei dem betreffenden öffentlichen Auftraggeber bereits unter Versicherungsschutz stehen. Zu prüfen ist, wann und unter welchen Umständen eine Pflicht zur öffentlichen Vergabe derartiger Risiken besteht.

Da die Leistung des Versicherers in der Form der Gefahrtragung hinsichtlich des versicherten Risikos nicht einmalig und zu einem bestimmten Zeitpunkt, sondern laufend während eines bestimmten Zeitraums zu erbringen ist, handelt es sich bei Versicherungsverträgen um Dauerschuldverhältnisse[255]. Die Dauer des Versicherungsvertrages wird zwischen den Parteien des Versicherungsvertrages individuell vereinbart. Versicherungsverträge werden mit unbestimmter Dauer[256], mit bestimmter Dauer ohne Verlängerungsklausel oder mit bestimmter Dauer inklusive Verlängerungsklausel geschlossen. Die Einzelheiten hierzu regelt § 8 VVG.

Die nachfolgenden Ausführungen beschäftigen sich mit der Frage, in welchen Fällen durch die inhaltliche Änderung und die Fortführung eines „Alten Risikos" oder durch den Abschluß eines neuen Vertrages nach der Beendigung des alten Vertrages ein Bedarf für eine öffentliche Vergabe begründet wird. Dabei wird zwischen befristeten Verträgen mit und ohne Verlängerungsklausel und unbefristeten Versicherungsverträgen unterschieden. Dem schließt sich eine Auseinandersetzung über Fragen zur inhaltlichen Änderung laufender Versicherungsverträge an. Diese Ausführungen gelten gleichermaßen für befristete wie für unbefristete Versicherungsverträge.

2) Befristete Verträge

a) Befristete Verträge ohne Verlängerungsklausel

Vereinbaren die Parteien eines Versicherungsvertrages eine bestimmte Versicherungsdauer ohne Verlängerungsklausel, läuft der Versicherungsvertrag zum En-

---

254 siehe Teil 1, Kap. 7 Ziff. D.
255 Bruck/Möller, § 1 VVG Anm. 46
256 z. B. Lebensversicherungsverträge

de der vereinbarten Vertragslaufzeit endgültig aus. Von vergaberechtlicher Relevanz ist die Handhabung derjenigen Verträge, die im Anschluß an den Ablauf des Versicherungsvertrages erneut unter Versicherungsschutz gestellt werden sollen. Dies kann auf zweierlei Art und Weise erfolgen. Zunächst besteht die Möglichkeit, einen neuen Versicherungsvertrag abzuschließen. Gleichfalls können sich beide Vertragsparteien darauf einigen, den bisherigen Versicherungsvertrag einvernehmlich zu verlängern oder auf unbestimmte Dauer fortzusetzen.

Entschließen sich die Vertragsparteien dazu, einen neuen Versicherungsvertrag abzuschließen, ist dies vergaberechtlich unproblematisch. Sofern die weiteren Voraussetzungen[257] erfüllt werden, muß der neue Versicherungsvertrag öffentlich ausgeschrieben werden.

Fraglich ist hingegen, ob auch dann eine Pflicht zur öffentlichen Vergabe besteht, wenn sich die Vertragsparteien darauf einigen, das bisherige Vertragsverhältnis unter Abänderung der Vertragslaufzeit fortzusetzen. Grundsätzlich setzt die Pflicht zur öffentlichen Vergabe voraus, daß ein neuer Vertrag abgeschlossen werden soll. Gegen die Anwendung des Kartellvergaberechts spricht deshalb, daß der bisherige Versicherungsvertrag in diesem Fall fortbesteht. Die Fortsetzung des Versicherungsvertrages basiert lediglich auf einer inhaltlichen Änderung der bisherigen vertraglichen Vereinbarung im Hinblick auf die Vertragslaufzeit.

Andererseits entspricht es wohl einhelliger Auffassung, daß eine Änderung eines bereits bestehenden Vertrages den Abschluß eines neuen Versicherungsvertrages nach sich ziehen kann. Dies ist immer dann der Fall, wenn ein laufender Vertrag in seinem Wesen so geändert wird, daß es sich tatsächlich und seiner Rechtsnatur nach um einen neuen Vertrag handelt[258]. In diesem Fall liegt also in vergaberechtlicher Hinsicht gerade keine Änderung eines bestehenden Vertrages, sondern der Abschluß eines neuen Vertrages vor, der nach den allgemeinen Regeln auszuschreiben ist.

Zu prüfen ist, durch welche Vertragsbestandteile das Wesen eines Versicherungsvertrages bestimmt wird und ob hierzu auch die Vertragslaufzeit gehört. Versicherungsverträge sind gegenseitige Verträge. Es liegt ihnen ein Leistungsaustausch im Gegenseitigkeitsverhältnis zwischen Versicherer und Versicherungsnehmer zu Grunde[259]. Dabei stehen sich die Pflicht des Versicherungsnehmers zur Prämien- bzw. Beitragsleistung und die Pflicht des Versicherers, im

257 insbesondere das Erreichen der Schwellenwerte, siehe Kap. 7

258 Portz, Stadt und Gemeinde 1995, 123, 129; Müller, S. 62; Höfler, Rechtsfragen bei der Vergabe von Versicherungsdienstleistungen, S. 22; Berger/Sittner, S. 3

259 Bruck/Möller, § 1 Anm. 38

Leistungsfall die vertraglich vereinbarte Versicherungsleistung zu erbringen[260], gegenüber[261].

Ein Vertrag definiert sich jedoch nicht ausschließlich über seine Hauptleistungen. Prägend sind darüber hinaus seine wesentlichen Vertragsbestandteile[262]. Es liegt bereits kein wirksamer Vertrag vor, wenn sich die Vertragsparteien nicht über die für den Vertrag wesentlichen Bestandteile geeinigt haben[263].

Die Vertragslaufzeit zählt zu den wesentlichen Vertragsbestandteilen. . Der Umfang des vom Versicherer zu erbringenden Versicherungsschutzes bestimmt sich neben dem zu versichernden Risiko im wesentlichen danach, über welchen Zeitraum das Risiko abgesichert werden soll. Darüber hinaus ist die Vertragslaufzeit für die Höhe der vom Versicherungsnehmer zu entrichtenden Versicherungsprämie von entscheidender Bedeutung.

Durch die Verlängerung einer ursprünglich vereinbarten Vertragslaufzeit wird ein Versicherungsvertrag deshalb in seinem Wesen entscheidend verändert. Die Veränderung der Vertragslaufzeit führt im Vergleich zum bisherigen Versicherungsvertrag – zumindest in vergaberechtlicher Hinsicht - zu einer neuen vertraglichen Vereinbarung zwischen Versicherer und Versicherungsnehmer. Folglich finden die Regeln des Kartellvergaberechts auf die Verlängerung der Vertragslaufzeit grundsätzlich Anwendung. Übersteigt die Verlängerung für sich genommen die Schwellenwerte, bedarf es einer öffentlichen Vergabe der in Rede stehenden Versicherungsdienstleistung.

Wird die Vertragslaufzeit zwischen den Vertragsparteien verändert, kommt es nicht darauf an, ob die Veränderung der Vertragslaufzeit während oder nach dem Ablauf des ursprünglich vereinbaren Vertrages erfolgt. Entscheidend ist allein, ob der bisherige Vertrag nach dem erkennbaren Willen der Vertragsparteien fortgesetzt werden soll.

b) Befristete Verträge mit Verlängerungsklausel

Befristete Verträge mit Verlängerungsklausel enthalten eine Regelung gem. § 8 Abs. 1 VVG, wonach sie sich automatisch um ein weiteres Jahr verlängern, wenn sie nicht vom Versicherungsnehmer oder vom Versicherer innerhalb der dafür vorgesehenen Frist gekündigt werden. Sie sind ebenso wie unbefristete

---

260 h.M.: Geldleistungstheorie, siehe hierzu Prölss/Martin-Prölss; a.A.: Gefahrtragungstheorie, u. a. Bruck/Möller § 1 Anm. 41

261 die Einzelheiten hierzu regelt § 1 VVG

262 essentialia negotii

263 Palandt-Heinrichs Einführung vor § 145 BGB Rdnr. 3 i. V. m. Überblick vor § 104, Rdnr. 3

Versicherungsverträge mit Verlängerungsklausel zu behandeln, weshalb hierzu auf die nachfolgenden Ausführungen verwiesen wird.

3) Unbefristete Versicherungsverträge

Unbefristete Versicherungsverträge zeichnen sich dadurch aus, daß sie grundsätzlich für einen bestimmten Zeitraum – zumeist für die Dauer eines Kalenderjahres – abgeschlossen werden und sich nach dem Ablauf dieses Zeitraums automatisch verlängern, sofern keine der Vertragsparteien von seinem Recht Gebrauch macht, den Vertrag innerhalb einer bestimmten Frist zu kündigen, § 8 Abs. 1 VVG.

a) Ohne Kündigungserklärung

Zu prüfen ist zunächst, ob bereits eine Pflicht zur Ausschreibung dadurch begründet wird, daß der öffentliche Auftraggeber nicht von seinem Recht zur Kündigung des Versicherungsvertrages Gebrauch macht[264]. Dies wäre dann der Fall, wenn infolge der nicht ausgesprochenen Kündigung nach dem Ablauf der bislang vereinbarten Vertragslaufzeit ein neuer Versicherungsvertrag geschlossen wird.

In diesem Zusammenhang wird in der Literatur[265] auf eine Entscheidung des BGH[266] zum Pachtvertragsrecht verwiesen. Die Entscheidung beschäftigt sich mit einer vertraglichen Vereinbarung, wonach sich ein auf bestimmte Zeit abgeschlossenes Miet- oder Pachtverhältnis auf bestimmte Zeit verlängert, wenn nicht eine Vertragspartei binnen einer bestimmten Frist vor dem Vertragsablauf erklärt, den Vertrag nicht verlängern zu wollen. Nach Auffassung des BGH stellt eine Erklärung, den Vertrag nicht verlängern zu wollen, keine „Kündigung" im technischen Sinne dar. Vielmehr handele es sich dabei um die Ablehnung des befristeten Angebots auf Verlängerung des Vertrages um eine bestimmte Zeit. Ebenso wie in der Klausel auf Verlängerung um eine bestimmte Vertragsdauer enthalten sei, daß durch Schweigen ein neuer Vertrag zustande kommen könne, beinhalte der Ausspruch einer „Kündigung" die Ablehnung des Vertragsangebotes. Im Ergebnis kommt somit nach Auffassung des BGH durch Schweigen mit der Folge einer nicht erklärten Kündigung des Vertrages jeweils ein neuer Miet- bzw. Pachtvertrag zu Stande.

---

264 Höfler, Rechtsfragen bei der Vergabe von Versicherungsdienstleistungen, S. 19

265 Prölss/Martin-Prölss § 8 VVG Rdnr. 2; Höfler, Rechtsfragen bei der Vergabe von Versicherungsdienstleistungen, S. 20

266 BGH NJW 75, 40

Eine Übertragung dieser Grundsätze auf das Versicherungsvertragsrecht würde zu dem Ergebnis führen, daß bereits durch eine nicht erklärte Kündigung zum Ende des Versicherungsjahres eine Pflicht zur öffentlichen Vergabe des sich automatisch fortsetzenden Versicherungsvertrages begründen könnte. Schließlich würde infolge der fehlenden Beendigung des Vertragsverhältnisses ein neues Vertragsverhältnis begründet.

Dem BGH ist dahingehend zuzustimmen, daß in der genannten Vertragskonstellation das Schweigen der Vertragspartner ausnahmsweise rechtsgeschäftlichen Erklärungswert besitzt. Soweit allerdings in der Ausübung des Optionsrechts durch Schweigen zwingend der Abschluß eines neues Vertragsverhältnisses begründet sein soll, vermag dies nicht zu überzeugen. Einer solchen Interpretation der Vertragsklausel steht bereits deren Wortlaut entgegen. Auch ist der Parteiwille darauf gerichtet, das bereits bestehende Vertragsverhältnis „fortsetzen" zu wollen. Letztlich ergibt sich die Notwendigkeit der Begründung eines neuen Vertragsverhältnisses nicht aus § 564 a.F. BGB. Zwar endigt danach ein Mietverhältnis mit dem Ablauf der Zeit, für die es eingegangen ist. Die zwischen den Parteien getroffene Vereinbarung über eine Verlängerungsoption ist jedoch bereits Bestandteil der Parteiabrede über die Vertragslaufzeit. Demgemäß endigt das Mietverhältnis im Falle der Ausübung der Option erst mit dem Ablauf der Vertragsverlängerung. Durch die Ausübung der Option wird somit das bisherige Vertragsverhällnis fortgesetzt und kein neuer Vertrag begründet[267]

Ungeachtet dessen wird die Übertragung der vom BGH für Miet- bzw. Pachtverträge entwickelten Grundsätze auf Versicherungsverträge in der Literatur[268] zutreffender Weise abgelehnt. Soweit zur Begründung dieser Auffassung allerdings darauf abgestellt wird, zwischen § 564 Abs. 1 BGB a.F. und § 7 Satz 2 VVG bestehe weitgehende Wortgleichheit[269], überzeugt dies nicht. Schließlich beschäftigt sich § 564 Abs. 1 BGB a.F. nicht mit befristeten Versicherungsverträgen, sondern ausschließlich mit befristeten Mietverhältnissen.

Einen wesentlichen Unterschied begründet es hingegen, daß § 8 Abs. 1 VVG für die Beendigung des Versicherungsvertrages ausdrücklich eine Kündigung erfordert. Demgegenüber qualifiziert der BGH die zur Verlängerung eines Pachtvertrages erforderliche Erklärung gerade nicht als Kündigung[270], sondern als rechtsgeschäftliche Erklärung, die darauf gerichtet ist, die Verlängerungsoption abzulehnen . Darüber hinaus sind die für Miet- oder Pachtverträge entwickelten Grundsätze nicht ohne weiteres auf Versicherungsverträge übertragbar. Es ent-

267 so auch u.a. MüKo-Voelskow, § 564 Rdnr. 6, 22 mit weiteren Nennungen
268 Prölss/Martin-Prölss, § 8 VVG Rdnr 2; Höfler, Rechtsfragen bei der Vergabe von Versicherungsdienstleistungen, S. 20
269 Prölss/Martin-Prölss, § 8 VVG Rdnr. 2
270 Prölss/Martin-Prölss, § 8 VVG Rdnr 2

spricht den besonderen Interessen der beiden Vertragsparteien eines Versicherungsvertrages, das Vertragsverhältnis als Dauerschuldverhältnis zu gestalten und jedem Vertragspartner die Möglichkeit einzuräumen, sich zum Ende eines jeden Versicherungsjahres vom Vertragsverhältnis wieder lösen zu können[271].

Macht somit keine Partei des Versicherungsvertrages von ihrem Recht Gebrauch, den Vertrag fristgemäß zu kündigen, wird dadurch kein neuer Versicherungsvertrag begründet. Vielmehr setzt sich das ursprüngliche Vertragsverhältnis fort, ohne eine Pflicht zur öffentlichen Vergabe zu begründen.

b) Mit Kündigungserklärung

Wird von einer Partei des Versicherungsvertrages von der Möglichkeit Gebrauch gemacht, den Vertrag fristgemäß zum Ende des Versicherungsjahres zu kündigen, begründet jeder geplante Abschluß eines neuen Versicherungsvertrages nach dem Ablauf der Vertragslaufzeit einen Bedarf für eine öffentliche Vergabe nach dem Kartellvergaberecht. Dies gilt auch dann, wenn die Kündigung beispielsweise vom Versicherer erklärt und die Kündigungserklärung mit dem Angebot verbunden wird, den Vertrag unter veränderten Bedingungen fortsetzen zu wollen. Auch in diesem Fall wurde der ursprüngliche Versicherungsvertrag wirksam beendet. Der sich daran anschließende Vertrag stellt ein neues Vertragsverhältnis dar, das der Ausschreibung bedarf, sofern die Schwellenwerte überschritten werden.

In kartell- und vergaberechtlicher Hinsicht ist auch dann von einem „neuen Vertragsverhältnis" auszugehen, wenn die vereinbarten Änderungen noch vor dem Ablauf der Kündigungsfrist zustande kommen. Es gelten dann dieselben Grundsätze, wie für inhaltliche Änderungen von Versicherungsverträgen. Wegen der Einzelheiten hierzu wird auf die nachfolgenden Ausführungen verwiesen.

4) Inhaltliche Änderungen des Versicherungsvertrages

Wie bereits ausgeführt[272], führt eine Verlängerung der Vertragslaufzeit eines befristeten Vertrages ohne Verlängerungsklausel zu einer inhaltlichen Änderung des Versicherungsvertrages, die eine öffentliche Ausschreibung erfordert. Demgegenüber beschränken sich inhaltliche Änderungen nicht allein auf die Änderung der Vertragslaufzeit, sondern können sämtliche Gesichtspunkte des Versicherungsvertrages betreffen.

---

271 so im Ergebnis auch Höfler, Rechtsfragen bei der Vergabe von Versicherungsdienstleistungen, S. 20

272 siehe Teil 1, Kap. 6 Ziff. A.II.2)a)

Die nachfolgenden Ausführungen beschäftigen sich zunächst mit der Frage, welche inhaltlichen Änderungen grundsätzlich einen Bedarf für eine öffentliche Ausschreibung zu begründen vermögen. Maßgeblich ist hierfür grundsätzlich, ob die inhaltliche Änderung des Versicherungsvertrages einen qualitativen oder quantitativen Einfluß auf den Umfang des Versicherungsschutzes ausübt.

Hiervon losgelöst ist sodann zu prüfen, ob die Pflicht zur öffentlichen Vergabe darüberhinaus vom Umfang der inhaltlichen Änderung abhängig gemacht werden kann. In diesem Zusammenhang wird die Frage diskutiert[273], ob nur „wesentliche Änderungen" des Versicherungsvertrages relevant sind und ab wann die Grenze zur „unwesentlichen Änderung" überschritten wird.

a) Änderung in der Person des Vertragspartners

Ebenso wie die Vertragslaufzeit stellen auch die Vertragsparteien in versicherungsvertragsrechtlicher Hinsicht wesentliche Vertragsbestandteile dar, deren Änderung grundsätzlich das Erfordernis einer öffentlichen Vergabe zu begründen vermag[274].

aa) Versicherer

Zu prüfen ist zunächst die Vertragspartei des Versicherers. In der Praxis spielt der Austausch dieser Vertragspartei nur im Zusammenhang mit Fusionen, Verschmelzungen und sonstigen Zusammenschlüssen mehrerer Versicherer eine Rolle.

Folge derartiger Zusammenschlüsse können schlichte Namensänderungen, aber auch komplette Bestandsübertragungen auf einen Versicherer sein, der bislang am Vertragsverhältnis nicht beteiligt war.

Unabhängig von den gesellschaftsrechtlichen Veränderungen in der Struktur des betreffenden Versicherers tritt der "neue" bzw. der den Bestand übernehmende Versicherer uneingeschränkt in sämtliche Rechte und Pflichten des bisherigen Versicherungsvertrages ein. Demgemäß führt der Austausch oder die Veränderung der Vertragspartei des Versicherers zu keiner für die Vergabe relevanten inhaltlichen Änderung des Versicherungsvertrages. Ein Bedarf für die Durchführung einer öffentlichen Vergabe wird dadurch deshalb nicht begründet.

---

273 u.a. Müller, S. 62

274 Diese Frage war bislang nur in Teilbereichen Gegenstand öffentlicher Diskussionen, siehe Müller, S 60 ff

bb) Versicherungsnehmer

Der Austausch oder die Veränderung der Vertragspartei des Versicherungsnehmers im Bereich der Vergabe von Versicherungsdienstleistungen durch kommunale Auftraggeber spielt zunächst in denjenigen Fällen eine Rolle, in denen sich die juristische Person des öffentlichen Rechts durch Umstrukturierungen verändert. Ursache hierfür kann beispielsweise eine Gebiets- oder Verwaltungsreform sein, in deren Zuge mehrere Körperschaften des öffentlichen Rechts zusammengeschlossen werden.

Derartige Fallkonstellationen sind jedoch nicht anders als Fusionen, Verschmelzungen und sonstige Zusammenschlüsse von Versicherern zu qualifizieren. Auch in diesen Fällen tritt die etwaig neu gegründete oder namentlich veränderte Körperschaft des öffentlichen Rechts in vollem Umfang, also mit allen Rechten und Pflichten, in das bisherige Vertragsverhältnis ein. Ein Bedarf für eine öffentliche Vergabe wird dadurch also nicht begründet.

Eine Änderung in der Person des Versicherungsnehmers kann gleichfalls aus der Veräußerung der versicherten Sache resultieren. Angesichts der Tatsache, daß die weit überwiegende Anzahl der dem Kartellvergaberecht unterliegenden Risiken aus dem Bereich des Sachversicherungsrechts stammen, ist diese Fallgruppe von besonderer praktischer Relevanz. Dennoch begründet sie keine Besonderheiten im Bereich des Kartellvergaberechts, da sich im Zuge der Veräußerung einer versicherten Sache keine relevante Veränderung in der Person des Versicherungsnehmers ergeben.

Für den Bereich der allein relevanten Schadensversicherung werden die Einzelheiten hierzu in den meisten Fällen in den §§ 69 ff VVG gesetzlich geregelt. Danach wird das bisherige Vertragsverhältnis auch am Falle einer Veräußerung der versicherten Sache grundsätzlich fortgesetzt. An die Stelle des bisherigen Versicherungsnehmers tritt der Erwerber der Sache. Da somit kein „neuer“ Versicherungsschutz zu begründen ist, vielmehr der bisherige Versicherungsschutz lediglich von einer anderen Person fortgesetzt wird, besteht auch in Fällen dieser Art bereits kein Bedarf für eine öffentliche Vergabe. Etwas anderes gilt erst dann, wenn eine der Vertragsparteien von ihrem Kündigungsrecht gem. § 70 VVG Gebraucht macht. Der dann erforderliche neue Vertrag bedarf der Vergabe nach den allgemeinen Regeln.

b) Änderung der mitversicherten Personen

Gem. § 1 VVG beschränken sich die am Versicherungsvertrag beteiligten Personen grundsätzlich auf den Versicherer und den Versicherungsnehmer. Ein Versicherungsvertrag kann aber auch als Vertrag zu Gunsten Dritter ausgestaltet werden[275]. In diesem Zusammenhang ist die Rede von einer „Versicherung für fremde Rechnung". Sie liegt immer dann vor, wenn der Versicherungsnehmer im eigenen Namen ein fremdes Interesse versichert[276]. Eine derartige Einbeziehung Dritter in den Versicherungsvertrag ist in nahezu sämtlichen Sparten des Versicherungsrechts möglich[277]. Welche Rechtsfolgen daraus resultieren, wird in den §§ 74 bis 80 VVG geregelt.

Der begünstigte Dritte einer Versicherung für fremde Rechnung wird im Bereich der Schadensversicherung als Versicherter oder Mitversicherter und im Bereich der Lebensversicherung und Unfallversicherung gem. §§ 166 bis 168, 180 VVG als Bezugsberechtigter bezeichnet. Darüber hinaus besteht im Bereich der Unfallversicherung gem. § 179 Abs. 2 VVG die Möglichkeit, einen Versicherungsvertrag gegen Unfälle abzuschließen, die einem anderen zustoßen[278]. In diesem Fall ist ebenfalls im Zweifel davon auszugehen, daß der Versicherungsvertrag als für Rechnung des anderen abgeschlossen wurde[279]. Gem. § 179 Abs. 2 VVG finden die §§ 75 bis 79 auf derartige Fälle der Unfallversicherung entsprechende Anwendung.

Für eine Versicherung für fremde Rechnung ist prägend, daß der Versicherungsnehmer als Vertragspartner des Versicherers weiterhin alle Vertragspflichten des Versicherungsvertrages erfüllen muß, während die Obliegenheiten des Versicherungsvertrages gem. § 79 Abs. 1 VVG auch vom Versicherten zu erfüllen sind. Gläubiger des Versicherungsanspruchs ist gem. § 75 Abs. 1 Satz 1 VVG der Versicherte[280]. Der Mitversicherte kommt somit in den Genuß des Versicherungsschutzes bzw. der Versicherungsleistungen, ohne dafür eine konkrete Gegenleistung erbringen zu müssen.

Im Rahmen der Fragestellung, ob die Aufnahme eines Mitversicherten in den Versicherungsvertrag einen Bedarf für eine öffentliche Ausschreibung begründet, muß zwischen unterschiedlichen Fallgruppen unterschieden werden. Zu prüfen ist dabei, ob der Versicherungsschutz überhaupt Drittinteressen umfaßt, der Vertrag von vornherein auf wechselnde mitversicherte Personen ausgerichtet ist und die Aufnahme eines Mitversicherten zu einer qualitativen oder quantitativen Änderung des Umfangs des Versicherungsschutzes führt.

---

275 Bruck/Möller, § 1 Anm. 48 mit Verweis auf amtliche Begründung I Seite 13
276 BK-Hübsch, § 74 VVG Rdnr. 1
277 einen guten Überblick über den Anwendungsbereich der Versicherung für fremde Rechnung gibt BK-Hübsch, § 74 VVG Rdnr 3
278 wegen der streitigen Frage, ob die Vorschriften der §§ 74 ff VVG analoge Anwendung auf die Lebensversicherung in der Form der Gruppenversicherung und die Krankenversicherung finden, wird verwiesen auf BK-Hübsch, § 74 VVG Rdnr. 2
279 BK-Schwintowski, § 179 VVG Rdnr. 18
280 BK-Hübsch § 74 VVG Rdnr. 1

aa) Sachversicherung

Auch in der Sachversicherung stellt sich das Problem der Versicherung von Drittinteressen. Zwar ist im Bereich der Sachversicherung zwischen dem Substanz-, Sachnutzungs- und Sachersatzinteresse zu unterscheiden[281]. Sachversicherungsverträge beschränken sich jedoch in aller Regel auf den Schutz des so genannten Sacherhaltungsinteresses. Hierbei handelt es sich um das Interesse des Eigentümers der versicherten Sache, den Substanzwert der Sache im Vermögen zu haben. Kommt es zu einer Zerstörung oder Beschädigung der versicherten Sache, besteht das Sacherhaltungsinteresse also darin, durch die Versicherungsleistung dazu in die Lage versetzt zu werden, den ursprünglichen – bzw. in der Neuwertversicherung sogar einen darüber hinausgehenden - Zustand ohne den eingetretenen Schaden wieder herstellen zu können[282]. Da der Versicherungsnehmer mit dem Eigentümer der versicherten Sache häufig personenidentisch ist, stellt sich somit im Bereich des Sacherhaltungsinteresses i.d.R. nicht die Frage, ob das Interesse Dritter in den Versicherungsschutz einbezogen werden und dies einen Bedarf für eine öffentliche Ausschreibung begründen könnte.

Anders stellt sich die Situation im Bereich des Sachersatzinteresses dar. Hierunter ist das Interesse einer Person zu verstehen, bei Zerstörung, Verlust oder Beschädigung der Sache nicht dem Eigentümer gegenüber schadensersatzpflichtig zu sein und einen Haftungsschaden zu erleiden[283].

Im Bereich des Sachersatzinteresse stellt sich somit das Problem, daß die Interessen Dritter in einen Versicherungsvertrag einbezogen werden können. Ist dies bereits unabhängig vom Willen der Vertragsparteien der Fall, führt dies zu keiner relevanten inhaltlichen Änderung des Versicherungsvertrages, die Anlaß zu einer Prüfung des Bedarfs für eine öffentliche Vergabe geben könnte. Diese Frage stellte sich in der Vergangenheit insbesondere im Rahmen des Regresses des Gebäude- und Feuerversicherers gegenüber dem den Schaden verursachenden Mieter der versicherten Sache[284].

---

281 Prölss, r+s 1997, 221

282 BK-Hübsch § 74 VVG Rdnr. 20

283 BK-Hübsch § 74 VVG Rdnr. 20 mit Verweis auf BGH VersR 94, 85, 86

284 Grundsätzlich setzt dieser Regreß lediglich einfache Fahrlässigkeit des Mieters hinsichtlich der Schadensverursachung voraus. Dieses Ergebnis wurde dann als unbillig empfunden, wenn der Mieter im Rahmen der Nebenkostenabrechnung auch die anteilige Versicherungsprämie in der Feuer- bzw. Wohngebäudeversicherung entrichtete. Der BGH setzte der umfangreich geführten Diskussion über den Mieterregreß erstmals durch die Entscheidung vom 8. November 2000 (BGH VersR 2001, 94 mit Anmerkung Lorenz und Wolter) einen vorläufigen Schlußstrich. Darin begrenzte der für Versicherungsrecht zuständige 4. Zivilsenat den Regreß des Gebäudeversicherers gegen den Mieter auf Vorsatz und grobe Fahrlässigkeit. Dabei kann

Die Situation ist jedoch anders zu beurteilen, wenn sich die Parteien des Sachversicherungsvertrages darauf einigen, durch eine ausdrückliche Vereinbarung im Versicherungsvertrag das Sachersatzinteresse Dritter in den Versicherungsvertrag einzubeziehen. Dies führt zu einer qualitativen und quantitativen Änderung des Umfangs des Versicherungsschutzes, so daß sich grundsätzlich die Frage stellt, ob die Veränderung des Versicherungsschutzes Anlaß zu einer öffentlichen Vergabe gibt.

Wann dies konkret der Fall ist, hängt vom Umfang der Änderung des Versicherungsschutzes ab, was nachfolgend[285] gesondert erläutert wird.

bb) Haftpflichtversicherung

In sämtlichen Sparten der Haftpflichtversicherung[286] werden nicht nur die Interessen des Versicherungsnehmers, sondern auch die Interessen nicht geschädigter Dritter und damit mitversicherter Personen unter Versicherungsschutz gestellt. Soweit sich die Ausdehnung des Versicherungsschutzes auf Dritte bereits aus dem Versicherungsvertrag bzw. aus den dem Versicherungsvertrag zugrundeliegenden allgemeinen Versicherungsbedingungen ergibt[287], vermag eine personelle Änderung des Kreises der mitversicherten Personen keinen Bedarf für eine öffentliche Vergabe zu begründen. Da sich der Versicherungsschutz bereits kraft vertraglicher Vereinbarung auf Dritte bezieht, stellt die konkrete Inanspruchnahme des Versicherungsschutzes durch Dritte keine inhaltliche Änderung des Versicherungsvertrages dar.

Etwas anderes kann nur für die Fälle gelten, in denen die Vertragsparteien während des laufenden Versicherungsvertrages den Umfang des Versicherungsschutzes bezüglich dritter Personen durch individuelle Vereinbarung ausweiten. Durch eine derartige Vereinbarung wird die Qualität und die Quantität des zur Verfügung gestellten Versicherungsschutzes grundlegend verändert, so daß sich in diesen Fällen die Frage eines Bedarfs für die Durchführung einer öffentliche Vergabe stellt.

---

dahingestellt bleiben, ob sich der Mieter im Rahmen der Nebenkostenabrechnung auch anteilig an der Prämie des Versicherungsvertrages beteiligt. Vielmehr ergibt sich auf dem Wege einer ergänzenden Auslegung des Versicherungsvertrages ein konkludenter Regreßverzicht des Versicherers gegen den Mieter, sofern der Schadenfall von diesem lediglich fahrlässig herbeigeführt wird.

285 siehe Ziff. 4)e)

286 Eine gute Zusammenstellung der unterschiedlichen Sparten der Haftpflichtversicherung enthält BK-Hübsch, § 74 VVG Rdnr. 3

287 in der Kfz-Haftpflichtversicherung erstreckt sich der Versicherungsschutz entsprechend der gesetzlichen Vorgabe des § 1 PflVG beispielsweise auf die in § 10 Abs. 2 AKB genannten Personen

cc) Personenversicherung

Ob die Aufnahme Dritter in den Versicherungsvertrag einer Personenversicherung[288] während des laufenden Versicherungsvertrages einen Bedarf für eine öffentliche Vergabe des Versicherungsvertrages begründet, hängt von der ursprünglichen vertraglichen Vereinbarung zwischen den Parteien des Versicherungsvertrages ab. Sieht der Vertrag vor, daß die Anzahl der zu versichernden Personen während der Vertragslaufzeit an sich verändernde Umstände angepaßt werden kann, entspricht dies letztlich dem Gedanken einer Wertanpassungsklausel. Wenn der Vertrag bereits aufgrund der Parteiabrede darauf ausgerichtet ist, während der Vertragslaufzeit Dritte in den Versicherungsschutz einzubeziehen, begründet die konkrete Umsetzung dieser Klausel keine „Änderung" des Vertragsinhalts im eigentlichen Sinne. Vielmehr tritt genau das ein, was zwischen den Parteien des Vertrages von vornherein gewollt war. Der Umfang des Versicherungsschutzes wird dadurch weder qualitativ noch quantitativ verändert. Derartige Klauseln begründen deshalb grundsätzlich keinen Bedarf für eine öffentliche Ausschreibung.

Läßt sich die personelle Ausweitung des Versicherungsschutzes auf Dritte hingegen nicht auf eine derartige Anpassungsklausel zurückführen, stellt dies eine inhaltliche Änderung des Versicherungsvertrages dar, die einen Bedarf für die Durchführung einer öffentliche Vergabe begründet[289].

c) Änderung des versicherten Risikos

Zu den essentialia negotii eines Versicherungsvertrages gehört das versicherte Risiko. Es setzt sich aus der versicherten Sache, den versicherten Gefahren, den versicherten Kosten und der Versicherungssumme zusammen.

Im Bereich der Wohngebäudeversicherung bezieht sich das versicherte Risiko beispielsweise auf ein bestimmtes Gebäude, das Risiko „Feuer", den Ersatz der Aufräumkosten sowie auf bestimmte Maximalbeträge, bis zu denen im Schadensfall Versicherungsleistungen für den Ersatz oder die Reparatur der ver-

288 beispielsweise einer Gruppen-Unfallversicherung oder Gruppen-Lebensversicherung

289 Zu denken ist in diesem Zusammenhang beispielsweise an einen Gruppenversicherungsvertrag, den ein öffentlicher Auftraggeber für eine bestimmte Gruppe seiner Mitarbeiter unterhält. Wird der Umfang des Versicherungsschutzes auf eine völlig neue Gruppe von Mitarbeitern erweitert, muß hinsichtlich des Bedarfs für eine öffentliche Vergabe geprüft werden, ob die Ausweitung des Versicherungsschutzes durch Anpassungsklauseln im Versicherungsvertrag gedeckt wird

sicherten Sache und den Ausgleich der versicherten Kosten erbracht werden sollen.

aa) Versicherte Sache

Einigen sich die Parteien eines Versicherungsvertrages darauf, den bisherigen sächlichen Umfang eines Versicherungsvertrages zu verändern, wird dadurch der wesentliche Vertragsinhalt grundsätzlich verändert. Werden also beispielsweise sämtliche öffentlichen Gebäude einer Gemeinde von einem bestimmten Versicherer gegen sachversicherungsrechtliche Risiken versichert und errichtet oder erwirbt die Gemeinde ein neues öffentliches Gebäude, begründet die Aufnahme dieses Gebäudes in den bereits bestehenden Versicherungsvertrag grundsätzlich einen Bedarf für eine öffentliche Vergabe. Es muß also geprüft werden, ob die weiteren Voraussetzungen für die Durchführung einer öffentlichen Vergabe[290] vorliegen oder nicht.

Dieser Grundsatz gilt jedoch nicht uneingeschränkt. Gerade im Bereich der Versicherung kommunaler Risiken werden zwischen öffentlichen Auftraggebern und Versicherern häufig Rahmenverträge geschlossen. Diese Verträge sehen vor, daß sämtliche im Eigentum des Versicherungsnehmers stehenden öffentlichen Gebäude stets und ausnahmslos vom Versicherungsschutz des betreffenden Versicherungsvertrages erfaßt werden. Die Anpassung des Bestandes zu versichernder Gebäude an die sich verändernden Verhältnissse erfolgt durch so genannte Stichtagsmeldungen. Nach Maßgabe des an einem bestimmten Stichtag vorhandenen Bestandes an zu versichernden Sachen bemißt sich der sächliche Umfang des Versicherungsschutzes sowie die vom Versicherungsnehmer zu entrichtende Versicherungsprämie.

Derartige Vereinbarungen beinhalten legitime und in der Praxis notwendige Klauseln zur Anpassung des versicherten Risikos an die sich verändernden Risiken. Da der zwischen dem Versicherer und dem Versicherungsnehmer geschlossene Versicherungsvertrag von vornherein auf eine wirksame Anpassung des Risikos ausgerichtet ist, begründen weder zwischenzeitliche Änderungen noch solche zum Zeitpunkt der vereinbarten Stichtages einen Bedarf für die Durchführung einer öffentlichen Ausschreibung.

Etwas anderes gilt nur dann, wenn das System der Stichtagsmeldung bewußt und gezielt zu dem Zweck eingesetzt wird, die gesetztlichen Regelungen über die Notwendigkeit einer öffentlichen Vergabe zu umgehen. Dies wäre beispielsweise dann der Fall, wenn sich der Sachversicherungsvertrag bislang ausschließlich auf sämtliche Schulgebäude eines öffentlichen Auftraggebers bezog. Wird

290 insbesondere die Überschreitung des Schwellenwertes, siehe Teil 1 Kap. 7

der zu versichernde Bestand um alle Polizeigebäude erweitert, dient dies dem erkennbaren Ziel, eine eigentlich erforderliche öffentliche Vergabe zu umgehen.

bb) Versicherte Gefahr

Erfährt ein Versicherungsvertrag während der laufenden Versicherungsperiode eine Änderung hinsichtlich der zu versichernden Gefahren, wird dadurch der wesentliche Vertragsinhalt verändert und ein Bedarf für eine öffentliche Ausschreibung begründet. Dies kann beispielsweise dadurch erfolgen, daß in einen bestehenden Wohngebäudeversicherungsvertrag das bislang nicht versicherte Risiko für Hagelschäden aufgenommen wird.

cc) Versicherte Kosten

Gegenstand des Versicherungsvertrages im Sachversicherungsrecht können versicherte Kosten beispielsweise in der Form von Rettungsaufwendungen, Kosten der Schadensermittlung und -feststellung, Aufräumungs- und Abbruchkosten sowie Bewegungs- und Schutzkosten sein. Der Begriff der versicherten Kosten ist von dem der versicherten Sache abzugrenzen. Während der Sachschaden die unmittelbar an der Substanz der versicherten Sache eintretenden Schäden umschreibt, handelt es sich bei Kostenschäden um Folgeschäden des Substanzschadens[291].

Der Umfang der versicherten Kosten wird im Versicherungsvertrag grundsätzlich abschließend umschrieben. Eine Anpassung versicherter Kosten während des Versicherungsvertrages ist in aller Regel nicht vorgesehen. Einigen sich die Vertragsparteien während des laufenden Vertragsverhältnisses darauf, den Umfang der versicherten Kosten zu verändern, begründet dies grundsätzlich einen Bedarf für eine öffentliche Vergabe.

dd) Versicherungssumme

Wesentlicher Bestandteil jedes Sachversicherungsvertrages ist die Bestimmung der Versicherungssumme. Sie umschreibt die Grenze, bis zu der der Versicherer aus Anlaß eines Versicherungsfalls Entschädigungsleistungen zu erbringen hat, § 50 VVG. Durch einen Vergleich zwischen der Versicherungssumme und dem Versicherungswert der versicherten Sache wird ermittelt, ob eine Unterversicherung vorliegt. Im Übrigen bestimmt sich die Höhe der Versicherungsprämie in aller Regel nach der Höhe der Versicherungssumme.

---

291 auch genannt „Vermögensfolgeschäden“, vgl. Martin W I Rdnr. 1

Die Höhe der vereinbarten Versicherungssumme ist für den Versicherungsvertrag von zentraler Bedeutung. Jede Veränderung der Versicherungssumme begründet somit grundsätzlich den Bedarf für eine öffentliche Vergabe des Versicherungsvertrages. Ob die Vergabe tatsächlich durchzuführen ist, richtet sich allerdings allein nach dem Umfang der Erhöhung der Versicherungssumme und nicht danach, welche Versicherungssumme aus der Erhöhung insgesamt resultiert. Welche Erhöhung ihrerseits für das Erfordernis einer öffentlichen Vergabe erforderlich ist, wird nachfolgend unter dem Stichwort der „Wesentlichkeit" erörtert.

Dies gilt dann jedoch nicht, wenn die vertragliche Vereinbarung zwischen den Parteien des Versicherungsvertrages eine Anpassung der Versicherungssumme an sich verändernden Umstände vorsieht[292]. Die Rede ist von Wertanpassungs- oder Wertzuschlagsklauseln[293]. Insbesondere im Bereich der Sachversicherung werden regelmäßig Wertanpassungsklauseln vereinbart. Sie dienen dazu, das Risiko einer Unterversicherung zu Lasten des Versicherungsnehmers zu minimieren. Dieses Ziel wird dadurch erreicht, daß die Höhe der Versicherungssumme laufend an die allgemeine Wertentwicklung der versicherten Sachen angepaßt wird. Als Anknüpfungspunkt hierfür dienen in der Regel Preis- oder Wertindizes[294].

d) Änderung der Versicherungsprämie

Auch hier gilt das zuvor Ausgeführte entsprechend. Danach stellt zwar grundsätzlich jede Veränderung der Versicherungsprämie eine inhaltliche Änderung des Versicherungsvertrages dar, die einen Bedarf für eine öffentliche Vergabe begründen kann. Dies gilt jedoch nur dann, wenn der Versicherungsvertrag nicht bereits kraft seiner ausdrücklichen Vereinbarungen zwischen den Vertragsparteien die Möglichkeit einer regelmäßigen Anpassung der Versicherungsprämie an die sich verändernden Risikoverhältnisse eröffnet. Die Rede ist in diesem Zusammenhang von so genannten Beitragsanpassungsklauseln. Ein Beispiel hierfür ist die Anpassung des Versicherungsbeitrags in der gleitenden Neuwertversiche-

292 so auch Müller, Seite 60 ff

293 die Rede ist dabei auch von so genannten „Vorsorgeklauseln", siehe Müller, Seite 61

294 zu verweisen ist beispielsweise auf die gleitende Neuwertversicherung in der Wohngebäudeversicherung gem. § 13 Nr. 1 VGB 88. Grundlage der gleitenden Neuwertversicherung ist der Versicherungswert von 1914. Gem. § 13 Nr. 2 VGB 88 ist der Versicherungswert 1914 der ortsübliche Neubauwert des Gebäudes entsprechend seiner Größe und Ausstattung sowie seines Ausbaus nach Preisen des Jahres 1914

rung. Danach wird der Grundbeitrag nach Maßgabe des Jahres 1914 während der Vertragslaufzeit mit Hilfe des gleitenden Neuwertfaktors an die Baupreisentwicklung angepaßt[295].

e) Umfang der inhaltlichen Änderung

Fraglich ist, ob bereits jede inhaltliche Änderung eines Versicherungsvertrages, die einen Bedarf für eine öffentliche Ausschreibung begründet, zu einer solchen auch tatsächlich verpflichtet. Dies erscheint schon deshalb sehr fraglich, da Versicherungsverträge als Dauerschuldverhältnisse regelmäßig der Anpassung an die sich verändernden Umstände bedürfen. Da die Durchführung einer Vergabe nach dem Kartellvergaberecht mit erheblichem Aufwand verbunden ist, steht außer Zweifel, daß nicht jede inhaltliche Änderung zur Durchführung einer öffentlichen Vergabe verpflichten kann.

Soweit diese Frage öffentlich diskutiert wurde, wird einhellig die Auffassung vertreten, eine inhaltliche Änderung verpflichte nur dann zur Durchführung einer öffentlichen Vergabe nach dem Kartellvergaberecht, wenn sie „wesentlich" sei[296].

Zu klären bleibt somit, in welchen Fällen die Grenze zur „Wesentlichkeit" überschritten wird. Diese Frage blieb bislang weitgehend unbeantwortet. Soweit sich Autoren hierüber überhaupt äußerten, machten sie die Wesentlichkeitsgrenze an den maßgeblichen Schwellenwerten fest[297]. Theoretisch wäre es ebenso möglich, die Grenze der Wesentlichkeit unabhängig von bestimmten Beträgen und ausschließlich nach der Maßgabe der wirtschaftlichen Bedeutung des Versicherungsvertrages zu bestimmen.

Eine solche Vorgehensweise wäre hingegen nicht sachgerecht. Es entspricht dem Sinn und Zweck des Kartellvergaberechts, nicht sämtliche öffentlichen Aufträge einer europaweiten Ausschreibung zuzuführen. Vielmehr gilt das Kartellvergaberecht erst ab dem Erreichen der in den Richtlinien und nunmehr in der VgV festgesetzten Schwellenwerte[298]. Folglich müssen die Schwellenwerte auch für die Bestimmung des Bedarfs für eine Ausschreibung bei inhaltlichen Änderungen von Versicherungsverträgen maßgeblich sein.

Allein eine solche Vorgehensweise entspricht dem Gebot der Klarheit und Eindeutigkeit und somit auch dem vergaberechtlichen Grundsatz der Transpa-

---

295 siehe Diez Kap. P 3

296 Berger/Sittner, S. 3; Klar, GVV-Mitteilungen 1998, S. 7; Portz, Stadt und Gemeinde 1995, S. 129; Müller, Seite 62

297 Klar, GVV-Mitteilungen, S. 7; Müller, S. 62

298 Byock/Jaeger-Kokott, Einführung Rdnr. 18

renz gem. § 97 Abs. 1 GWB[299], die Pflicht zur Durchführung einer öffentlichen Vergabe nach dem Kartellvergaberecht an eindeutige Wertgrenzen und nicht an einen unbestimmten und von der Praxis erst auszufüllenden Rechtsbegriff festzumachen[300].

B. Ergebnis

Als Ergebnis ist somit festzuhalten, daß jedes neu zu versichernde Risiko und jede wesentliche Änderung bereits bestehender Versicherungsverträge zur Durchführung einer öffentlichen Vergabe nach dem Kartellvergaberecht verpflichtet, sofern der Wert des neu abzuschließenden Risikos oder der Wert der Änderung für sich genommen die für das Kartellvergaberecht maßgeblichen Schwellenwerte überschreitet.

Kapitel 7 Schwellenwerte

A. Einführung

Unter dem Begriff des Schwellenwertes wird der voraussichtliche Wert des zu vergebenen öffentlichen Auftrags verstanden. Erst wenn dieser Wert erreicht oder überschritten wird, finden die Vorschriften des Kartellvergaberechts des IV. Teils des GWB Anwendung[301].

Die Höhe der Auftragswerte findet im GWB keine Erwähnung. Vielmehr wurde die Bundesregierung gem. § 97 Abs. 6 GWB i. V. m. § 127 Ziffer 1 GWB dazu ermächtigt, mit Zustimmung des Bundesrates eine Rechtsverordnung zu erlassen, die nähere Bestimmungen über den Inhalt des Vergabeverfahrens und insbesondere über die Höhe der maßgeblichen Schwellenwerte zu erlassen. Die Bundesregierung machte von diesem Recht durch den Erlaß der am 01.02.2001 in Kraft getretenen „Verordnung über die Vergabe öffentlicher Aufträge, Verga-

---

299 wegen der Einzelheiten hierzu siehe Teil 1, Kap. 7

300 Müller, S. 62, formuliert deshalb zutreffend: „Wird während der vorgesehenen Vertragslaufzeit ein Versicherungsvertrag in einem Umfang angepaßt, der wirtschaftlich betrachtet den für die Ausschreibung vorgesehenen Schwellenwerte erreicht, so ist im Regelfall von der nächsten Kündigungsmöglichkeit Gebrauch zu machen und der Vertrag insgesamt neu auszuscheiden."

301 Byock/Jaeger § 100 Rdnr. 391; Daub Eberstein § 1 a VOL/A Rdnr. 76

beverordnung – VgV",[302] Gebrauch[303]. Im Zuge des Erlasses der VgV trat die bisherige VgV[304] außer Kraft.

B. Höhe der Schwellenwerte

Bei der Bestimmung der Höhe der Schwellenwerte war die Bundesregierung an die Einhaltung der aus den europäischen Vergaberechtrichtlinien zu entnehmenden Vorgaben[305] gebunden. Die Einzelheiten zur Höhe der Schwellenwerte regelt nunmehr § 2 VgV. Die Vorschrift beinhaltet unterschiedliche Schwellenwerte je nach der Art des betreffenden Auftrags. Der Schwellenwert für die hier interessierende Vergabe von Versicherungsdienstleistungen durch kommunale Auftraggeber beträgt gem. § 2 Ziff. 3 VgV 200.000 EUR.

C. Ermittlung des Schwellenwertes

I. Grundsatz: Schätzung

Es liegt in der Natur der Sache, daß die tatsächliche Höhe des Auftragswertes im Vorhinein nicht mit absoluter Genauigkeit bestimmt werden kann. Schließlich entspricht es dem Sinn und Zweck des Kartellvergaberechts, das wirtschaftlichste Angebot[306] erst durch die öffentliche Vergabe und im Rahmen eines freien Wettbewerbs zu ermitteln.

Auch wenn das wirtschaftlichste Angebot nicht unbedingt das günstigste Angebot sein muß, spielt der Preis der Dienstleistung bei der Bestimmung des Zuschlags eine wesentliche Rolle.

Um dennoch im vorhinein prüfen zu können, ob der vorgegebene Schwellenwert im Rahmen der Ausschreibung voraussichtlich erreicht oder überschritten wird, sieht § 3 VgV eine Schätzung der voraussichtlichen Vergütung vor.

---

302 vom 09.01.2001, BGBl I, 110 ff

303 wegen der Einzelheiten zum Regelungsgehalt der VgV wird verwiesen auf Höfler/Bert, Die neue Vergabeverordnung, NJW 2000, 3310 ff; Berrisch/Nehl, Novellierung der Vergabeverordnung, DB 2001, 184 ff

304 VgV vom 22. Februar 1994, BGBl I S. 321, geändert durch Verordnung vom 29. September 1997, BGBl I S. 2384

305 siehe Teil 1, Kap. 2 Ziff. B.II.

306 vgl. § 25 Ziffer 3 VOB/A. Danach ist der Zuschlag auf das unter Berücksichtigung aller Umstände wirtschaftlichste Angebot zu erteilen. Der niedrigste Angebotspreis allein ist nicht entscheidend

Gem. § 3 Abs. 1 VgV ist bei einer Schätzung des Auftragswertes von der geschätzten Gesamtvergütung für die vorgesehene Leistung auszugehen. Dabei darf der Wert eines beabsichtigten Auftrags nicht in der Absicht aufgeteilt werden, ihn der Anwendung des Kartellvergaberecht zu entziehen, § 3 Abs 2 VgV. Die Vorschrift des § 3 Abs 2 VgV enthält somit ein spezielles und bei der Bestimmung des Schwellenwertes zu beachtendes Umgehungsverbot.

Handelt es sich bei der zu vergebenen Versicherungsdienstleistung um ein „altes Risiko"[307], ist das wesentliche Kriterium bei der Schätzung der voraussichtlichen Gesamtvergütung für den zu vergebenden Dienstleistungsauftrag die Höhe der bisherigen Versicherungsprämie. Selbstverständlich dürfen dabei erkennbare oder offenkundige Entwicklungen am Markt für versicherungsrechtliche Produkte nicht unberücksichtigt bleiben. Beispielsweise war die Beitragsentwicklung in einzelnen Sparten der Sachversicherung in den Jahren 1995 bis 2000 in erheblichem Maße rückläufig[308].

Im Gegenzug hierzu führten die Ereignisse am 11. September 2001[309] insbesondere im Bereich der Sachversicherung zu teilweise exorbitanten Prämienerhöhungen[310]. Vor derartigen Entwicklungen darf der öffentliche Auftraggeber

---

307 siehe Teil1, Kap. 6 Ziff. A.II.

308 die Beiträge in der Feuerversicherung verringerten sich in diesem Zeitraum um jährlich zwischen 6,3 % und 20,1%, in der Einbruchdiebstahlversicherung um jährlich zwischen 2,4% und 8,3%; die Beiträge in der verbundenen Hausratversicherung und in der verbundenen Wohngebäudeversicherung stiegen in den Jahren 1995 und 1996 noch an, während sie im Jahre 1997 bis 2000 annähernd unverändert blieben. Wegen der Einzelheiten hierzu wird auf das statistische Taschenbuch der Versicherungswirtschaft 2001 des Gesamtverbandes der Deutschen Versicherungswirtschaft e.V., Seite 53 ff verwiesen

309 terroristische Angriffe auf das World Trade Center in New Yorck und das Pentagon in Washington

310 auf Grund der durch die terroristischen Angriffe zu erbringenden weitreichenden Versicherungsleistungen kündigten zahlreiche Rückversicherer ihre Verträge mit den Erstversicherern. Dies führte insbesondere im Bereich der Sachversicherung dazu, daß Erstversicherer ihre Versicherungsverträge mit den Versicherungsnehmern kündigen mußten, da auf Grund fehlenden Rückversicherungsschutzes eine Prämienkalkulation nicht mehr möglich war. Darüber hinaus führten die Vorkommnisse vom 11. September 2001 dazu, daß gerade im Bereich der Versicherung öffentlicher Gebäude bestimmte Risiken insgesamt nicht mehr oder nur noch in eingeschränktem Umfang und zu erheblich erhöhten Prämien unter Versicherungsschutz gestellt werden konnten. Wegen der aus den Vorkommnisse vom 11. September 2001 resultierenden Auswirkungen auf die deutsche Versicherungswirtschaft wird verwiesen auf die AON News Sonderausgabe 11/2001, herausgegeben vom Versicherungsmakler AON Jauch & Hübner sowie auf die Presseinfo des HDI Haftpflichtverband der Deutschen Industrie über den Jahresabschluß 2001 vom 11.Dezember 2001

im Rahmen der Schätzung der voraussichtlichen Auftragswertes nicht „die Augen verschließen“, sondern muß sie bei der Kalkulation der zu erwartenden Versicherungsprämie berücksichtigen.

II. Befristete und unbefristete Versicherungsverträge

Bei der konkreten Berechnung des Auftragswertes ist zwischen befristeten und unbefristeten Versicherungsverträgen zu unterscheiden. Die Einzelheiten hierzu sind in § 3 Abs. 3 VgV geregelt.

Sieht der Vertrag eine Gesamt- oder Einmalprämie vor, ist diese - unabhängig von der Dauer des Versicherungsvertrages - für die Berechnung des Auftragswertes maßgeblich[311]. Handelt es sich um einen befristeten Versicherungsvertrag von bis zu 48 Monaten Dauer und wird in dem Vertrag kein Gesamtpreis für die gesamte Vertragsdauer ausgewiesen, berechnet sich der Schwellenwert aus der während der Vertragsdauer insgesamt zu zahlenden Versicherungsprämie.

Bei unbefristeten Verträgen oder bei nicht absehbarer Vertragsdauer folgt der Schwellenwert aus der monatlichen Zahlung multipliziert mit 48[312]. Dabei sind Verträge mit automatischer Verlängerungsklausel [313] als unbefristete Verträge zu qualifizieren[314].

III. Bestandteile der Versicherungsprämie[315]

Fraglich und zu prüfen ist, ob der Berechnung des Schwellenwertes allein die vom Versicherungsnehmer zu zahlende Nettoprämie oder auch die vom ihm zu erbringenden Nebenleistungen zugrundezulegen sind. Diese Frage wird insbesondere im Hinblick auf die vom Versicherungsnehmer zu zahlende Versicherungssteuer nach dem VersStG[316] kontrovers diskutiert.

---

311 u.a. Portz, Stadt und Gemeinde 1995, 126; Berger/Sittner S. 3; Dreher in VersR 2000, 666, 668, läßt diese Variante unerwähnt

312 siehe u. a. Dreher VersR 2000, 666, 668; Berger/Sittner, S 3;

313 siehe Teil 1 Kap. 7 Ziff. C II

314 Klar, GVV-Mitteilungen 1998, 7

315 insbesondere Versicherungssteuer

316 Die Versicherungssteuer wird gem. § 5 Abs. 1 VersStG grundsätzlich vom Versicherungsentgelt berechnet. Was hierunter zu verstehen ist, folgt aus § 3 Abs. 1 VersStG. Danach ist Versicherungsentgelt jede Leistung, die für die Begründung und die Durchführung des Versicherungsverhältnisses an den Versicherer zu bewirken ist. Beispiel hierfür sind Prämien, Beiträge, Vorbeiträge, Vorschüsse, Nachschüsse, Umlagen, außerdem Eintrittsgelder, Gebühren für die Ausfertigung des Versicherungsscheins und sonstige Nebenkosten. Gem. § 6 Abs. 1 VersStG beträgt

Die überwiegende Auffassung[317] in der Literatur lehnt die Einbeziehung der Versicherungssteuer in die Berechnung des Schwellenwertes ab.

Die für die Bezifferung des Schwellenwertes maßgebliche VgV trifft hierüber keine ausdrückliche Regelung. In § 1 VgV heißt es zum Zweck der Verordnung lediglich, daß die geschätzten Auftragswerte ohne Umsatzsteuer zu berechnen sind. Legt man diese Regelung wörtlich aus, folgt aus einem Umkehrschluß, daß sämtliche sonstigen Nebenleistungen bei der Berechnung des Schwellenwertes und damit auch die Versicherungssteuer in die Wertberechnung einfließen.

Bedenken gegen eine allein am Wortlaut des § 1 VgV orientierte Auslegung resultieren aus einer näheren Betrachtung der weiteren Vorschriften der VgV. Gem. § 3 Abs 1 VgV bemißt sich der Auftragswert nach der geschätzten „Gesamtvergütung", die der den Zuschlag erhaltende Bieter zu entrichten hat. Fraglich ist, was hierunter bei der Vergabe von Versicherungsdienstleistungen zu verstehen ist. Insoweit erscheint es sachgerecht, den Begriff der „Gesamtvergütung" an der vom Versicherungsnehmer zu zahlenden Gegenleistung auszurichten. Diese Gegenleistung wird gem. § 1 Abs. 2 VVG als „Prämie" und im Bereich der VVaG als „Beitrag" bezeichnet.

Die Prämie bzw. der Versicherungsbeitrag ist das vom Versicherungsnehmer zu zahlende Entgelt für die vom Versicherer zu übernehmenden Gefahrtragung[318]. Vom Begriff der Prämie zu unterscheiden sind Geldleistungen des Versicherungsnehmers, die nicht für die Gefahrtragung zu erbringen sind. Hierbei

---

die Steuer 15 vom Hundert des Versicherungsentgelts. Steuerschuldner ist gem. § 7 Abs. 1 VersStG der Versicherungsnehmer. Für die Steuer haftet der Versicherer. Er hat die Steuer für Rechnung des Versicherungsnehmers zu entrichten

317 Daub/Eberstein-Müller, § 1 a VOL/A Rdnr. 118; Dreher NVersZ 1999, 10, 13; a.A. Mitteilungen des Verbandes Deutscher Verkehrsunternehmen, VDV, EG-Binnenmarkt aktuell Nr. 10, Dienstleistung, April 1994, S. 5; Klar GVV-Mitteilungen 1998, 7, der in diesem Zusammenhang von der „Gesamtversicherungsprämie" spricht, ohne dabei ausdrücklich auf die Versicherungssteuer einzugehen; in Byock/Jaeger-Hailbronner heißt es hierzu in § 100 Rdnr. 400, im Bereich der Versicherungsleistungen seien nicht nur die Versicherungsprämien in die Berechnung der Schwellenwerte einzubeziehen. Vielmehr seien auch Gebühren, Provisionen, Zinsen oder andere „vergleichbare Vergütungen" zu berücksichtigen. Auch wenn die Versicherungssteuer in der Kommentierung keine ausdrückliche Erwähnung findet, lassen die dortigen Ausführungen den Rückschluß zu, die Versicherungssteuer sei bei der Berechnung des Schwellenwerts zu berücksichtigen

318 Bruck/Möller, § 35 VVG Anm. 6

kann es sich um Nebengebühren[319] sowie um Zinsen, Geschäftsgebühren und auch die Versicherungssteuer handeln[320].

Zwar können derartige Nebenleistungen mit der Versicherungsprämie bzw. dem Beitrag privatrechtlich und versicherungsrechtlich gleichgestellt werden, so daß sie Bestandteil des vom Versicherungsnehmer zu leistenden Versicherungsentgelts werden[321]. Im Umkehrschluß folgt daraus jedoch, daß Nebenleistungen, wie beispielsweise die Versicherungssteuer, dem Grundsatz nach gerade nicht Bestandteil des vom Versicherungsnehmer zu zahlenden Versicherungsentgelts sind. Andernfalls hätte es der Fiktion einer Gleichstellung von Hauptleistung und Nebenleistung nicht bedurft. Folglich ist die Versicherungssteuer gerade nicht Gegenstand der Gegenleistung für die vom Versicherer übernommene Gefahrtragung.

Eine versicherungsrechtliche Betrachtung der Fragestellung führt somit zu dem Ergebnis, daß die Versicherungssteuer keine für die Bezifferung des Schwellenwertes maßgebliche Gegenleistung darstellt.

Diese Auffassung deckt sich auch mit dem Wortlaut des Versicherungssteuergesetzes. Gem. § 7 Abs. 4 VersStG gilt die Steuer im Verhältnis zwischen dem Versicherer und dem Versicherungsnehmer als Teil des Versicherungsentgelts, insbesondere, soweit es sich um dessen Einziehung und Geltendmachung im Rechtsweg handelt. Auch diese Regelung enthält somit eine Fiktion, die den vorzitierten Grundsatz bestätigt, daß die Versicherungssteuer gerade nicht Bestandteil des vom Versicherungsnehmer zu leistenden Versicherungsentgelts ist.

Die am Wortlaut der genannten gesetzlichen Regelungen orientierte Betrachtung wird durch den Sinn und Zweck der Versicherungssteuer bestätigt. Die Versicherungssteuer ist eine Verkehrssteuer. Bereits vom Reichsfinanzhof[322] wurde sie als eine Verkehrssteuer auf den Geldumsatz bei Versicherungsverhältnissen bezeichnet. Ihrem Rechtscharakter nach entspricht sie somit der Umsatzsteuer[323].

Letztlich rechtfertigt die gleichartige Gestaltung der Versicherungssteuer und der Umsatzsteuer, den in § 1 VgV manifestierten Grundsatz, daß die Auftragswerte ohne Umsatzsteuer zu berechnen sind, auch auf die Versicherungssteuer

319 Abschlußkosten, Gebühren für die Ausfertigung von Versicherungsscheinen, Kosten einer Ersatzurkunde, Inkassogebühren, Mahnkosten, Porto, siehe Bruck/Möller, a.a.O., Anm. 8

320 Bruck/Möller, a.a.O., Anm. 9

321 Bruck/Möller, a.a.O., § 35 VVG Anm. 10; § 38 VVG Anm. 6

322 Urteil vom 15. März 1927, RStBl 1927, 114

323 gem. § 1 UStG wird die Umsatzsteuer auf sämtliche Lieferungen und Leistungen eines Unternehmens erhoben, sie im Inland gegen Entgelt erbracht werden

zu erstrecken[324]. So wird in beiden Fällen die Höhe der Steuer nach der Höhe der Gegenleistung berechnet. Steuerschuldner ist sowohl im Fall der Versicherungssteuer als auch im Fall der Umsatzsteuer der Abnehmer der Leistung. Auch haftet in beiden Fällen der Unternehmer bzw. der Versicherer für die ordnungsgemäße Abführung der Steuer an den Fiskus.

Diese Sichtweise deckt sich auch mit den hier zu beachtenden europarechtlichen Vorgaben. Zu verweisen ist dabei insbesondere auf Artikel 7 Abs. 4 DKR. Darin findet die Berechnung des geschätzten Auftragswertes von Versicherungsdienstleistungen ausdrückliche Erwähnung. Gem. § 7 Abs. 4 DKR bestimmt sich der geschätzte Auftragswert ausdrücklich nur nach der Versicherungsprämie. Nebenleistungen und insbesondere die Versicherungssteuer finden dabei keinerlei Erwähnung.

Letztlich spricht für die hier vertretene Auffassung auch die Tatsache, daß die Höhe der Versicherungssteuer im Zuständigkeitsbereich der Europäischen Union nicht einheitlich geregelt wird. Wäre die Versicherungssteuer bei der Bestimmung des Schwellenwertes zu berücksichtigen, führte dies innerhalb der Europäischen Union zu unterschiedlichen Schwellenwerten[325].

IV. Optionsrechte

Sieht der beabsichtigte Auftrag über die Vergabe von Versicherungsdienstleistungen Optionsrechte vor, ist der voraussichtliche Auftragswert gem. § 3 Abs. 6 VgV aufgrund des größtmöglichen Auftragswertes unter Einbeziehung der Optionsrechte zu schätzen[326].

Das Optionsrecht ist das Recht, durch einseitige Willenserklärung eine bestimmte Rechtsfolge und insbesondere einen Vertrag zu Stande zu bringen[327]. Im Bereich des Vergaberechts wurde bereits ausdrücklich bestätigt, daß Optionsrechte den Auftraggeber dazu ermächtigen können, stufenweise Leistungen bei der anderen Vertragspartei abzurufen[328].

Optionsrechte können auch Gegenstand von Versicherungsverträgen sein[329]. Dort können sie gleichermaßen einseitige Rechte des Versicherers und des Ver-

---

324 so auch Dreher NVersZ 1999, 10, 13
325 Dreher, NVersZ 1999, 10, 13
326 Heiermann/Ax, VW 1998, 23, 25
327 Palandt-Heinrichs, Einführung vor § 145 Rdnr. 23
328 VÜA Bayern, Beschluß vom 25. September 1998 - VÜA 25/98
329 Höfler/Bert, NVersZ 2001, 197, 201; Franke/Höfler, BB 1998, 433, 436. Soweit dort allerdings die Auffassung vertreten wird, die in Versicherungsverträgen übliche Klausel, wonach sich ein Versicherungsvertragesverhältnis automatisch um ein Jahr verlängert, sofern keine Vertragspartei von seinem Recht zur Kündigung des

sicherungsnehmers zur inhaltlichen Abänderung bzw. Anpassung des Versicherungsvertrages begründen[330].

Fraglich ist, ob auf die Berechnung des Schwellenwertes unter Berücksichtigung von Optionsrechten die in § 3 Abs 3 VgV genannten Regelungen zur Schwellenwertberechnung entsprechende Anwendung finden. In diesem Fall wäre die aus einem Optionsrecht resultierende Erhöhung des Auftragswertes aus einer Vertragslaufzeit von 48 Monaten zu berechnen.

Aus § 3 Abs. 6 VgV läßt sich dies nicht ausdrücklich herleiten. Darin ist lediglich die Rede davon, daß der voraussichtliche Vertragswert „aufgrund des größtmöglichen Auftragswertes unter Einbeziehung der Optionsrechte zu schätzen" ist. Von einer Begrenzung des Auftragswertes bei unbefristeten Verträgen auf die in 48 Monaten anfallende Prämie ist darin keine Rede.

Dies kann jedoch nicht dazu führen, daß Verträge mit Optionsrechten anders zu beurteilen sind, als sonstige Versicherungsverträge. Die Regelungen in den Absätzen 3 und 6 des § 3 VgV bauen aufeinander auf. Handelt es sich deshalb beispielsweise um einen Versicherungsvertrag mit unbestimmter Laufzeit, beschränkt sich auch die Berechnung des aus den Optionsrechten resultierenden erhöhten Auftragswertes aus einer Laufzeit von 48 Monaten[331].

D. Zusammenfassung und Aufspaltung von Risiken[332]

Benötigt ein öffentlicher Auftraggeber neuen Versicherungsschutz, besteht also ein grundsätzlicher Bedarf für eine öffentliche Vergabe, so kann er durch die Gestaltung der zu vergebenden Aufträge Einfluß darauf nehmen, ob die Vergabe lediglich nach haushaltsrechtlichen Grundsätzen oder nach den strengen Vorgaben des Kartellvergaberechts zu erfolgen hat. Bezieht sich der benötigte Versicherungsschutz beispielsweise auf sämtliche im Eigentum des öffentlichen Auftraggebers stehenden Gebäude, können die dadurch begründeten versicherungs-

---

Versicherungsvertrages Gebrauch macht, begründe ein Optionsrecht, vermag dies nicht zu überzeugen. Während die Ausübung eines Optionsrechts gerade die Abgabe einer einseitigen Willenserklärung erfordert, zeichnet sich die Verlängerungsklausel in Versicherungsverträgen dadurch aus, daß eine solche Willenserklärung gerade nicht erforderlich ist, um eine Verlängerung des Versicherungsvertrages herbeizuführen

330 Die Ausübung eines Optionsrecht begründet für sich genommen keine Pflicht zur Durchführung einer öffentlichen Vergabe. Vielmehr wirkt sich die Existenz des Optionsrecht allein auf die Höhe des Schwellenwertes aus, Höfler/Bert, NVersZ 2001, 197, 201

331 Dreher NVersZ 10, 13; Daub/Eberstein-Müller, § 1 a VOL/A Rdnr 119

332 Umgehungsverbot

rechtlichen Risiken in einem Versicherungsvertrag zusammengefaßt oder in Versicherungsverträge für jedes einzelne Gebäude oder für jedes zu versichernde Risiko aufgespalten werden. Eine derartige Aufspaltung der Risiken kann dazu führen, daß die für die Anwendung des Kartellvergaberechts maßgeblichen Schwellenwerten nicht erreicht werden. Die Zusammenfassung und Aufspaltung von Risiken eröffnet dem öffentlichen Auftraggeber deshalb grundsätzlich die Möglichkeit, konkreten Einfluß auf die anzuwendenden vergaberechtlichen Vorschriften zu nehmen.

I. Umgehungsverbot

Um einem dahingehenden Mißbrauch vorzubeugen, wurde bereits in Art. 7 Abs. 3 DKR ein Umgehungsverbot manifestiert. Danach darf die Wahl der Berechnungsmethode zur Bestimmung des Auftragswertes nicht die Absicht verfolgen, die Anwendung der Dienstleistungskoordinierungrichtlinie zu umgehen. Gleichfalls darf ein Beschaffungsbedarf für eine bestimmte Menge von Dienstleistungen nicht in der Absicht aufgeteilt werden, ihm der Anwendung dieses Artikels zu entziehen. Bis zum Erlaß der VgV wurde aus dieser Regelung ein allgemein gültiges europarechtliches Umgehungsverbot hergeleitet[333]. In der Zwischenzeit wurde das Umgehungsverbot ausdrücklich in § 3 Abs. 2 VgV übernommen.

Problematisch und bislang nicht abschließend geklärt ist die Frage, an welchen Kriterien ein Verstoß gegen das Umgehungsverbot festgestellt werden kann. Zur Lösung dieses Problems wird zunächst zwischen „alten" und „neuen" Risiken[334] zu unterscheiden sein.

1) Alte Risiken

Ist ein bereits unter Versicherungsschutz stehendes Risiko neu zu vergeben, muß die Aufteilung bzw. Zusammenfassung der Risiken grundsätzlich nach denselben Kriterien wie in den bisherigen Versicherungsverträgen erfolgen. Wurden also beispielsweise sämtliche sachversicherungsrechtlichen Risiken bezüglich der im Eigentum des betreffenden öffentlichen Auftraggebers in einem Versicherungsvertrag zusammengefaßt, spricht eine Aufteilung der Risiken per se für eine Verletzung des Umgehungsverbots. Um den durch die Aufteilung der Risiken begründeten Anschein eines Verstoßes gegen § 3 Abs. 2 VgV zu erschüttern, muß ein öffentlicher Auftraggeber seine Vorgehensweise sachlich begründen

---

333 Dreher VersR 2000, 666, 667; OLG Brandenburg WuW/E Verg 233 /Flughafen Berlin

334 siehe Teil 1, Kap. 6 Ziff. A.I.,II

können. Das Erfordernis einer Aufteilung sachversicherungsrechtlicher Risiken könnte beispielsweise aus einer Aufteilung der Verwaltungszuständigkeit im Zuge einer Verwaltungsreform oder aus einer neuen Tarifierung hergeleitet werden.

2) Neue Risiken

Weitaus schwieriger dürfte es sein, einem öffentlichen Auftraggeber einen Verstoß gegen das Umgehungsverbot nachzuweisen, sofern bislang nicht bestehende versicherungsrechtliche Risiken erstmals zu vergeben sind. Hinsichtlich der Aufteilung und Zusammenfassung neuer Risiken besitzt der öffentliche Auftraggeber grundsätzlich Gestaltungsfreiheit. Ein Verstoß gegen das Umgehungsverbot könnte aus einem abweichenden Vergabeverhalten des öffentlichen Auftraggebers in der Vergangenheit und daraus hergeleitet werden, daß typischerweise zusammenzufassende Risiken ohne sachlichen Grund aufgeteilt werden[335]. Ein Beispiel hierfür könnte die voneinander getrennte Vergabe unterschiedlicher Risiken in einer gebündelten Versicherung sein.

II. Zusammenfassung von Risiken

In diesem Zusammenhang ist zu prüfen, welchen Einfluß es auf die Berechnung der Schwellenwerte ausübt, wenn mehrere Versicherungen gleichzeitig behandelt werden. Die Rede ist von verbundenen, gebündelten und gekoppelten Versicherungen[336].

1) Kombinierte verbundene Versicherungen

Bei einer kombinierten verbundenen Versicherung werden in einem Vertrag verschiedene Risiken zusammengefaßt, die sich auf das gleiche versicherte Objekt beziehen und denen ein einheitliches Bedingungswerk zugrundeliegt, in dem sämtliche Bedingungen der einzelnen Risiken zusammengefaßt werden[337]. Derartige Versicherungsverträge können nur insgesamt und nicht nach jedem versicherten Risiken getrennt gekündigt werden. Ein Beispiel hierfür ist die verbundene Wohngebäudeversicherung, in der die Risiken Sturm, Leitungswasser, Feuer und Einbruchdiebstahl zusammengefaßt werden[338].

---

335 Dreher VersR 2000, 666, 667

336 Dreher, VersR 2000, 666, 667, spricht in diesem Zusammenhang von einer „vertikalen Gesamtbetrachtung oder Teilbarkeit“ von versicherungsrechtlichen Risiken

337 BK-Schauer, Vorbem. §§ 49-68 a, Rdnr 15; Bruck/Möller § 30 Anm. 4;

338 van Bühren-Tietgens, § 4 Rdnr. 26 ff

Da kombinierten verbundenen Versicherungen ein einheitlicher Versicherungsvertrag zugrundeliegt, sind sie auch vergaberechtlich als eine Einheit anzusehen[339].

2) Gebündelte Versicherungen

Unter einer gebündelten Versicherung versteht man die Zusammenfassung mehrerer Versicherungsverträge unter Zugrundelegung der für jeden einzelnen Versicherungszweig zur Anwendung kommenden allgemeinen Versicherungsbedingungen aufgrund eines Antrages und in einem Versicherungsschein[340]. Jeder der in dem Versicherungsschein zusammengefaßten Versicherungsverträge behält sein eigenes versicherungsrechtliches Eigenleben, kann also separat von den anderen Versicherungsverträgen gekündigt werden. Ein Beispiel hierfür ist die gebündelte Geschäftsversicherung[341], in der beispielsweise das Risiko des Einbruchdiebstahls nach Maßgabe der AERB und das Feuerrisiko nach Maßgabe der AFB zusammengefaßt werden können.

Obwohl in der gebündelten Versicherung unterschiedliche Risiken auf der Grundlage unterschiedlicher allgemeiner Versicherungsbedingungen zusammengefaßt werden, sind sie bei der Schwellenwertberechnung grundsätzlich als ein Vertrag anzusehen. Anlaß hierfür gibt der enge wirtschaftliche Sachzusammenhang, der durch die Bündelung der unterschiedlichen Risiken herbeigeführt wird[342].

3) Gekoppelte Versicherungen

Gekoppelte Versicherungsverträge stellen lediglich eine abgeschwächte Form der Bündelung unterschiedlicher Versicherungsverträge dar[343]. Die Verknüpfung der rechtlich selbstständigen Versicherungsverträge erfolgt einzig und allein über ein gemeinsames Antragsformular. Beispielsweise werden in der Praxis häufig Anträge auf Abschluß von Kraftfahrtversicherungen mit solchen auf Abschluß von Rechtsschutzversicherungen in einem Antragsformular zusammengefaßt. Im Übrigen werden die im Antragsformular gemeinsam behandelten Versi-

339 Daub/Eberstein-Müller, § 1 a VOL/A, Rdnr 121; Dreher, VersR 2000, 666, 667

340 BK-Schauer Vorbem. §§ 49-68a, Rdnr 16; Bruck/Möller § 30 Anm 12; Gabler, Band 4, Teil 2, S. 235; Hofmann, § 6 Rdnr 40

341 van Bühren/Tietgens, § 4 Rdnr. 2

342 Daub/Eberstein-Müller, § 1 a, Rdnr 121; Dreher VersR 2000, 666, 667

343 BK-Schauer, Vorbem. §§ 49-68 a Rdnr. 17

cherungsverträge selbstständig behandelt. Insbesondere werden getrennte Versicherungsscheine ausgestellt[344].

Vergaberechtlich können die in einer gekoppelten Versicherung zusammengefaßten Versicherungen grundsätzlich unterschiedlich behandelt werden. Es können ihnen deshalb voneinander getrennte öffentliche Aufträge zugrundegelegt werden. Demgemäß erfolgt auch die Berechnung der Schwellenwerte für jeden Versicherungsvertrag separat[345].

III. Aufteilung von Risiken/Lose

Der Gegenstand eines öffentlichen Auftrags wird grundsätzlich einheitlich und als geschlossenes Ganzes vergeben. Eine wichtige Ausnahme hiervon enthält § 97 Abs. 3 GWB. Danach sollen die Interessen des Mittelstandes durch die Teilung der Aufträge in Fach- und Teillose angemessen berücksichtigt werden. Demgemäß gehört die Berücksichtigung mittelständischer Interessen zu den allgemeinen Grundsätzen des Vergaberechts[346]. Bereits vor dem Erlaß des Kartellvergaberechts war die Mittelstandsförderung Gegenstand vergaberechtlicher Grundsätze. Gem. § 5 VOL/A war und ist der öffentliche Auftraggeber grundsätzlich dazu verpflichtet, die zu vergebende Leistung in Lose zu zerlegen, damit sich auch kleine und mittlere Unternehmen um Lose bewerben können.

Die Aufteilung der zu vergebenden Leistungen in Lose führt zu zwei Fragenkomplexen, die es zu beantworten gilt. Einerseits ist zu klären, in welchen Fällen der öffentliche Auftraggeber überhaupt dazu verpflichtet ist, die zu vergebende Leistung in Lose aufzuteilen. Darüber hinaus müssen die aus der Aufteilung in Lose resultierenden Konsequenzen für die Berechnung der Schwellenwerte näher beleuchtet werden.

1) Pflicht zur Aufteilung in Lose

Eine Aufteilung in Lose kann sowohl hinsichtlich eines Teils des Gesamtauftrags[347] als auch hinsichtlich einzelner fachlicher Bestandteile des Gesamtauftrags[348] erfolgen. Auch wenn der Wortlaut der genannten Bestimmungen eine grundsätzliche Pflicht zur Aufteilung des öffentlichen Auftrags in Lose begründet, besteht die Möglichkeit, von einer Aufteilung des Auftrags in Lose abzuse-

---

344 vgl. Rundschreiben VerBAV 1992, 199, 200
345 Daub/Eberstein-Müller, § 1 a, Rdnr. 121; Dreher VersR 2000, 666, 667
346 Byock/Jaeger-Hailbronner, § 97 Rdnr. 152
347 so genannte Teillose
348 so genannte Fachlose

hen, wenn überwiegende Gründe für eine einheitliche Auftragsvergabe sprechen[349].

Nach Auffassung von Dreher[350] soll eine Aufteilung des zu versichernden Risikos in Teillose z. B. dann möglich sein, wenn innerhalb eines Risikos ausreichend große und teilbare Risikosegmente gebildet werden können. Als Beispiel hierfür wird im Bereich der Gebäudeversicherung eine Trennung sämtlicher zu versichernden Schulen oder Verwaltungsgebäude eines kommunalen Auftraggebers genannt.

Die Auffassung Drehers begegnet jedoch Bedenken. Eine derartige Aufteilung könnte beispielsweise dazu führen, daß absolut gleichgelagerte Risiken innerhalb des Zuständigkeitsbereiches eines öffentlichen Auftraggebers von unterschiedlichen Versicherern auf der Grundlage unterschiedlicher allgemeiner Versicherungsbedingungen versichert werden. Der damit zwangsläufig verbundene vergrößerte Verwaltungsaufwand spricht gegen eine Verpflichtung zur Aufteilung derartiger Aufträge in Teillose.

Demgegenüber begegnet die Aufteilung versicherungsrechtlicher Risiken in Fachlose grundsätzlich keinen derartigen Bedenken. Eine Aufteilung im Fachlose bietet sich insbesondere bei gebündelten und gekoppelten Versicherungsverträgen[351] an. Da im Bereich der gewerblichen Sachversicherung ohnehin jedem versicherungsrechtlichen Risiko eigenständige allgemeinen Versicherungsbedingungen zugrundeliegen, führt eine nach Risiken getrennte öffentliche Vergabe grundsätzlich zu keinem verwaltungstechnischen Mehraufwand.

2) Berechnung des Schwellenwertes bei einer Aufteilung in Lose

Sieht ein öffentlicher Auftrag zur Vergabe von Versicherungsdienstleistungen einzelne Lose vor, gilt hierfür ein anderer Schwellenwert als bei der Vergabe ohne Aufteilung in Lose. Die Einzelheiten hierzu regelt § 2 Ziff. 8 VgV. Danach beträgt der Schwellenwert pro Los 80.000 EUR. Setzt sich der öffentliche Auftrag aus mehreren Losen zusammen, deren geschätzter Auftragswert weniger als 80.000 EUR beträgt, ist der Auftragswert dieser Lose bei der Gesamtberechnung des Auftragswertes nur dann zu berücksichtigen, wenn die Summe ihrer Auftragswerte mindestens 20% des Gesamtwertes sämtlicher Lose beträgt.

Wie hoch der Auftragswert des konkret zu vergebenden Auftrags ist, bestimmt sich nach § 3 Abs. 5 VgV. Danach müssen bei der Schätzung der Schwellenwerte sämtliche Werte einzelner Lose berücksichtigt werden, wenn

---

349 Byock/Jaeger-Hailbronner, § 97, Rdnr. 158
350 VersR 2000, 666, 667
351 siehe Teil 1 Kap. 7 Ziff. D.II.3)

der zu vergebende Auftrag aus mehreren Losen besteht, für die jeweils ein gesonderter Auftrag vergeben wird. Grundlage dieser Regelung ist Art. 7 Abs. 4 DKR.

Kapitel 8 Die Durchführung der Vergabe von Versicherungsdienstleistungen durch kommunale Auftraggeber nach dem Kartellvergaberecht

A. Allgemeine Vergabegrundsätze

I. Wettbewerbsprinzip

Ein tragender Grundsatz des Kartellvergaberechts ist das so genannte Wettbewerbsprinzip. Es ist in § 97 Abs. 1 GWB ausdrücklich verankert. Danach sind Dienstleistungen grundsätzlich im freien Wettbewerb zu beschaffen.

1) Europarechtliche Vorgaben

Der Ursprung des kartellrechtlichen Wettbewerbsprinzips findet sich ebenso wie alle sonstigen tragenden Regelungen des Vergaberechts in europarechtlichen Vorgaben. Bereits in Art. 2 des EG-Vertrages[352] wird ausdrücklich die Zielsetzung verfolgt, einen gemeinsamen Binnenmarkt zu errichten und die hierfür bestehenden Hindernisse für einen freien Waren- und Dienstleistungsverkehr zu beseitigen. Auf der Grundlage dieser Zielsetzung wurde im so genannten „Weißbuch" von 1985[353] auf die zentrale Bedeutung der Liberalisierung der öffentlichen Beschaffungsmärkte für die europäische Wirtschaft hingewiesen. Diese allgemeinen Grundsätze wurden in Art. 2 des EU-Vertrages[354] übernommen.

Ausdruck der besonderen Bedeutung des Wettbewerbsprinzips für das öffentliche Auftragswesen innerhalb der Europäischen Union ist das so genannte „Grünbuch"[355]. Danach stellt es eine zentrale Aufgabe der Europäischen Gesetzgebung dar, im Bereich des öffentlichen Auftragswesens einen Rahmen für einen offenen und wettbewerbsorientierten Markt vorzugeben[356]. Im Übrigen heißt es im Grünbuch wörtlich[357]: „Die Politik der Union im Bereich des öffentlichen

352 Vertrag zur Gründung einer Europäischen Gemeinschaft vom 25. März 1957

353 Weißbuch „Vollendung des Binnenmarktes", Luxemburg 1995, Tz. 87, 81

354 Vertrag zur Gründung einer Europäischen Union vom 7. Februar 1992

355 Grünbuch das öffentlichen Auftragswesen in der Europäischen Union vom 27. November 1996

356 Ziffer 1.2 des Grünbuchs

357 Ziff. 2 „Diskussionsrahmen"

Auftragswesens verfolgt das Ziel, einen fairen und offenen Wettbewerb auf den staatlichen Beschaffungsmärkten herzustellen, der den Lieferanten die Möglichkeit gibt, den Binnenmarkt bestmöglich zu nutzen und es den Auftraggebern ermöglicht, unter einer großen Auswahl wettbewerbsfähiger Angebote die freie Auswahl zu treffen."

2) Nationale Umsetzung

Das durch europäische Gesetzgebung zwingend vorgegebene Wettbewerbsprinzip fand bereits vor dem Erlaß des Vergaberechtsänderungsgesetzes Eingang in bundesdeutsche Regelungen zum Vergaberecht. Auch im Bereich der haushaltsrechtlichen Vergabe[358] stellt das Wettbewerbsprinzip einen zentralen Grundsatz dar. Die Einzelheiten hierzu regelte bis zur Verabschiedung des Kartellvergaberechts im Jahre 1999 ausschließlich § 2 Nr. 1 Abs. 1 VOL/A. Danach sind Leistungen in der Regel im Wettbewerb zu vergeben.

Das Vergaberechtsänderungsgesetz[359] verankerte das Wettbewerbsprinzip in § 97 Abs. 1 GWB. Durch die Aufnahme des Wettbewerbsprinzips in das Kartellvergaberecht brachte der Gesetzgeber zum Ausdruck, welchen besonderen Stellenwert er dem Wettbewerbsgrundsatz beimißt[360]. Ausweislich der Begründung der Bundesregierung zum Entwurf des Vergaberechtsänderungsgesetzes[361] verfolgt der Gesetzgeber als herausragendes Ziel der Änderung des GWB eine generelle Öffnung der Märkte[362] sowie eine Verwirklichung des Binnenmarktes[363] im Bereich der öffentlichen Auftragsvergabe. Als Folge der gesetzgeberischen Intention, das Wettbewerbsprinzip zu stärken, soll eine noch sparsamere Verwendung öffentlicher Mittel gewährleistet werden[364]. Nach Auffassung der Bundesregierung garantiert die Organisation größtmöglichen Wettbewerbs eine breite Beteiligung der Wirtschaft an der Versorgung der öffentlichen Institutionen und Unternehmen. Eine Vielzahl von Angeboten führt zur Zuschlagserteilung an Unternehmen, die jeweils Wirtschaftlichkeit und Leistungsfähigkeit unter Beweis zu stellen haben[365].

---

358 siehe Teil 1, Kap. 3 Ziff. A.
359 siehe Teil 1, Kap. 2 Ziff. C.II.
360 Byock/Jaaeger-Hailbronner, § 97 Rdnr. 132
361 BT-Drucksache 13/9340 v. 3.12.1997
362 S. 1
363 S. 12
364 S. 13
365 S. 14

3) Das Wettbewerbsprinzip bei der Vergabe von Versicherungsdienstleistungen durch kommunale Auftraggeber

a) Einführung

Entgegen der eindeutigen und zwingenden europa- sowie bundesrechtlichen Vorgabe, im Bereich des öffentlichen Beschaffungswesens einen freien Wettbewerb zu gewährleisten, findet ein solcher im Bereich der Vergabe von Versicherungsdienstleistungen durch kommunale Auftraggeber praktisch nicht statt. Vielmehr wird dieser Markt weit überwiegend von öffentlichen Versicherern[366] beherrscht. Eine ebenfalls bedeutsame Rolle spielen Kommunalversicherer[367] und kommunale Schadensausgleiche[368]. Anders als im Bereich der sonstigen Märkte für Versicherungsprodukte ist der Marktanteil privater Versicherungsunternehmen an der Versicherung kommunaler Risiken hingegen gering bis nicht existent.

b) Marktbeherrschung durch öffentliche Versicherer

Bei öffentlichen Versicherern handelte es sich originär um Versicherungseinrichtungen ohne Gewinnerzielungsabsicht. Sie gehören zu den ältesten Ausprägungsformen der Individualversicherung in Deutschland. Im Unterschied zu privaten Versicherungsunternehmen stellten sie ursprünglich rechtlich verselbstständigte Teile der Staatsverwaltung dar[369]. Öffentliche Versicherer traten lange Zeit sowohl als Monopols- als auch als Wettbewerbsversicherer auf.

Eine besondere Bedeutung spielten und spielen öffentliche Versicherer im Bereich der Feuerversicherung von Gebäuden. In weiten Teilen Deutschlands bestand in den Bereichen der Feuer- und Wohngebäudeversicherung lange Zeit eine Versicherungspflicht bzw. ein Versicherungsmonopol. Träger dieser Versicherung waren öffentlich-rechtliche Pflicht- und Monopolanstalten mit zum Teil öffentlich-rechtlicher Benutzungsordnung[370].

Im Zuge der europäischen Vereinheitlichung und Liberalisierung des Versicherungsrechts wurden die Versicherungsmonopole beseitigt. Grundlage dieser Entwicklung war die 3. Richtlinie des Rates zur Koordinierung der Rechts- und

366 ursprünglich öffentlich-rechtliche Versicherungsanstalten und –körperschaften, die nunmehr privatrechtlich organisiert sind
367 siehe Teil 1, Kap. 5 Ziff. B.I.
368 siehe Teil 1, Kap.5 Ziff. B.II.
369 Gabler, Band 3, Kapitel VI, S. 9
370 Gabler, Band 3, Kapitel VI, S. 10; siehe § 1 Abs. 3 Nr. 4 VAG

Verwaltungsvorschriften für die Direktversicherung vom 18. Juni 1992[371]. Die Richtlinie sieht u. a. den Wegfall der Bedingungs- und Tarifgenehmigungspflicht vor. Gem. Art. 3 der Richtlinie wurden die Mitgliedsstaaten der EU dazu verpflichtet sicherzustellen, daß bis zum 1. Juli 1994 sämtliche Versicherungsmonopole abgeschafft werden.

Aufgrund dieser Verpflichtung wurden sämtliche bei Monopolversicherern bestehenden Feuer- und Gebäudeversicherungsverträge in Versicherungsverträge nach dem Versicherungsvertragsgesetz übergeleitet[372]. Seitdem nehmen öffentlich-rechtliche Versicherer auch im Bereich der Feuer- und Wohngebäudeversicherung am freien Wettbewerb auf dem Versicherungsmarkt teil. In der Zwischenzeit haben sich diverse ehemals öffentlich-rechtliche Versicherer privatrechtlich organisiert.

Obwohl öffentliche Versicherer somit grundsätzlich dieselben Produkte anbieten wie private Versicherungsgesellschaften, besitzen sie weiterhin eine marktbeherrschende Stellung bei der Versicherung kommunaler Risiken. Bereits seit vielen Jahrzehnten werden versicherungsrechtliche Risiken kommunaler Auftraggeber von öffentlich-rechtlichen Versicherern abgedeckt. An diesem Zustand hat sich auch durch die Einführung des Kartellvergaberechts nichts geändert.

Die Gründe für die Beherrschung des Versicherungsmarktes durch öffentlich-rechtliche Versicherer sind vor allem historisch bedingt[373]. Sie liegen nicht zuletzt in den zahllosen persönlichen und sachlichen Verflechtungen zwischen kommunalen Auftraggebern und öffentlichen Versicherern. Die Vorteile dieser Verflechtungen für die kommunale Auftraggeber stehen außer Zweifel. Auf Grund jahre- bzw. jahrzehntelanger Zusammenarbeit hat sich zwischen kommunalen Auftraggebern und öffentlichen Versicherern eine beiderseitige vertrauensvolle Vertragspartnerschaft entwickelt.

Öffentlich-rechtliche Versicherer zeichnen sich in aller Regel durch besondere Kenntnisse bei der Einschätzung von Risiken, der Risikovorsorge und der Abwicklung von Schäden im kommunalen Sektor aus. Sie nehmen für sich in Anspruch, neben den vertraglichen Versicherungsleistungen oftmals Zusatzleistungen beispielsweise in Form von Beratungsdiensten und Sponsoring zu erbringen[374].

Soweit die skizzierten besonderen Verflechtungen zwischen öffentlichen Versicherern und kommunalen Auftraggebern einem freien Wettbewerb aller-

---

371 Richtlinie 92/49/EWG zur Änderung der Richtlinien 73/239/EWG und 88/357/EWG, „Dritte Richtlinie Schadenversicherung", ABl 1992 L 228/1

372 wegen der weiteren Einzelheiten hierzu wird verwiesen auf Dietz, S. 1 ff

373 Rocke/Sittner, VR 2001, 195

374 Rocke/Sittner, VR 2001, 196

dings entgegenstehen, sind sie mit den zwingenden Vorgaben des Kartellvergaberechts nicht vereinbar.

c) Europaweiter Wettbewerb seit dem Erlaß des Kartellvergaberechts

Daß ein freier Wettbewerb im Bereich der Vergabe von Versicherungsdienstleistungen durch kommunale Auftraggeber praktisch nicht stattfindet, läßt sich anhand der wenigen seit dem Erlaß des Kartellvergaberechts durchgeführten europaweiten Verfahren zur Vergabe von Versicherungsdienstleistungen belegen[375]. Die Zahl der Städte und Kommunen in Deutschland beläuft sich auf mehr als 14.000. Angesichts der Tatsache, daß ein Großteil der vorhandenen Versicherungsverträge die Schwellenwerte des Kartellvergaberechts[376] überschreiten, hätten seit dem Erlaß des Kartellvergaberechts am 1. Januar 1999 zwangsläufig mehrere tausend europaweite Ausschreibungen bundesdeutscher kommunaler Auftraggeber stattfinden müssen.

Die Zahl der tatsächlich durchgeführten Vergabeverfahren blieb dahinter jedoch eklatant zurück. Nach Maßgabe der Informationen der TED-Datenbank[377] wurden seit dem 01.01.1999 von kommunalen Auftraggebern insgesamt lediglich 61[378] europaweite Vergabeverfahren über Versicherungsdienstleistungen durchgeführt[379].

Angesichts der Tatsache, daß die weit überwiegende Anzahl der öffentlich auszuschreibenden Versicherungsdienstleistungen eine Vertragslaufzeit von nicht mehr als drei Jahren aufweisen, läßt sich die verschwindend geringe Anzahl europaweiter Vergabeverfahren nur damit erklären, daß die Versicherungsdienstleistungen kommunaler Auftraggeber nicht im freien Wettbewerb und damit vergaberechtswidrig vergeben werden. Es ist ausgeschlossen, daß es in den letzten drei Jahren keinen ausschreibungspflichtigen Veränderungsbedarf bei Versicherungsdienstleistungen im Bereich kommunaler Auftraggeber gegeben

375 Bereits vor dem Erlaß des Kartellvergaberechts war die Zahl der öffentlichen Ausschreibungen von Versicherungsdienstleistungen durch deutsche Auftraggeber im Verhältnis zu anderen Europäischen Staaten bemerkenswert gering. In der Zeit von 1995 bis 2000 wurden beispielsweise im Bereich der Schadensversicherung lediglich 315 offene Vergabeverfahren durch öffentliche Auftraggeber durchgeführt. Im entsprechenden Zeitraum betrug die Anzahl der Ausschreibungen in Frankreich 4085 und in Großbritannien 3995, siehe Müller, S. 57

376 siehe Teil 1, Kap. 7

377 Tenders Alert-Service, Outlaw Informationssysteme GmbH

378 1999: 14 Verfahren, 2000: 24 Verfahren, 2001: 23 Verfahren

379 soweit Rocke/Sittner, VR 2001, S. 196, die Auffassung vertreten, durch den Erlaß des Vergaberechtsänderungsgesetzes habe sich die zurückhaltende Vergabepraxis grundlegend verändert, wird dies durch die vorgenannten Zahlen widerlegt

haben könnte. Allein die infolge der Deregulierung der Versicherungsmärkte aufgetretenen gravierenden Veränderungen am Versicherungsmarkt begründen einen dringenden Handlungsbedarf.

d) Ursachen für die Nichtbeachtung des Wettbewerbsprinzips

Die Ursache für den nicht stattfindenden Wettbewerb ist das Dilemma, in dem sich kommunale Auftraggeber bei der Vergabe von Versicherungsdienstleistungen befinden.

Einerseits werden öffentliche Auftraggeber auf Grund des Kartellvergaberechts sowie der haushaltsrechtlichen Vergabegrundsätze dazu verpflichtet, auf dem frei zugänglichen Markt für Versicherungsdienstleistungen das beste Produkt bzw. den günstigsten Anbieter ausfindig zu machen und dabei ein kompliziertes und der Überprüfung durch Dritte zugängliches Verfahren einzuhalten. Andererseits fehlen den öffentlichen Auftraggebern die notwendigen Kenntnisse sowohl von den für die optimale Absicherung der vorhandenen Risiken erforderlichen Versicherungsprodukten als auch vom Versicherungsmarkt, also den Anbietern des nachgefragten Produkts.

Um den weitreichenden Vorgaben des Vergaberechts im Bereich der Vergabe von Versicherungsdienstleistungen zu entsprechen, müssen öffentliche Auftraggeber zunächst die in ihrem Zuständigkeitsbereich vorhandenen Risiken analysieren und auf ihre generelle Versicherbarkeit hin überprüfen. Das Ergebnis dieser Prüfung muß in ein konkretes Deckungskonzept einfließen, das zur Grundlage der öffentlichen Ausschreibung gemacht wird.

Das Verfahren zur Durchführung der europaweiten öffentlichen Vergabe ist an strenge Formalien gebunden. Die Auswertung der Bieterangebote bereitet häufig schon deshalb erhebliche Probleme, weil sie infolge der Zulassung von Nebenangeboten und Optionen erheblich voneinander und insbesondere von dem konkret nachgefragten Produkt abweichen. Eine objektive Bewertung der unterschiedlichen Angebote setzt deshalb detaillierte Kenntnisse darüber voraus, wie sich Abweichungen vom nachgefragten Produkt auf den konkreten Umfang des Versicherungsschutzes auswirken.

Jeder Fehler im Vergabeverfahren begründet das Risiko, sich einem vergaberechtlichen Nachprüfungsverfahren[380] auszusetzen. Im ungünstigsten Fall droht eine zeit- und kostenintensive Wiederholung des gesamten Vergabeverfahrens. Darüberhinaus können benachteiligte Bieter gegenüber den öffentlichen Auftraggebern Ansprüche auf Schadensersatz geltend machen[381].

---

380 siehe Teil 1, Kap. 9 A.I.1)
381 siehe Teil 1, Kap. 9 A.II.

Nach der Erteilung des Zuschlags auf das wirtschaftlichste Angebot[382] müssen die Versicherungsverträge des kommunalen Auftraggebers ständig an die sich ändernden tatsächlichen Risiken angepaßt werden. Der Versicherungsvertrag selbst bedarf hinsichtlich der Einhaltung von Vertragspflichten und Obliegenheiten laufender Kontrolle und Überwachung.

Die skizzierten weitreichenden Anforderungen an die optimale Absicherung kommunaler Risiken begründet bei öffentlichen Auftraggebern einen erheblichen Beratungsbedarf. Dieser Bedarf erstreckt sich sowohl auf die vorbereitende Analyse der Risikoverhältnisse als auch auf die Durchführung des Vergabeverfahrens und die laufende Betreuung der Versicherungsverträge[383].

Die für das Vergabeverfahren erforderlichen Kenntnisse und Erfahrungen können grundsätzlich auf zweierlei Art und Weise abgedeckt werden: Durch eigene Fachkräfte oder externe Berater. Nicht zuletzt wegen der damit verbundenen erheblichen Personalkosten werden von kommunalen Auftraggebern nur ausgesprochen selten Fachkräfte für die Vergabe von Versicherungsdienstleistungen vorgehalten[384].

Aus diesem Grund soll die erforderliche Beratung nach dem überwiegenden Wunsch öffentlicher Auftraggeber durch Versicherungsmakler erteilt werden. Dieser Zielsetzung steht es jedoch entgegen, daß die Einbindung von Versicherungsmaklern in die öffentliche Vergabe und Betreuung von Versicherungsprodukten öffentlicher Auftraggeber von deutschen Gerichten bislang einheitlich als vergaberechtswidrig sanktioniert wurde[385].

Im Ergebnis begründet das Kartellvergaberecht für den öffentlichen und insbesondere für den kommunalen Auftraggeber somit eher Risiken als Chancen. Der theoretischen Möglichkeit, kommunale Risiken durch eine öffentliche Vergabe u.U. besser und insbesondere preisgünstiger absichern zu können, steht die Gefahr gegenüber, den strengen Vorgaben des Vergaberechts nicht gerecht zu werden. Die Lösung des Problems besteht für viele kommunale Auftraggeber offenbar darin, die bereits bestehenden Versicherungsverträge[386] fortzusetzen und im Rahmen freier Verhandlungen auf eine freiwillige Optimierung durch den

382 siehe Teil 1, Kap. 8 B

383 Rocke/Sittner, VR 2001, S. 197

384 solche sind in der Regel nur in großen Kommunen zu finden

385 OLG Rostock, Beschluß vom 29. September 1999, 17 W (Verg) 1/99, VersR 1999, 1511 = BADK-Informationen 2000, 135 ff = NZBau 2000, 479 ff; OLG Düsseldorf, Beschluß vom 18. Oktober 2000, Verg 3/99, NJW 2001, 1043 ff = VersR 2001, 1043 ff; OLG Celle, Beschluß vom 1. März 2001, 13 Verg 1/01, BADK-Informationen 2001, 75 ff = NZBau 2001, 454; OLG Schleswig, Beschluß vom 16. April 2002, 6 Verg 1/02, - unveröffentlicht -

386 mit zumeist öffentlichen Versicherern

Vertragspartner zu hoffen. Es bedarf keines weiteren Kommentars, daß dies mit dem Kartellvergaberecht nicht zu vereinbaren ist.

Angesichts der signifikanten Divergenzen zwischen dem Beratungsbedarf kommunaler Auftraggeber einerseits und der durch die Rechtsprechung vorgegebenen Rechtswirklichkeit andererseits bedarf es eingehender Überprüfung, ob und wenn ja auf welchem Wege dieses Problem gelöst werden kann[387].

II. Transparenzgebot

Ebenfalls in § 97 Abs. 1 GWB geregelt ist das so genannte Transparenzgebot. Es stellt eines der tragenden Grundsätze des Vergaberechts dar[388]. Das Transparenzgebot dient der Gleichbehandlung der Bieter und dem Schutz vor staatlicher Willkür sowie vor Korruption und Vetternwirtschaft[389].

Ebenso wie alle anderen grundlegenden Prinzipien des Vergaberechts ist auch das Transparenzprinzip seinem Ursprung nach bereits in europäischen Vorgaben enthalten. Zu verweisen ist dabei u.a. auf die Dienstleistungskoordinierungrichtlinie[390]. Ausdruck des Transparenzprinzips sind darin beispielsweise die Vorschrift des Art. 12 Abs. 1 DKR über den vom Auftraggeber zu fertigenden Vergabevermerk sowie die gemeinsamen Bekanntmachungsvorschriften in Abschnitt V DKR.

Die praktische Umsetzung des Transparenzgebotes erfolgt in den Verfahrensvorschriften der VOL/A. Nach ihnen muß von öffentlichen Auftraggebern bei der Vergabe öffentlicher Aufträge ein streng formalistisches Verfahren eingehalten werden. Sie verpflichten dazu, jeden vorgegebenen Verfahrensabschnitt schriftlich zu dokumentieren und damit einer nachträglichen Kontrolle durch Dritte zugänglich zu machen[391].

Über jedes Vergabeverfahren wird in der Praxis eine Vergabeakte angelegt. Wesentliche Bestandteile dieser Akte sind[392]:

- Vergabevermerk gem. § 30 VOL/A. Darin sind die einzelnen Stufen des Verfahrens, die Maßnahmen, die Feststellungen sowie die Begründung der einzelnen Entscheidungen enthalten;
- eine Kopie des Bekanntmachungstextes;

---

387 siehe hierzu Teil. 2
388 Bechtold, § 97 Rdnr. 6; Byock/Jaeger-Hailbronner, § 97 Rdnr. 135
389 Byock/Jaeger-Hailbronner, § 97 Rdnr. 97
390 siehe Kapitel 2 Ziff. B. II
391 Dreher VersR 2000, 666, 670; OLG Brandenburg vom 03.08.1999 WuW/E Verg 238 - Flughafen Berlin -
392 gem. Trautner, BADK-Informationen 2000, 5

- im nicht offenen Verfahren alle Bewerbungen sowie der Vermerk über die Bieterauswahl;
- Aufforderung an die Bieter zur Abgabe eines Angebots;
- alle Angebote, außer den verspäteten oder unausgefüllt zurückgereichten
- Niederschrift über den Eröffnungstermin;
- Vermerke über Aufklärungsgespräche;
- der gesamte den Vergabevorgang betreffende Schriftverkehr, Vermerke über Telefonate usw.;
- Angebotsauswertung und Vergabevorschlag;
- Auftragsschreiben, Aufhebungsschreiben bzw. Absageschreiben.

Darüber hinaus enthält beispielsweise § 17a VOL/A eine auf entsprechenden Vorgaben in der DKR basierende allgemeine Bekanntmachungspflicht. § 17 a Nr. 2 VOL/A verpflichtet jeden öffentlichen Auftraggeber, diejenigen Dienstleistungsaufträge, die er in den nächsten zwölf Monaten zu vergeben beabsichtigt, nach Beginn des Haushaltsjahres dem Amt für amtliche Veröffentlichungen der Europäischen Union zur Bekanntmachung zu übermitteln.[393]

Oberhalb der Schwellenwerte[394] beschränken sich die Formvorschriften über die Durchführung des Vergabeverfahrens i. d. R. nicht lediglich auf reine Ordnungsvorschriften. Vielmehr begründet der Verstoß gegen Teilnahme- und Publizitätsvorschriften subjektive Rechte der Bieter[395], die zum Anlaß eines Nachprüfungsverfahrens[396] genommen werden können.

III. Diskriminierungsverbot/Gleichbehandlungsgrundsatz

Einen ebenso zentralen Grundsatz des Vergaberechts enthält § 97 Abs. 2 GWB. Die Vorschrift verpflichtet den öffentlichen Auftraggeber dazu, alle Bieter im Vergabeverfahren gleich zu behandeln. Im logischen Umkehrschluß verbietet sie eine Diskriminierung einzelner Bieter.

Der Gleichbehandlungsgrundsatz und das Verbot der Diskriminierung stellten bereits vor dem Erlaß des Kartellvergaberechts einen tragenden Grundpfeiler des Rechts der öffentlichen Vergabe dar. Das Verbot der Diskriminierung findet sich in Art. 12 EG-Vertrag und ist Ausfluß der dort geregelten Grundfreiheiten[397]. Es zieht sich wie ein roter Faden durch sämtliche europa- und bundes-

393 Dreher, NVersZ 1999, 14
394 siehe Teil 1, Kap. 7
395 Daub/Eberstein-Hailbronner, § 97 Rdnr. 135 m.V.a. EuGH v. 20.09.1988 - Rs. 31/87, Beentjes, Slg. 1988, 4652, Tz. 43 f.
396 siehe Teil 1, Kap. 9 Ziff. A.I.1)
397 Byock/Jaeger-Hailbronner, § 97 Rdnr. 142

rechtlichen Kernbestimmungen des Vergaberechts. Im Bereich der haushaltsrechtlichen Vergabe unterhalb der Schwellenwerte[398] sind das Diskriminierungsverbot und der Gleichbehandlungsgrundsatz in § 2 Nr. 2 VOL/A manifestiert.

Das Diskriminierungsverbot begründet die Verpflichtung, alle Bieter unabhängig davon, ob sie in- oder ausländische Bewerber sind, gleich zu behandeln[399]. Von diesem Grundsatz werden auch Bieter außerhalt der EU erfaßt[400]. Das Diskriminierungsverbot bezieht sich auf alle Fragen des Vergabeverfahrens und nicht nur auf die Zuschlagserteilung[401]. Seinem europäischen Ursprung nach verbietet das Diskriminierungsverbot in erster Linie jede Benachteiligung, die unmittelbar an die Staatsangehörigkeit anknüpft[402]. Unabhängig von der Pflicht zur Gleichbehandlung ausländischer Bieter verbietet das Diskriminierungsverbot darüber hinaus jede sonstige Ungleichbehandlung einzelner Bieter, die sich nicht mit einem sachlichen Grund rechtfertigen läßt[403]. Bei der Vergabe von Versicherungsdienstleistungen liegt eine Diskriminierung ausländischer Bewerber beispielsweise dann vor, wenn der öffentliche Auftraggeber von den Bietern eine Repräsentanz vor Ort oder einen Sachverständigen vor Ort als Zuschlagskriterium benennt[404].

Im Übrigen wurde das Diskriminierungsverbot im Bereich der Vergabe von Versicherungsdienstleistungen insbesondere im Zusammenhang mit der Einbindung von Versicherungsmaklern in das Vergabeverfahren diskutiert. Dabei stellt sich einerseits die Frage, ob die Einbindung eines Versicherungsmaklers in das Verfahren der öffentlichen Vergabe bereits seinem Grundsatz nach einen Verstoß gegen das Diskriminierungsverbot begründet. Darüber hinaus ist zu prüfen, ob die Beauftragung eines Versicherungsmaklers durch den öffentlichen Auftraggeber nur für diejenigen Bieter eine Diskriminierung begründet, die über einen eigenen Außendienst verfügen und deshalb grundsätzlich nicht mit Versicherungsmaklern zusammenarbeiten. Relevant ist diese Fragestellung für öffentliche Versicherer. Sie bedienen sich im Bereich der Versicherung kommunaler Risiken traditionsgemäß der Hilfe eines eigenen Außendienstes, der entweder

---

398 siehe Teil 1, Kap. 7

399 Daub/Eberstein-Müller, § 2 Rdnr. 16

400 siehe Teil 1 Kap. 2 B. II. Danach resultieren die vergaberechltichen Vorschriften letztlich aus dem GPA (General Procurement Act)

401 Daub/Eberstein-Müller, § 2 Rdnr. 16 m.V.a. KG, Beschluß vom 03.11.1999, Kartverg 3 /99, S. 7

402 Byock/Jaeger-Hailbronner, § 97 Rdnr 142

403 vgl. BayObLG, Beschluß v. 20.12.1999, BayOLGZ 1999, Nr. 81

404 Dreher NVersZ 1999, 15

auf der Basis fester Anstellungsverhältnisse oder auf Provisionsbasis für den Versicherer tätig wird.

Beide Fragestellungen werden im Zusammenhang mit der Beteiligung Dritter gesondert behandelt[405].

IV. Mittelstandsförderung

Gem. § 97 Abs. 3 GWB sind mittelständische Interessen[406] vornehmlich durch die Teilung der Aufträge in Fach- und Teillose angemessen zu berücksichtigen[407].

Der Begriff der „mittelständischen Interessen“ knüpft dabei an die spezifische Wettbewerbssituation kleinerer und mittlerer Unternehmen an[408]. Auch wenn die Reichweite der Mittelstandsförderung durch die in § 97 GWB genannten unbestimmten Rechtsbegriffe der „vornehmlich“ in Lose aufzuteilenden Aufträge sowie der „angemessen“ zu berücksichtigenden Interessen sich durch ein erhebliches Maß an Ungenauigkeit auszeichnet, begründet die Vorschrift des § 97 Abs. 3 GWB ein einklagbares Recht der Bieter auf eine Einteilung der Aufträge in Lose[409]. In welchen Fällen ein öffentlicher Auftraggeber dazu verpflichtet sein kann, den Auftrag in Lose aufzuteilen, wurde bereits anderer Stelle[410] behandelt.

In der Praxis der Vergabe von Versicherungsdienstleistungen werden die Interessen mittelständischer und kleinerer Versicherer in der Regel dadurch gewahrt, daß sie sich durch vertragliche Vereinbarungen mit anderen Versicherern in der Form so genannter Konsortien zusammenschließen können. Hierbei handelt es sich um Zusammenschlüsse mehrerer Versicherer zur gemeinsamen Abwicklung von Geschäften, die einem einzelnen Unternehmen zu riskant erscheinen[411].

Die Gewährung des Versicherungsschutzes erfolgt auf dem Weg der Mitversicherung. Unter einer Mitversicherung ist die gemeinsame Versicherung eines bestimmten Interesses durch das Zusammenwirken mehrerer Versicherer zu ver-

---

405 siehe Teil 2
406 zur Mittelstandsförderung als vergabefremder Aspekt siehe Kling, Die Zulässigkeit vergabefremder Regelungen, Schriftenreihe des forum vergabe e.V., Berlin 2000
407 wegen der Frage, wann sich eine Aufteilung sachlich anbietet, siehe
408 Byock/Jaeger-Hailbronner, § 97, Rdnr. 156
409 Byock/Jaeger-Hailbronner, § 97, Rdnr. 157, 158, 160
410 siehe Teil 1, Kap. 7 Ziff. D.III.
411 Gabler, Band 1, S. 267

stehen[412]. Die Mitversicherung ist im Gesetz nicht geregelt[413]. Gerade bei der Versicherung von Großrisiken ermöglicht sie eine sinnvolle Aufteilung des zu versichernden Risikos auf mehrere Risikoträger. Der Versicherungsnehmer schließt mit den Versicherern jeweils selbstständige, wenn auch voneinander abhängige Versicherungsverträge.

Zur Vereinfachung der praktischen Handhabung des Versicherungsvertrages wird in der Praxis regelmäßig eine so genannte Führungsklausel vereinbart. Sie kann zum Inhalt haben, daß einem der beteiligten Versicherer die gesamte Abwicklung des Vertragsverhältnisses gegenüber dem Versicherungsnehmer obliegt[414].

V. Verbot der „Markterkundung"

Das Verfahren der Vergabe von Dienstleistungsaufträgen durch öffentliche Auftraggeber nach dem Kartellvergaberecht beinhaltet eine Vielzahl zu beachtender formeller und materieller Vorschriften. Jeder Verstoß gegen Vorschriften über das Vergabeverfahren begründet das Risiko, sich einem Nachprüfungsverfahren ausgesetzt zu sehen.

Bei der Vergabe von Versicherungsdienstleistungen durch kommunale Auftraggeber tritt das weitere Problem hinzu, daß es sich die Kommunen auf Grund beschränkter Haushaltsmittel in der Regel nicht leisten können, fachlich qualifiziertes Personal für die Durchführung derartiger Vergabeverfahren vorzuhalten. Die spezifischen vergaberechtlichen Probleme im Zusammenspiel mit dem grundsätzlichen Problem, keine konkreten Kenntnisse über die Verhältnisse auf dem Markt versicherungsrechtlicher Produkte zu haben, könnten kommunale Auftraggeber dazu veranlassen, ein Vergabeverfahren nur „zum Schein" und mit der ausschließlichen Zielsetzung durchzuführen, den betreffenden Markt zu ergründen, um sich auf diesem Wege die fehlende Marktkenntnis zu verschaffen.

Eine solche Vorgehensweise ist jedoch gem. § 16 Nr. 2 VOL/A vergaberechtswidrig. Eine Ausschreibung, die allein der Markterkundung dient, verfolgt vergabefremde Zwecke und ist deshalb generell unzulässig[415].

Auch das Verbot der Markterkundung begründet für kommunale Auftraggeber bei der Vergabe von Versicherungsdienstleistungen einen besonderen Bedarf

---

412 BK-Schauer, § 58 VVG Rdnr. 27 m.w.N.

413 Römer/Langheid-Römer, § 58 Rdnr. 5

414 wegen der weiteren Einzelheiten hierzu wird verwiesen auf Römer/Langheid-Römer, § 58 Rdnr. 6; Prölss/Martin-Kollhosser Vorbemerkung zu § 58 VVG Rdnr. 1 ff; BK-Schauer, § 58 Rdnr. 27 ff

415 vgl.Daub/Eberstein-Eberstein, § 16 Rdnr. 11

für den Einsatz externer Berater. Fraglich und zu prüfen sein wird, ob und inwieweit der Bedarf durch Dritte gedeckt werden kann[416].

B. Grundsätze der Zuschlagserteilung

Die Grundsätze der Zuschlagserteilung teilen sich auf in den Grundsatz der Eignung gem. § 97 Abs. 4 GWB und den Grundsatz der Wirtschaftlichkeit gem. § 97 Abs. 5 GWB.

I. Grundsatz der Eignung

Gem. § 97 Abs. 4 GWB sind öffentliche Aufträge an fachkundige, leistungsfähige und zuverlässige Unternehmen zu vergeben. Hierbei handelt es sich um grundsätzlich abschließend genannte Eignungskriterien[417].

Andere oder weitergehendere Anforderungen dürfen an Auftraggeber nur gestellt werden, wenn dies durch Bundes- oder Landesrecht vorgesehen ist, § 97 Abs. 4, 2.Hs GWB[418]. Werden an die Bieter Eignungskriterien gestellt, die den zwingenden Vorgaben des § 97 Abs. 4 nicht entsprechen, handelt es sich hierbei um vergabefremde Kriterien, die einen Vergabeverstoß begründen. Durch die gesetzliche Festlegung der Eignungskriterien im GWB wurde die Rechts- und Planungssicherheit der am Verfahren beteiligten Bieter erheblich erhöht[419].

Bei der Vergabe von Versicherungsdienstleistungen wurde ein Verstoß gegen § 97 Abs. 4 GWB bislang allein im Zusammenhang mit der Einbindung von Versicherungsmaklern in des Vergabeverfahrens diskutiert[420]. Fraglich ist dabei im einzelnen, ob es einen Verstoß gegen § 97 Abs. 4 GWB begründet, daß der Zuschlag davon abhängig gemacht wird, daß der den Zuschlag erhaltende Bieter an den am Vergabeverfahren beteiligten Versicherungsmakler eine Makler-Courtage zu zahlen hat. Diese Fragestellung wird im Zusammenhang mit der Beteiligung von Maklern am Vergabeverfahren gesondert behandelt[421].

---

416 siehe Teil 2

417 Byock/Jaeger-Hailbronner, § 97 Rdnr. 161

418 Wegen der Möglichkeit, hiervon abweichende Regelungen treffen zu können, wird verwiesen auf Kling, Die Zulässigkeit vergabefremder Regelungen, Schriftenreihe des forum vergabe e.v., Heft 12, Berlin 2000

419 Begründung zum Regierungsentwurf, BT-Drucksache 13/9340

420 siehe u. a. OLG Celle, a.a.O., Fn 387

421 siehe Teil 2, Kap. 7 Ziff. B.II.

II. Grundsatz der Wirtschaftlichkeit

Bis zum Erlaß des Kartellvergaberechts war bereits in § 25 b Nr. 1VOL/A der allgemeine Grundsatz manifestiert, daß dem wirtschaftlich günstigsten Angebot der Zuschlag zu erteilen ist.

Mit dem Begriff des „wirtschaftlich günstigsten Angebots" ist allerdings nicht der günstigsten Preis gemeint[422]. Nach dem Begriff der Wirtschaftlichkeit kommt es für die Zuschlagserteilung vielmehr darauf an, die günstigste Relation zwischen dem verfolgten Zweck und den dafür einzusetzenden Finanzmitteln zu ermitteln[423]. Welche Kriterien bei der Bestimmung der Wirtschaftlichkeit der Angebote berücksichtigt werden, muß vom öffentlichen Auftraggeber in der Auftragbeschreibung umfassend und abschließend dargestellt werden[424].

Bei der Bewertung der danach feststehenden Kriterien für die Bestimmung des wirtschaftlichen Angebotes besitzt die Vergabestelle einen nicht überprüfbaren Ermessensspielraum[425].

Bei der Vergabe von Versicherungsdienstleistungen durch kommunale Auftraggeber kommen als weitere Kriterien beispielsweise Referenzen des Bieters, Erfahrungen bei der Versicherung kommunaler Risiken, Verhalten bei der Schadensregulierung, Beratung und Maßnahmen zur Schadensverhütung, sonstiger Kundendienst, Kapazität des Versicherers, Präsenz des Versicherers sowie die konkrete Ausgestaltung des Bedingungswerks in Betracht.

C. Vergabearten

I. Einführung

Welche Art der öffentliche Auftraggeber bei der Vergabe von Versicherungsdienstleistungen zu wählen hat, wird abschließend in § 101 GWB geregelt[426]. Danach stehen ihm grundsätzlich das offene Verfahren, das nicht offene Verfah-

---

422 grundsätzlich wäre es nach den EG-rechtlichen Vorgaben möglich gewesen, die Zuschlagserteilung am Prinzip des niedrigsten Preises festzumachen. Dies wurde vom deutschen Gesetzgeber jedoch bewußt abgelehnt, vgl. Bechtold, § 97 GWB Rdnr. 30

423 Ingenstau/Korbion, § 97 Rdnr. 7;Byock/Jaeger-Hailbronner, § 97 Rdnr. 189

424 Byock/Jaeger-Hailbronner, § 97 Rdnr. 189

425 Bechtold, § 97 Rdnr. 17; Byock/Jaeger-Hailbronner, § 97 GWB Rdnr. 165, 191

426 Trautner, BADK-Informationen 2000, 3

ren und das Verhandlungsverfahren zur Verfügung. Die gewählte Terminologie entspricht den Vorgaben in Art. 1 d - f DKR[427].

Offene Verfahren sind Verfahren, in denen eine unbeschränkte Anzahl von Unternehmen öffentlich zur Abgabe von Angeboten aufgefordert werden[428]. Das nicht offene Verfahren richtet sich ebenfalls zunächst an eine unbegrenzte Zahl von Teilnehmern am Vergabeverfahren. Aus dem Kreis der sich meldenden Bewerber wird sodann eine beschränkte Anzahl von Unternehmen zur Angebotsabgabe aufgefordert[429]. Schließlich handelt es sich beim Verhandlungsverfahren um ein Verfahren, bei dem sich der Auftraggeber mit oder ohne vorherige öffentliche Aufforderung zur Teilnahme an ausgewählte Unternehmen wendet, um mit einem oder mehreren über die Auftragsbedingungen zu verhandeln[430].

II. Grundsätzlicher Vorrang des offenen Verfahrens

Gem. § 101 Abs. 5 GWB haben öffentliche Auftraggeber bei der Vergabe öffentlicher Aufträge grundsätzlich das offene Verfahren anzuwenden. Etwas anderes gilt nur für Sektorenauftraggeber gem. § 98 Nr. 4 GWB, die die freie Wahl zwischen den drei Verfahren des § 101 GWB haben[431].

Der Vorrang des offenen Verfahrens soll einen fairen Wettbewerb sicherstellen und allen Teilnehmern an der Ausschreibung gleiche Chancen einräumen[432]. Ausdruck des besonders zu beachtenden Prinzips der Chancengleichheit ist u. a. § 24 Abs. 1 VOL/A. Danach darf der öffentliche Auftraggeber vor der Zuschlagserteilung grundsätzlich nicht mit Bietern schriftlich oder mündlich verhandeln. Dadurch soll verhindert werden, daß sich die Wettbewerbslage durch nachträgliche Zugeständnisse von Bietern verändert oder einzelne Bieter bevorzugt werden[433].

III. Anwendungsbereich des Verhandlungsverfahrens

Der Vorrang des offenen Verfahrens für alle öffentliche Auftraggeber, die keine Sektorenauftraggeber sind, ist nicht grenzenlos. Gem. § 101 Abs. 5 Satz 1 GWB sind Abweichungen vom Grundsatz des offenen Verfahrens zulässig, wenn auf

---

427 Byock/Jaeger-Werner, § 101 Rdnr. 438
428 § 101 Abs. 2 GWB
429 § 101 Abs. 3 GWB
430 § 101 Abs. 4 GWB
431 § 101 Abs. 5 Satz 2 GWB
432 Klar, Kommunale Auftraggeber, S. 49 ff
433 Klar, Kommunale Auftraggeber, S. 50

Grund „dieses Gesetz“ etwas anderes gestattet ist. Über das „Scharnier“ der VgV[434] umfaßt der vorgenannte Vorbehalt auch die Regelungen der VOL/A[435].

Von zentraler Bedeutung ist in diesem Zusammenhang § 3a Nr. 1 Abs. 4 c) VOL/A. Danach können öffentliche Auftraggeber Aufträge auch im Verhandlungsverfahren vergeben, wenn die zu erbringenden Dienstleistungsaufträge dergestalt sind, daß vertragliche Spezifikationen nicht hinreichend genau festgelegt werden können, um den Auftrag durch die Wahl des besten Angebotes in Übereinstimmung mit den Vorschriften über das offene und das nicht offene Verfahren vergeben zu können. Durch ausdrückliche Bezugnahme gilt dies insbesondere für Dienstleistungen der Kategorie 6 des Anhanges I A zur VOL/A. Die in Bezug genommene Kategorie 6 des Anhanges I A besteht u.a. aus finanziellen Dienstleistungen, zu denen u. a. Versicherungsdienstleistungen gehören. Die genannte Bestimmung ist wortgleich mit Art. 11 Abs. 2 c) DKR. Demgemäß erstreckt sich der Regelungsbereich des § 3 a Nr. 1 Abs 4 c) VOL/A auch auf die hier interessierenden Versicherungsdienstleistungen.

In diesem Zusammenhang wird die Frage diskutiert, ob und wenn ja in welchen Fällen der öffentliche Auftraggeber bei der Vergabe von Versicherungsdienstleistungen dazu berechtigt ist, an Stelle des offenen Verfahrens das Verhandlungsverfahren durchführen zu können.

1) Herrschende Meinung

Die herrschende Meinung in Rechtsprechung[436] und Literatur[437] vertritt die Auffassung, daß auch im Bereich der Vergabe von Versicherungsdienstleistungen eine Abweichung vom offenen Verfahren die Ausnahme von der Regel ist. Demgemäß ist in jedem Einzelfall genau und nach Auffassung des OLG Düsseldorf[438] „eher streng“ zu prüfen, ob die vertraglichen Spezifikationen des vom Auftraggeber benötigten und/oder gewünschten Versicherungsschutzes nicht vom Auftraggeber selbst hinreichend genau festgelegt und beschrieben werden können. Eine andere, das Verhandlungsverfahren bevorzugende Auslegung stünde nach Auffassung des OLG Düsseldorf[439] mit den übergeordneten verga-

---

434 siehe Teil 1, Kap. 3 Ziff. B.II.

435 u.a. Dreher NVersZ 1999, 14; Werber, VersR 2001, 1315

436 OLG Düsseldorf, a.a.O., Fn 387

437 u. a. Dreher VersR 2000, 668 ff; ders. NVersZ 1999, 14; Müller-Stüler, VersR 1999, 1063; Höfler, Rechtsfragen der Vergabe von Versicherungsdienstleistungen, S. 15; Klar, Kommunale Auftraggeber, S. 49 ff; Daub/Eberstein-Müller, § 1 a Rdnr. 123

438 a.a.O.,Fn. 387

439 a.a.O.,Fn. 387

berechtlichen Grundsätzen, insbesondere mit dem Wettbewerbs- und dem Transparenzgrundsatz, nicht im Einklang.

Dieser Grundsatz gilt zwar auch nach Auffassung der herrschenden Meinung nicht uneingeschränkt. Im Rahmen der Vergabe von Versicherungsdienstleistungen kommt hiernach ein Verhandlungsverfahren allerdings nur in seltenen Ausnahmefällen in Betracht. In der Regel stehen dem öffentlichen Auftraggeber im Rahmen der Vergabe von Versicherungsdienstleistungen bereits vorhandene und bekannte Deckungskonzepte zur Verfügung. In Fällen dieser Art ist es dem öffentlichen Auftraggeber zumutbar, die vorhandenen Deckungskonzepte durch die Zulassung von Nebenangeboten, der Ausschreibung von Optionen und von Wahl- oder Alternativpositionen an die individuellen Bedürfnisse anzupassen[440]. Weitergehender Verhandlungen bedarf es nach Auffassung der h.M. somit in der Regel nicht.

Maßstab für das Recht, von diesen Grundsätzen abweichen zu können, ist nicht die subjektive Vorstellung des öffentlichen Auftraggebers. Vielmehr muß objektiv feststehen, daß die vertraglichen Spezifikationen im Rahmen der gewählten Ausschreibungsart nicht hinreichend genau festgelegt werden können[441].

Nach dieser Auffassung wird sich die Anwendbarkeit des Verhandlungsverfahrens bei der Vergabe von Versicherungsdienstleistungen durch kommunale Auftraggeber auf wenige Ausnahmefälle beschränken.

2) Die Auffassung Franke/Höflers

Franke/Höfler[442] vertreten demgegenüber die Auffassung, von dem Grundsatz des offenen Verfahrens könne bereits dann abgewichen werden, wenn die Vergabe von Versicherungsdienstleistungen in Rede steht, die sich außerhalb des Standardgeschäfts bewegt. Bereits in diesen Fällen sei der öffentliche Auftraggeber dazu berechtigt, an Stelle des offenen Verfahrens das Verhandlungsverfahren durchzuführen.

Die Auffassung vermag jedoch schon deshalb nicht zu überzeugen, da der Begriff des „Standardgeschäfts" eine hinreichende Genauigkeit vermissen läßt. Seit der Deregulierung des Versicherungsmarktes im Jahr 1994[443] ist der Markt für Versicherungsprodukte von einer grundsätzlichen Bedingungsvielfalt geprägt. Zwar orientieren sich annähernd sämtliche Versicherungsprodukte bei der

440 vgl. Dreher, VersR 2000, 669
441 Dreher, VersR 2000, 669.
442 Auftragsvergabe nach VOL/A und VOF 1999, S. 96
443 3. DurchfG/EWG v. 21.7.1994, BGBl I S. 1630, in Kraft getreten am 29. Juli 1994

konkreten Ausgestaltung ihrer Versicherungsbedingungen weiterhin an unverbindlichen Verbandsempfehlungen. Dennoch enthalten sie in Detailpunkten wichtige oder weniger wichtige Abweichungen vom Standardprodukt.

Angesichts der vorhandenen Bedingungsvielfalt kann deshalb bereits vom Ausgangspunkt her nicht mehr generell von Standardprodukten gesprochen werden. Umso weniger ist es möglich, eine Grenzziehung zwischen Standardprodukten und hiervon abweichenden Individualprodukten vorzunehmen.

Nach Auffassung Franke/Höflers würde bereits jede auch noch so nebensächliche Abweichung von den unverbindlichen Standardbedingungen dazu berechtigen, an Stelle des offenen Verfahrens das Verhandlungsverfahren durchzuführen. Eine derartige Grenzziehung würde das in § 3 a Nr. 1 Abs. 4 c VOL/A manifestierte Regel-Ausnahme Verhältnis praktisch umkehren. Folglich ist diese Auffassung abzulehnen.

3) Die Auffassung Werbers

Letztlich vertritt Werber[444] die Auffassung, bei der Vergabe von Versicherungsdienstleistungen könne bereits vom Ausgangspunkt her nicht von einem absoluten Regel-Ausnahme-Verhältnis zwischen dem offenen und dem Verhandlungsverfahren gesprochen werden.

Er begründet dies zunächst mit einem Verweis auf die dem Kartellvergaberecht zugrundeliegenden europarechtlichen Grundlagen. Die Wahl der Vergabeverfahren ist in der Dienstleistungskoordinierungsrichtlinie in Abschnitt III geregelt. Gem. Art. 11 Abs. 1 DKR haben die Auftraggeber für die Vergabe öffentlicher Dienstleistungsaufträge die in Artikel 1 Buchstaben d), e) und f) genannten Vergabeverfahren in einer an diese Richtlinie angepaßten Form anzuwenden. Ergänzend hierzu heißt es in Art. 11 Abs. 2 DKR, die Auftraggeber könnten in den nachfolgend genannten Fällen Dienstleistungsaufträge im Verhandlungsverfahren vergeben, sofern sie eine Vergabebekanntmachung veröffentlicht haben. Zu den nachfolgend genannten Alternativen gehören auch diejenigen, die wortgleich in § 3a Nr. 1 Abs. 4 c VOL/A übernommen wurden und den Bereich der Versicherungsdienstleistungen gem. Kategorie 6 des Anhanges IA betreffen.

Zutreffenderweise weist Werber in diesem Zusammenhang darauf hin, daß Art 11 Abs. 1 DKR seinem Wortlaut nach kein Regel-Ausnahme-Verhältnis zu Gunsten des offenen Verfahrens vorgibt. Werber zieht hieraus die Konsequenz, daß der Regelungsgehalt des § 101 Abs. 5 Satz 1 GWB über die europarechtlichen Vorgaben hinausgeht und deshalb nicht richtlinienkonform ist.

---

444 VersR 2001, 1314 ff

Die Auffassung Werbers verkennt jedoch den weiteren Inhalt der Dienstleistungsrichtlinie. In Art. 11 Abs. 4 heißt es ausdrücklich „in allen anderen Fällen vergibt der Auftraggeber seine Dienstleistungsaufträge im offenen oder nicht offenen Verfahren“. Auch wenn der europäische Gesetzgeber damit nicht der üblichen Gesetzestechnik entsprach, die grundsätzliche Regelung „vor die Klammer zu ziehen“, bringt er durch die gewählte Formulierung jedoch klar zum Ausdruck, daß Dienstleistungsaufträge grundsätzlich im offenen oder nicht offenen Verfahren zu vergeben sind und § 11 Abs. 2 lediglich dazu dient, hiervon abweichende Ausnahmen für das Verhandlungsverfahren aufzuzeigen.

Im Übrigen meint Werber, die Besonderheit des Produkts „Versicherungsdienstleistung“ rechtfertige es, das Verhandlungsverfahren als gleichwertiges Vergabeverfahren gegenüber dem offenen und nicht offenen Verfahren zu behandeln. Dies gelte insbesondere unter Berücksichtigung des Umstandes, daß der Zuschlag nicht auf das preisniedrigste, sondern auf das wirtschaftlichste Angebot erteilt werden müsse. Gerade im Bereich der versicherungsrechtlichen Absicherung von Großrisiken besteht nach Auffassung Werbers ein nahezu unbegrenzter Bedarf an Gestaltungsmöglichkeiten. Dieser Bedarf könne nur im Rahmen des Verhandlungsverfahrens gedeckt werden. Im Rahmen eines offenen Verfahrens könne dem Erfordernis nach Gestaltungsvielfalt allenfalls durch die Zulassung von Nebenangeboten entsprochen werden. Derartige Nebenangebote ließen sich jedoch in der Regel nicht ohne die Hilfe Dritter sachgerecht beurteilen.

Auch das von Werber so formulierte „Postulat nach einem Zuschlag auf das wirtschaftlichste Gebot“ gibt keine hinreichende Berechtigung, von dem im Vergaberecht geltenden Grundsatz des Vorrangs des offenen Verfahrens im Bereich der Vergabe von Versicherungsdienstleistungen Abstand zu nehmen. Ohne jeden Zweifel stellt das Produkt „Versicherungsdienstleistung“ bei der Beurteilung und Bewertung der Angebote besonders hohe Anforderungen an die Sachkunde der Vergabestelle. Daß die Vergabestelle dabei auf die Hilfe Dritter angewiesen ist, ist nahezu zwangsläufig und wird an anderer Stelle[445] noch vertieft behandelt.

Dieser Umstand ist jedoch für sich genommen nicht dazu geeignet, das gesetzlich verankerte Regel-Ausnahme-Verhältnis zu Gunsten des offenen Verfahrens abzuändern. Einer solchen Sichtweise steht bereits entgegen, daß der besondere Beratungsbedarf weder durch das offene Verfahren begründet noch durch das Verhandlungsverfahren beseitigt wird. Der öffentliche Auftraggeber steht unabhängig von der Wahl des Vergabeverfahrens vor dem Problem, aus der Vielzahl der möglichen Versicherungsprodukte das zutreffende für seinen Bedarf herauszufiltern. Die Wahl des Vergabeverfahrens eröffnet ihm allenfalls die

445 siehe Teil 2

Möglichkeit, die Angebote der Bieter kritisch zu hinterfragen und erforderlichenfalls im Rahmen von Verhandlungen anzupassen. Auch die Führung von Verhandlungen setzt jedoch diejenigen Kenntnisse vom Versicherungsmarkt und dem Versicherungsprodukt voraus, über die der öffentliche Auftraggeber in der Regel gerade nicht verfügt.

4) Zwischenergebnis

Der herrschenden Meinung zum generellen und gesetzlich zwingend verankerten Vorrang des offenen Verfahrens bei der Vergabe von Versicherungsdienstleistungen ist somit zuzustimmen.

5) Verbleibender Anwendungsbereich für das Verhandlungsverfahren

Zu prüfen bleibt, in welchen Fällen nach der gesetzlichen Vorgabe des § 3 a) Nr. 1 Abs. 4 c VOL/A bei der Vergabe von Versicherungsdienstleistungen ausnahmsweise das Verhandlungsverfahren gewählt werden kann. Der Wortlaut der Vorschrift setzt hierfür voraus, daß die zu erbringenden Dienstleistungsaufträge dergestalt sind, daß vertragliche Spezifikationen nicht hinreichend genau festgelegt werden können, um den Auftrag durch die Wahl des besten Angebots in Übereinstimmung mit den Vorschriften über das offene und nicht offene Verfahren vergeben zu können.

Gegenstand der Vergabe von Versicherungsdienstleistungen durch kommunale Auftraggeber sind üblicherweise Standardprodukte. In der Regel beschränkt sich der von kommunalen Auftraggebern benötigte Versicherungsschutz auf Risiken im Haftpflicht-, Sachversicherungs- und Unfallversicherungsbereich. Selbst wenn von den Standardprodukten in Teilbereichen abgewichen werden soll, begründet dies keinen hinreichenden Anlaß, den konkreten Versicherungsschutz im Verhandlungsverfahren zu beschaffen. Auch in diesen Bereichen ist es dem öffentlichen Auftraggeber zumutbar und möglich, seine konkreten Vorstellungen und Wünsche über das Versicherungsprodukt in die konkrete Ausgestaltung des Vertragswerks einfließen zu lassen[446]. Er hat die Möglichkeit, potenzielle neue Versicherungskonzepte oder Alternativvorschläge in das Vergabeverfahren dadurch einzubinden, daß er den Bietern gestattet, Nebenangebote und Änderungsvorschläge einzureichen[447].

446 so im Ergebnis auch Dreher VersR 2000, 669; Höfler, Rechtsfragen bei der Vergabe von Versicherungsdienstleistungen, S. 16; OLG Düsseldorf a.a.O., Fn 389

447 Klar, Kommunale Auftraggeber, S. 50

Von den Standardprodukten abweichende Versicherungsprodukte, die der konkreten Spezifizierung durch Verhandlungen mit den Bietern bedürfen, kommen vor allem dann in Betracht, wenn die zu versichernden Risiken denen im Industriegeschäft gleichen. Gerade im Industrieversicherungsgeschäft zeichnen sich Versicherungsprodukte durch einen auf die individuellen Risikoverhältnisse zugeschnitten Versicherungsschutz aus, der regelmäßig nicht mehr durch typische Standardprodukte abgedeckt werden kann. Der Bedarf für solche Produkte stellt jedoch im kommunalen Versicherungsgeschäft eher die Ausnahme dar.

D. Vergabeverfahren

Im Rahmen der vorangegangenen Ausführungen wurde die Frage geklärt, welche unterschiedlichen Vergabearten kommunalen Auftraggebern zur Vergabe von Versicherungsdienstleistungen theoretisch zur Verfügung stehen. Demgegenüber beschäftigen sich die nachfolgenden Ausführungen mit der konkreten Durchführung des Vergabeverfahrens innerhalb der vorgegebenen Vergabeart[448]. In allen Verdingungsordnungen gibt es idealtypisch drei Verfahrensarten, nämlich die öffentliche oder beschränkte Ausschreibung, die Verhandlung oder den Wettbewerb[449].

I. Verhandlung

Das Verfahren der „Verhandlung“ entspricht dem der freihändigen Vergabe im Bereich der haushaltsrechtlichen „nationalen“ Vergabe, also unterhalb der Schwellenwerte. Es zeichnet sich dadurch aus, daß der öffentliche Auftraggeber in unmittelbaren Kontakt zu einem beschränkten Kreis von Bietern tritt. Auch die „Verhandlung“ erfordert die Einhaltung bestimmter Förmlichkeiten. Dennoch sind an das Verhandlungsverfahren nicht dieselben strengen formalen Anforderungen zu stellen, wie an das offene Verfahren[450]. Die „Verhandlung“ spielt bei der Vergabe von Versicherungsdienstleistungen eine untergeordnete Rolle.

---

448 allgemeine Hinweise hierüber sind enthalten in Schlebusch, Ausschreibung kommunaler Sachversicherungen. Die Veröffentlichung berücksichtigt allerdings noch nicht das Vergaberechtsänderungsgesetz sowie die seit 1997 elementar veränderten Bestimmungen des GWB, der VOL/A und der VgV

449 Hertwig, Rdnr. 82

450 Hertwig, Rdnr. 162

II. Wettbewerb

Gem. § 31 a Abs. 1 VOL/A handelt es sich bei Wettbewerben[451] um Auslobungsverfahren, die zu einem Dienstleistungsauftrag führen sollen. Sie sind annähernd ausschließlich bei Planungsleistungen von Bedeutung, über die ein Preisgericht zu entscheiden hat.

Im Bereich der Vergabe von Versicherungsdienstleistungen durch kommunale Auftraggeber spielen sie hingegen keine Rolle.

III. Ausschreibung

Da die Vergabe von Versicherungsdienstleistungen durch kommunale Auftraggeber in aller Regel im offenen Verfahren zu erfolgen hat[452], wird die Beschaffung in der Form einer Ausschreibung durchgeführt. Im Vergleich zur Verhandlung und zum Wettbewerb handelt es sich bei der Ausschreibung um ein streng formalistisches Verfahren. Durch das Verfahren soll sichergestellt werden, daß der einzelne Bieter von dem Inhalt der anderen Angebote nicht vor deren ordnungsgemäßer Eröffnung Kenntnis erhält[453].

Die nachfolgenden Ausführungen beschäftigen sich mit dem konkreten Gang des offenen Verfahrens. Er gliedert sich in fünf Abschnitte, nämlich die Vorbereitungsphase, die Aufforderungsphase, die Angebotsphase, die Wertungsphase und die Vorabinformation.

1) Vorbereitungsphase

Zur Vorbereitung der politischen Entscheidung, ob und auf welchem Wege kommunale Risiken unter Versicherungsschutz gestellt werden sollen, bedarf es zunächst einer detaillierten Erfassung des entscheidungserheblichen Sachverhalts. Die hierfür erforderliche Prüfung erfolgt im Rahmen einer Risikoanalyse[454]. Die Risikoanalyse ist Bestandteil des so genannten „Risk Management“[455].

---

451 zum Wettbewerb allgemein siehe Schaller, § 31 a; Hertwig, Rn 149 ff; Daub/Eberstein-Kulartz, § 31 a

452 siehe Teil 1, Kap. 8 Ziff. C.III.

453 Hertwig, Rdnr. 83, 84

454 vgl. u. a. Klar, Kommunale Auftraggeber, S. 45

455 der Begriff des Risk Management wird i. d. R. mit „Risikobewältigung“ übersetzt. Er beinhaltet zunächst eine Analyse der spezifischen Gefahrenlage eines Unternehmens. Die Gefahrenlage setzt sich aus seinem Umfeld sowie der Art und dem Umfang seiner entfalteten Aktivitäten zusammen. Die Risiken können auf unterschiedliche Art und Weise bewältigt werden. Hierzu gehören in erster Linie die Risikoüberwälzung in der Form der Versicherung, andererseits aber auch die Risikomini-

Bereits die Risikoanalyse erfordert weitreichende Kenntnisse über mögliche Risikopotenziale. Im Rahmen der Vergabe von Versicherungsdienstleistungen durch kommunale Auftraggeber ist dabei zu prüfen, welche typischen Gefahren dem öffentlichen Auftraggeber drohen und welche Schäden daraus resultieren können[456]. Sofern die ermittelten Risiken durch die Beschaffung von Versicherungsschutz abgemildert oder beseitigt werden sollen, bedarf es konkreter Kenntnisse über die auf dem Versicherungsmarkt hierfür zur Verfügung stehenden Versicherungsprodukte.

Auf der Basis der daraus resultierenden Erkenntnisse erstellt der kommunale Auftraggeber die Ausschreibungsunterlagen. Bei der Vergabe von Versicherungsdienstleistungen muß nach der allgemeinen Ermittlung des erforderlichen Versicherungbedarfs das konkrete Versicherungsprodukt definiert bzw. konkretisiert werden. Hierzu werden die auf dem Versicherungsmarkt in der Regel vorhandenen Standardprodukte auf die individuellen Erfordernisse und die vorhandenen Risikoverhältnisse des kommunalen Auftraggebers angepaßt. Das Ergebnis der Anpassung fließt in eine individuelle Leistungsbeschreibung ein. Sie besteht bei der Vergabe von Versicherungsdienstleistungen in erster Linie in einem Bedingungswerk, das dem Abschluß des Versicherungsvertrages zugrundegelegt werden soll.

Die vorangegangenen Ausführungen verdeutlichen, daß bereits die Vorbereitungsphase weitreichende Kenntnisse und Erfahrungen im Umgang mit kommunalen Risiken und ihrer versicherungsrechtlichen Absicherung erfordert[457].

2) Aufforderungsphase

Die Aufforderungsphase beschäftigt sich mit der öffentlichen Bekanntgabe der beabsichtigten Vergabe von Versicherungsdienstleistungen. Die zwingende Pflicht zur öffentliche Bekanntgabe einer geplanten Vergabe ist Ausfluß der Grundprinzipien des Vergaberechts nach Wettbewerb, Transparenz und diskriminierungsfreiem Verhalten. Danach müssen alle in Betracht kommenden Bieter wenigstens theoretisch die Möglichkeit haben, von der Absicht eines öffentlichen Auftraggebers, eine Ausschreibung durchführen zu wollen, Kenntnis erlangen zu können[458]. Die Bestimmungen über die Bekanntgabe einer öffentlichen Vergabe stellen keine reinen Formvorschriften dar. Vielmehr sind sie als Ord-

---

mierung durch sicherheitstechnische Vorsorgemaßnahmen, vgl.Griess/Zinnert, S. 496, 497; BGH VersR 94, 1049 ff

456 Griess/Zinnert, S. 496

457 wegen der hierfür erforderlichen Hilfe durch Dritte wird verwiesen auf Teil 2

458 Hertwig, Rdnr. 86

nungsvorschriften zu qualifizieren, die im Falle der Verletzung zur Rechtswidrigkeit des Vergabeverfahrens führen können[459].

Nach welchen Regeln eine öffentliche Bekanntgabe bei einer europaweiten Vergabe oberhalb der Schwellenwerte[460] durchzuführen ist, wird in Abschnitt 2 der VOL/A[461] geregelt. Ausgangspunkt ist dabei § 3 a Nr. 1 Abs. 3 VOL/A. Danach haben öffentliche Auftraggeber ihre Absicht, eine öffentliche Vergabe durchführen zu wollen, durch eine Bekanntmachung kundzutun, die den strengen Vorgaben des § 17 a VOL/A entspricht. Die Bekanntgabe selbst erfolgt im so genannten „Supplement" zum Amtsblatt der Europäischen Gemeinschaft. Sie enthält in erster Linie die Aufforderung an potenzielle Bieter, Angebote gegenüber dem öffentlichen Auftraggeber abzugeben.

Den zeitlichen Ausgangspunkt der Vorschriften über die öffentliche Bekanntmachung enthält § 17a Nr. 2 VOL/A. Danach müssen öffentliche Auftraggeber so früh wie möglich nach dem Beginn des jeweiligen Haushaltsjahres unverbindliche Bekanntmachungen veröffentlichen, aus denen zu entnehmen ist, welche Aufträge in den folgenden zwölf Monaten voraussichtlich vergeben werden sollen. Die Pflicht zu dieser Bekanntgabe setzt allerdings erst ein bei Aufträgen, deren geschätzter Wert mindestens 750.000 EUR beträgt.

Macht der öffentliche Auftraggeber von einer solchen Veröffentlichung Gebrauch, ist er gem. § 18 a Nr. 1 Abs. 2 VOL/A dazu berechtigt, die Angebotsfrist[462] zu verkürzen.

Welchen Inhalt die öffentliche Bekanntmachung im einzelnen haben muß, regelt § 17 VOL/A. Darin sind eine Fülle von Einzelinformationen erwähnt, die die Bekanntmachung gem. § 17 Nr. 1 Abs. 2 VOL/A „mindestens" enthalten soll. Hierzu gehören u. a. Angaben über die Vergabestelle, die Art der Vergabe und die im Verfahren zu beachtenden Fristen[463].

In der Bekanntmachung ist gleichfalls mitzuteilen, bei welcher Stelle die Vergabeunterlagen[464] angefordert werden können. Die Vergabeunterlagen bestehen aus einem besonderen Anschreiben gem. § 17 Nr. 3 Abs. 2 VOL/A und den Verdingungsunterlagen[465].

Das Anschreiben wird als eigentliche Aufforderung zur Angebotsabgabe definiert. Es soll alle Angaben enthalten, die außer den Verdingungsunterlagen für

---

459 VÜA Bund ZVgR 1997, 29; VÜA Bund, WuW/E VergAB 1 ff. -Rollbehälter -
460 siehe Teil1, Kap. 7
461 hiermit sind die so genannten „a-Paragraphen" der VOL/A gemeint, siehe Teil 1 Kap 3 B. III 2)
462 siehe Teil 1 Kap. 8 D. 3
463 wegen der Einzelheiten hierzu siehe Daub/Eberstein-Eberstein, § 17 Rdnr. 7 ff
464 auch „Verdingungsunterlagen" genannt, siehe § 17 Nr. 1 Abs. 1 f VOL/A
465 Hertwig, Rdnr. 97

den Entschluß zur Abgabe des Angebots notwendig sind[466]. Bei § 17 Nr. 3 Abs. 2 VOL/A handelt es sich nicht lediglich um eine Ordnungsvorschrift[467]. Werden die Vorgaben der Vorschrift von der Vergabestelle nicht eingehalten, ist dies grundsätzlich dazu geeignet, einen Vergabeverstoß zu begründen, der zur Aufhebung des Verfahrens führen kann.

Grundvoraussetzung dafür ist jedoch gem. § 107 Abs. 2 GWB, daß der betreffende Bieter infolge des Verstoßes gegen die Vorgaben des § 17 Nr. 3 Abs. 2 VOL/A einen Schaden erleiden könnte. Dies setzt voraus, daß durch den Vergabeverstoß die Wettbewerbsposition des Bieters verschlechtert wird[468]. Bei der Vergabe von Versicherungsdienstleistungen ist dies jedenfalls dann nicht der Fall, wenn sich der auf den Verstoß gegen § 17 Nr. 3 Abs. 2 VOL/A berufende Bieter an dem Vergabeverfahren uneingeschränkt beteiligt[469].

Die Verdingungsunterlagen bestehen bei der kartellrechtlichen Vergabe von Versicherungsdienstleistungen in erster Linie aus den an die individuellen Verhältnisse des Auftraggebers angepaßten Versicherungsbedingungen. Dem können je nach der Art des zu versicherten Risikos Zusatzbedingungen und „Besondere Bedingungen und Risikobeschreibungen, BBR" hinzugefügt werden[470].

3) Angebotsphase

Die Angebotsphase umfaßt den Zeitraum, in dem die Bieter ihre Angebote bearbeiten und bei der Vergabestelle einreichen können. Die Angebotsphase ist von zwingend einzuhaltende Fristen geprägt[471].

Gem. § 18 a Nr. 1 Abs. 1 VOL/A beträgt die Angebotsfrist im offenen Verfahren mindestens 52 Tage. Die Frist beginnt mit dem Tag der Absendung der Bekanntmachung. Eine Verkürzung der Frist ist generell möglich. Der öffentliche Auftraggeber kann den Bietern in der öffentlichen Bekanntmachung eine Frist zur Anforderung der Unterlagen setzen. Werden die Verdingungsunterlagen von den Bietern rechtzeitig angefordert, müssen die Unterlagen vom öffent-

466 Hertwig, Rdnr. 100
467 Daub/Eberstein-Eberstein, § 17 Rdnr. 33
468 Byock/Jaeger-Hailbronner, § 107 Rdnr. 679
469 siehe hierzu Beschluß der Vergabekammer Schleswig Holstein vom 20. Dezember 2001, AktenzeichenVK-SH 23/01, S. 9, 10 – unveröffentlicht -, sowie bestätigend Beschluß des Schleswig-Holsteinischen OLG, a.a.O.,Fn. 387, S. 8, 9
470 siehe für den Bereich der Vergabe von Sachversicherungen Schlebusch, Ausschreibung kommunaler Sachversicherungen
471 die europarechtlichen Vorgaben für die Berechnung der Fristen sind in der Richtlinie 97/52, ABl. L 328/1 ff. enthalten

lichen Auftraggeber innerhalb von sechs Tagen nach dem Eingang des Antrags an den betreffenden Bieter übersandt werden.

Welchen Inhalt die Angebote enthalten müssen, ist in § 21 Nr. 1 Abs. 1 VOL/A geregelt. Danach müssen die Angebote insbesondere unterschrieben sein. Änderungen und Ergänzungen sind in den Verdingungsunterlagen grundsätzlich unzulässig. Bieter können von den Vorgaben der Verdingungsunterlagen nur dann abweichen, wenn der öffentliche Auftraggeber Nebenangebote oder Änderungsvorschläge zuläßt.

Gerade im Bereich der Vergabe von Versicherungsdienstleistungen haben Nebenangebote eine große praktische Bedeutung. Wurden Nebenangebote vom öffentlichen Auftraggeber zugelassen, können Bieter sowohl hinsichtlich der gesamten geforderten Leistung als auch nur hinsichtlich einzelner Teile Vertragsvarianten anbieten, an die die Vergabestelle bzw. diejenigen, die die Verdingungsunterlagen entwickelt haben, nicht gedacht haben[472].

Andererseits begründet die Zulassung von Nebenangeboten für den öffentlichen Auftraggeber das Problem, die Angebote auch zutreffend bewerten zu müssen. Liegen Nebenangebote vor, wird die Vergleichbarkeit der einzelnen Angebote häufig in erheblichem Umfang erschwert. Um einschätzen zu können, welche versicherungsrechtlichen bzw. praktischen Konsequenzen aus dem Nebenangebot eines Bieters resultieren, bedarf es weitreichender Erkenntnisse und Erfahrungen im Umgang mit dem betreffenden Versicherungsprodukt. Wie bereits ausgeführt[473], verfügen gerade kleinere und mittlere kommunale Auftraggeber nicht über hinreichend geschultes Personal bei der Bewertung versicherungsrechtlicher Produkte. Es wird deshalb noch näher zu untersuchen sein[474], ob und inwieweit kommunale Auftraggeber dazu berechtigt, sich für die Bewertung derartiger Angebote der Dienste Dritter bedienen zu dürfen.

4) Wertungsphase

Die Wertungsphase beschreibt die Zeitspanne zwischen dem Ablauf der Angebotsfrist und der Erteilung des Zuschlags oder der Aufhebung der Ausschreibung. Innerhalb dieser Zeitspanne muß der Auftraggeber die Angebote prüfen und bewerten[475]. Nach welchen Kriterien die Bewertung zu erfolgen hat, wird in § 25 VOL/A geregelt. Danach setzt sich die Wertungsphase aus mehreren Prü-

---

472 Hertwig, Rdnr. 125
473 siehe Teil 1, Kap. 8 Ziff. A.I.3.
474 siehe Teil 2
475 Hertwig, Rdnr. 126

fungsschritten zusammen, die gemeinhin auch als Wertungsstufen bezeichnet werden[476].

a) Prüfung von Ausschlußtatbeständen

Im ersten Prüfungsschritt ist vom öffentlichen Auftraggeber gem. § 25 Nr. 1 Abs. 1 VOL/A zu überprüfen, ob einzelne Angebote aufgrund inhaltlicher oder formeller Mängel gem. § 25 Nr. 1 und 2 VOL/A von vornherein von der Bewertung auszuschließen sind. Dabei ist zwischen zwingenden Ausschlußgründen gem. § 25 Nr. 1 VOL/A und Ausschlußgründen gem. § 25 Nr. 2 VOL/A zu unterscheiden, bei denen die Entscheidung über den Ausschluß im pflichtgemäßen Ermessen des öffentlichen Auftraggebers steht[477].

Bei den in § 25 Nr. 1 VOL/A genannten Ausschlußgründen handelt es sich um offenkundige Fehler und Mängel, wie beispielsweise eine fehlende Unterschrift unter dem Angebot sowie die Nichteinhaltung der Frist zur Abgabe des Angebots. Derartige schwerwiegende Mängel berechtigen den öffentlichen Auftraggeber gem. § 23 VOL/A u.U. dazu, von einer Prüfung der Angebote insgesamt abzusehen, die Angebote also gar nicht erst in die Wertungsphase einzubeziehen.

b) Eignungsprüfung

Dem schließt sich die Prüfung gem. § 25 Nr. 2 Abs. 1 VOL/A über die persönliche und fachliche Eignung der Bieter an. Danach dürfen bei der Auswahl der Angebote nur Bieter berücksichtigt werden, die für die Erfüllung der vertraglichen Verpflichtungen die erforderliche Sachkunde, Leistungsfähigkeit und Zuverlässigkeit besitzen.

Ein Bewerber besitzt die erforderliche Sachkunde, wenn er Kenntnisse, Erfahrungen und Fertigkeiten besitzt, die für die Ausführung der zu vergebenden Leistungen erforderlich sind[478]. Die Leistungsfähigkeit des Bewerbers ist gegeben, wenn er über das für die fach- und fristgerechte Ausführung des Dienstleistungsauftrags erforderliche Personal verfügt. Darüber hinaus muß er dazu in der Lage sein, die von ihm übernommenen Verbindlichkeiten zu erfüllen[479]. Letztlich macht sich die Zuverlässigkeit des Bieters daran fest, ob er bislang allen ge-

---

476 u. a. Schaller, § 25 Rdnr. 3 ff; Daub/Eberstein-Kulartz, § 25 Rdnr. 8.; Hertwig, Rdnr.126 ff

477 Daub/Eberstein-Kulartz, § 25 Rdnr. 24

478 Bechtold, § 97 GWB Rdnr. 18; Byock/Jaeger-Hailbronner, § 97 Rdnr. 169

479 Byock/Jaeger-Hailbronner, § 97 Rdnr. 170

setzlichen Verpflichtungen nachgekommen ist und auf Grund der Erfüllung früherer Verträge eine einwandfreie Ausführung des Auftrags erwarten läßt[480].

Für die persönliche und fachliche Eignung der Bieter sind die nach § 7 Nr. 4 VOL/A geforderten Nachweise heranzuziehen. Welche Angaben im Einzelfall dazu geeignet sind, den Nachweis der Eignung des Bewerbers zu erbringen, entscheidet der Auftraggeber nach pflichtgemäßem Ermessen unter Beachtung des Grundsatzes der Verhältnismäßigkeit[481]. Der öffentliche Auftraggeber ist deshalb in der Entscheidung frei, ob und in welcher Weise sowie mit welchen Mitteln er sich Kenntnis von der Eignung der Bieter verschaffen will[482].

Im Rahmen der Vergabe von Versicherungsdienstleistungen durch kommunale Auftraggeber erweist es sich als sachgerecht, von den Bietern Nachweise darüber einzufordern, daß sie über hinreichende Erfahrungen bei der Versicherung der in Rede stehenden Risiken verfügen. Zum Nachweis derartiger Erfahrungen werden von den Bietern in erster Linie so genannte Referenzlisten über ausgeführte und vergleichbare Leistungen angefordert. Derartige Listen ermöglichen es der Vergabestelle, bei den dort genannten Auftraggebern über Einzelheiten der Auftragsabwicklung durch den Bieter Erkundigungen einzuholen[483].

Darüberhinaus wird die Eignungsprüfung bei der Vergabe von Versicherungsdienstleistungen durch kommunale Auftraggeber in der Regel an folgenden Vorgaben festgemacht[484]:

- Der Bieter muß zum Betrieb der in Rede stehenden Dienstleistung innerhalb der EU zugelassen sein; Vorlage von Genehmigungsurkunden des BAV für die betreffenden Sparten;
- Vorlage des letzten Geschäftsberichts des Versicherers; Nachweis von Umsatzzahlen in der betreffenden Sparte; Vorlage von Nachweisen über Erfahrungen im Umgang mit den zu versichernden Risiken bzw. Sparten; Angaben über das Rating gem. Standard & Poor;
- Niederlassung oder Schadensbüro in Deutschland; Vorlage eines Nachweises darüber, daß ein deutschsprachiger Ansprechpartner beim Bieter vorhanden ist; Vertragswording in deutscher Sprache; Schadensabwicklung in deutscher

480 Bechtold, § 97 Rdnr. 18

481 Daub/Eberstein-Zdzieblo, § 7 Rdnr. 58

482 VÜA Bund Beschluß vom 15. Juni 1996, Aktenzeichen1 VÜ 7/96; WuW 1997, Seite 282, 285

483 Schaller, § 7 VOL/A Rdnr. 53

484 Auswertung des Vergabe Report Alert-Service - Öffentliche Ausschreibungen im Abo der Outlaw Informationssysteme GmbH in der Zeit vom 01.01.1999 bis zum 02.02.2002

Sprache; Schadensabwicklung nach deutschem Recht, Gerichtsstand in Deutschland;

- Nachweis, daß es sich bei dem Bieter ausschließlich um einen Erstversicherer handelt;
- Sofern es sich bei dem Bieter um einen führenden Versicherer eines Konsortiums handelt: Nachweis des Bestehens eines eigenen Schadensapparats, Übernahme einer Mindestquote als Führungsquote;
- Nachweis darüber, daß ein Schadensregulierer innerhalb kurzer Fristen[485] nach dem Schadenseintritt am Schadensort vorhanden ist; Nachweis von Kenntnissen auf dem Gebiet der Schadensverhütung;

Ein besonderes Problem stellt es in diesem Zusammenhang dar, ob die Eignung der Bieter davon abhängig gemacht werden kann, daß sie eine Zusammenarbeit mit einem vom öffentlichen Auftraggeber beauftragten Makler akzeptieren. Fraglich ist dabei bereits, ob es sich bei diesem Vorbehalt überhaupt um ein Eignungskriterium gem. § 7 Nr. 4 VOL/A handelt. Die weitere Diskussion über diese Fragestellung wird im Zusammenhang mit der Einschaltung des Versicherungsmaklers in das Vergabeverfahren gesondert behandelt[486].

c) Prüfung auf unverhältnismäßige Preise

In der dritten Wertungsstufe sind die Angebotspreise dahingehend zu überprüfen, ob sie im Verhältnis zu der zu erbringenden Leistung ungewöhnlich niedrig sind oder ein offenbares Mißverhältnis von Preis und Leistung gegeben ist[487]. Um derartige Angebote erfassen und erforderlichenfalls von der Bewertung ausschließen zu können, empfiehlt es sich, einen so genannten „Preisspiegel“ mit der Kennzeichnung der niedrigsten und höchsten Preise anzufertigen[488]. Ein offenbares Mißverhältnis von Preis und Leistung liegt dann vor, wenn der Preis augenfällig von Erfahrungswerten bei anderen wettbewerblichen Preisbildungen abweicht[489].

Wann dies betragsmäßig der Fall ist, läßt sich nicht schematisierend darstellen. Insbesondere bei der Vergabe von Versicherungsdienstleistungen stellt sich das Problem, daß die Prämien- und Beitragsentwicklung insbesondere im Sachversicherungsbereich in der Vergangenheit erheblichen Schwankungen unter-

485 i.d.R. 24 Stunden
486 siehe Teil 2
487 § 25 Nr. 2 Abs. 2, 3 VOL/A
488 Schaller, § 25 Rdnr. 14
489 Amtliche Erläuterung zu § 25 Nr. 2 Abs. 3 VOL/A

lag[490]. Auf Grund dieser Erfahrungen wird deshalb bei der Vergabe von Versicherungsdienstleistungen nur in seltenen Ausnahmefällen von einem „offensichtlichen Mißverhältnis" gesprochen werden können.

d) Zuschlagsprüfung

In der vierten Stufe erfolgt die Auswahl desjenigen Bieters, dem der Zuschlag erteilt werden soll. Die gesetzliche Grundlage der Zuschlagerteilung ist in § 97 Abs. 5 GWB enthalten. Danach erfolgt der Zuschlag auf das wirtschaftlichste Angebot. Der Wortlaut dieser Regelung wurde in § 25 Nr. 3 VOL/A übernommen.

Auch wenn das wirtschaftlichste Angebot grundsätzlich unter Berücksichtigung der haushaltsrechtlichen Grundsätze der Wirtschaftlichkeit und Sparsamkeit zu ermitteln ist[491], heißt dies nicht, daß der niedrigste Angebotspreis von allein entscheidender Bedeutung ist[492]. Vielmehr muß vom öffentlichen Auftraggeber das günstigste Verhältnis zwischen der gewünschten Leistung und dem angebotenen Preis ermittelt werden[493]. Allerdings stellt dabei der Preis ein ganz wesentliches Kriterium dar[494].

Gem. § 9 a VOL/A sind öffentliche Auftraggeber bei der europaweiten Vergabe von Versicherungsdienstleistungen nach dem Kartellvergaberecht dazu verpflichtet, in den Verdingungsunterlagen oder der Vergabebekanntmachung alle Zuschlagskriterien anzugeben, deren Verwendung sie vorsehen. Die Angabe der Zuschlagskriterien hat „möglichst"[495] in der Reihenfolge der ihnen zuerkannten Bedeutung zu erfolgen. Diese Regelung ist unmittelbarer Ausfluß des Diskriminierungsverbotes des § 2 Nr. 2 VOL/A[496].

Handelt der öffentliche Auftraggeber der Pflicht zur Bekanntgabe der Zuschlagskriterien zuwider, kann er auch allgemeine Gesichtspunkte der Wirtschaftlichkeit bei der Wertung der Angebote nicht mehr berücksichtigen. In diesem Fall ist der Zuschlag ausschließlich auf das Angebot mit dem niedrigsten Preis zu erteilen[497]. Hat der öffentliche Auftraggeber hingegen bestimmte Krite-

---

490 siehe Teil 1, Kap. 7 Ziff. C.II.
491 Daub/Eberstein-Kulartz, § 25 Rdnr. 42
492 Schaller, § 25 Rdnr. 23
493 Amtliche Erläuterung zu § 8 Nr. 3 Abs. 1 und zu § 25 Nr. 3 VOL/A
494 Bechtold, § 97 GWB Rdnr. 33; Byock/Jaeger-Hailbronner, § 97 Rdnr. 189
495 nicht zwingend
496 Hertwig, Rdnr. 133
497 Schaller, § 25 Rdnr. 27

rien der Zuschlagserteilung vorab angegeben, muß er diese auch tatsächlich in die Bewertung einfließen lassen[498].

Welche Kriterien als Zuschlagkriterien in Betracht kommen, wird beispielhaft in den EG-Vergaberichtlinien[499] erwähnt. Die dortigen Angaben sind jedoch weder zwingend noch abschließend[500].

Bei der Vergabe von Versicherungsdienstleistungen durch kommunale Auftraggeber nach dem Kartellvergaberecht fanden beispielsweise folgende Kriterien bei der Zuschlagerteilung ausdrückliche Erwähnung[501]:

- Vertragspreis: Gesamtpreis inklusive Selbstbehalt, Preissicherheit, finanzielle Sicherheit;
- Vertragsbedingungen: Vertragliche Zusatzleistungen, z. B. Deckungserweiterungen, Beratung bei Sicherheitsfragen, Maßnahmen zur Schadensverhütung, Qualität des Kundendienstes/Service;
- Schadenmanagement: Art und Weise der Schadensabwicklung, Eintritt in die Schadensabwicklung innerhalb einer Frist von 24 Stunden, Schadensabwicklung vor Ort, administrativer Aufwand bei der Schadensabwicklung, Erfahrungen mit Großschäden;
- Vertragsmanagement: Policeabwicklung;

Dem öffentlichen Auftraggeber steht bei der Gewichtung der Zuschlagskriterien ein Beurteilungsspielraum zur Verfügung[502]. Demgemäß kann der unterlegene Bieter die Zuschlagsentscheidung nur in begrenztem Umfang angreifen. Die rechtlichen Grenzen des Beurteilungsspielraums werden beispielsweise durch die Einhaltung des vorgeschriebenen Verfahrens, die zutreffende und vollständige Sachverhaltsermittlung durch den Auftraggeber sowie durch die objektive Gewichtung einzelner Wertungsgesichtspunkte bestimmt[503].

---

498 Daub/Eberstein-Kulartz, § 25 Rdnr. 44

499 In Art. 36 Ziff 1 a Dienstleistungsrichtlinie heißt es hierzu, daß der Auftraggeber bei der Erteilung des Zuschlags auf das wirtschaftlich günstigste Angebot zum Beispiel folgende Kriterien anwenden kann: Qualität, technischer Wert, Ästhetik, Zweckmäßigkeit der Leistung, Kundendienst und technische Hilfe, Lieferzeitpunkt, Ausführungszeitraum oder -frist, Preis

500 Boesen, Vergaberecht, § 97 Rdnr. 149; Daub/Eberstein-Kulartz, § 25 Rdnr. 42

501 Auswertung des Vergabe Report Alert-Service - Öffentliche Ausschreibungen im Abo der Outlaw Informationssysteme GmbH in der Zeit vom 01.01.1999 bis zum 02.02.2002

502 OLG Stuttgart Beschluß vom 13.4.2000 - Verg 3/0 0 -, S. 18; Daub/Eberstein-Kulartz, § 25 Rdnr. 43; Schaller, § 25 Rdnr. 28

503 Schaller, § 25 Rdnr. 28

Schließlich sind die tragenden Gründe der Zuschlagserteilung in den Vergabeakten zu vermerken, § 25 Nr. 5 VOL/A. Diese zwingend einzuhaltende Vorgabe ist ebenfalls Ausfluß des Transparenzgebotes gem. § 97 Abs. 1 GWB[504].

5) Vorabinformation

Mit der Erteilung des Zuschlags endet die Wertungsphase und der ausgeschriebene Auftrag kommt zu Stande. Zuschlag und Vertragsabschluß fallen dabei zusammen[505].

Durch das Zusammenfallen von Zuschlag und Vertragsabschluß wird es den benachteiligten Bietern wesentlich erschwert, wenn nicht gar unmöglich gemacht, ihre Rechtsposition dadurch zu wahren, daß sie die Zuschlagserteilung verhindern[506]. Aus diesem Grunde wird der öffentliche Auftraggeber gem. § 13 VgV dazu verpflichtet, diejenigen Bieter, deren Angebote nicht berücksichtigt werden sollen, über den Namen des Bieters, dessen Angebot angenommen werden soll und über den Grund der vorgesehenen Nichtberücksichtigung ihres Angebotes vorab zu informieren. Die Information an die unterlegenen Bieter muß spätestens 14 Kalendertage vor dem Vertragsabschluß[507] erfolgen. Ein Vertrag darf vor dem Ablauf dieser Frist oder ohne entsprechende Informationserteilung nicht geschlossen werden. Ein dennoch abgeschlossener Vertrag ist nichtig.

Kapitel 9 Rechtsschutz im Vergabeverfahren

A. Einführung

Bis zum Erlaß des Kartellvergaberechts richtete sich die Überprüfung von Vergabeentscheidungen nach dem am 1. Januar 1994 in Kraft getretenen § 57 b des Haushaltsgrundsätzegesetzes i. V. m. der VgV vom 1. März 1994 sowie der Nachprüfungsverordnung. Danach war jeder Bieter dazu berechtigt, im Rahmen eines zweiinstanzlichen Nachprüfungsverfahrens zunächst so genannte Vergabeprüfstellen zur Überprüfung eines Vergabeverfahrens bzw. einer Vergabeentscheidung anzurufen. Die Entscheidung der Vergabeprüfstelle konnte der Über-

504 siehe Teil 1, Kap. 8 Ziff. A.II.
505 Hertwig, Rdnr. 142, 148
506 möglich wäre allenfalls ein Antrag auf Erlaß einer einstweiligen Anordnung, Hertwig, Rdnr 148
507 also der Zuschlagserteilung

prüfung durch so genannte Vergabeüberwachungsausschüsse als zweite Instanz des vergaberechtlichen Nachprüfungsverfahrens vorgelegt werden[508].

Prägendes Merkmal des bisherigen Rechtsschutzes im Vergabeverfahren war, daß Bieter keinen einklagbaren Anspruch auf die Einhaltung bestimmter Regeln des Vergabeverfahrens hatten. Insbesondere die für das Vergabeverfahren maßgeblichen Bestimmungen der VOL/A stellten bis zum Erlaß des Kartellvergaberechts lediglich allgemeine Verwaltungsvorschriften dar, die als interne Dienstanweisungen nur für die öffentlichen Auftraggeber bindende Wirkung entfalteten[509]. Eine Außenwirkung in der Form subjektiver einklagbarer Rechte zu Gunsten der Bieter wurde dadurch jedoch nicht begründet.

Das Fehlen bieterschützender Vorschriften und damit einklagbarer Rechte der Bewerber und Bieter war und ist jedoch mit europarechtlichen Vorgaben nicht vereinbar. Grundlage der europäischen Vorgaben zur Einrichtung subjektiver Rechte zu Gunsten der Bieter ist die Rechtsmittelrichtlinie[510]. Auf der Grundlage der Rechtsmittelrichtlinie wurde vom EuGH[511] stets betont, daß das EG-Vergaberecht bieterschützende Vorschriften und damit einklagbare Rechte der Bewerber und Bieter enthält[512]. Das Fehlen subjektiver Rechte zu Gunsten der Teilnehmer am Vergabeverfahren begründete den wesentlichen Kritikpunkt an der deutschen Umsetzung der europarechtlichen Vorgaben des Vergaberechts[513].

Der deutsche Gesetzgeber entsprach den europäischen Vorgaben bezüglich der Begründung subjektiver Rechte zu Gunsten der Bieter durch § 97 Abs. 7 GWB. Danach haben die am Vergabeverfahren beteiligten Unternehmen einen Anspruch darauf, daß der Auftraggeber die Bestimmungen über das Vergabeverfahren einhält. Im Zusammenspiel mit der Einrichtung eines speziellen vergabe-

---

508 vgl. hierzu Portz, Stadt und Gemeinde 1994, 129; ders., Stadt und Gemeinde 1994, 441

509 Daub/Eberstein-Eberstein, Einführung Rdnr 33

510 Richtlinie 89/665 EWG zur Koordinierung der Rechts- und Verwaltungsvorschriften für die Anwendung des Nachprüfungsverfahrens im Rahmen der Vergabe öffentlicher Liefer- und Bauaufträge, ABl L 395 vom 30.12.1989, S. 33; für den Sektorenbereich wurde die Rechtsmittelrichtlinie durch die Sektorenrechtsmittelrichtlinie ergänzt, Richtlinie 92/13/EWG des Rates vom 25.2.1992 zur Koordinierung der Rechts- und Verwaltungsvorschriften für die Anwendung der Gemeinschaftsvorschriften über die Auftragsvergabe durch Auftraggeber im Bereich der Wasser-, Energie- und Verkehrversorgung sowie im Telekommunikationssektor, ABl L 76 vom 23. März 1992, S. 14

511 EuGH, EuZW 1995, 635; EuGH, EuZW 1998, 660

512 Dreher, NVersZ 1999, 15

513 Bechtold, § 97 Rdnr. 39 mit Verweis auf EuGH, EuZW 1995, 635 ff = NVwZ 1996, 367 ff

rechtlichen Nachprüfungsverfahrens haben Bieter seit dem Erlaß des Kartellvergaberechts hinreichenden Rechtsschutz zur Wahrung ihrer Rechte.

Die Integration des vergaberechtlichen Rechtsschutzes oberhalb der Schwellenwerte in das GWB begründete zahllose Probleme bei der praktischen Handhabung des zur Verfügung gestellten Instrumentariums. Diese Probleme waren und sind in erster Linie darauf zurückzuführen, daß sich das Verfahren im Schnittpunkt zwischen dem Verwaltungsrecht und dem Kartellrecht bewegt. In vielen Details wurde deshalb juristisches Neuland betreten[514].

Jenseits dieser Thematik begründen Nachprüfungsverfahren über die Vergabe von Versicherungsdienstleistungen hingegen keine bzw. nur sehr wenige eigenständige Problemfelder[515]. Der Rechtsschutz im Verfahren über die Vergabe von Versicherungsdienstleistungen unterscheidet sich grundsätzlich nicht von demjenigen, der sich mit der Vergabe anderer Leistungen beschäftigt.

Wie noch näher darzustellen sein wird, fiel bei den bisherigen Verfahren in diesem Bereich allerdings auf, daß elementare versicherungsrechtliche Besonderheiten bei der Entscheidungsfindung teilweise unberücksichtigt blieben. Dies wird darauf zurückzuführen sein, daß sich die Instanzen des Rechtsmittelverfahrens bislang erst in sehr wenigen fällen mit der Vergabe von Versicherungsdienstleistungen zu beschäftigen hatten.

Die nachfolgenden Ausführungen beschränken sich deshalb auf eine Skizzierung der wesentlichen Instrumentarien des kartellrechtlichen Nachprüfungsverfahrens unter besonderer Berücksichtigung der Vergabe von Versicherungsdienstleistungen durch kommunale Auftraggeber.

I. Primärrechtsschutz

Die Formen des durch die §§ 102 ff GWB eingeführten Rechtsschutzes lassen sich in Primär- und Sekundärrechtsschutz unterteilen[516]. Der Primärrechtsschutz verfolgt dabei das Ziel, die Vergabeentscheidung zu beeinflussen oder aufzuheben, während dem Bieter durch den Sekundärrechtsschutz die Möglichkeit eingeräumt wird, Ansprüche auf Schadensersatz geltend zu machen. Der Primärrechtsschutz teilt sich auf in das Nachprüfungsverfahren und das sofortige Beschwerdeverfahren.

---

514 Braun, BB 1999, 1069, 1075

515 vgl. Dreher, NVersZ 1999, 16

516 vgl. hierzu Niebuhr-Portz, § 103 Rdnr. 12; Trautner, BADK-Informationen 2000, 3; Hertwig, Rdnr. 207 ff

1) Nachprüfungsverfahren

a) Instanzen des Nachprüfungsverfahrens

Die Instanzen des vergaberechtlichen Nachprüfungsverfahrens sind in den §§ 102 ff GWB geregelt. Danach können Bieter die Verletzung ihrer Rechte in einem Vergabeverfahren nach dem Kartellvergaberecht dadurch rügen, daß sie ein nicht förmliches Verfahren vor der Vergabeprüfstelle oder ein förmliches Verfahren vor der Vergabekammer durchführen[517].

aa) Vergabeprüfstelle

Das nicht förmliche oder „informelle"[518] Nachprüfungsverfahren wird gem. § 103 Abs. 1 GWB vor so genannten Vergabeprüfstellen durchgeführt. Hierbei handelt es sich um freiwillige Einrichtungen des Bundes und der Länder. Von der Möglichkeit der Einrichtung von Vergabeprüfstellen haben lediglich der Bund und die Bundesländer Bremen, Rheinland-Pfalz und Schleswig Holstein Gebrauch gemacht.

Das Verfahren vor der Vergabeprüfstelle kann sowohl auf Antrag als auch von Amts wegen eingeleitet werden, § 103 Abs. 2 GWB. Das Verfahren vor der Vergabeprüfstelle begründet die Möglichkeit einer Streitschlichtung vor der Einleitung eines förmlichen Nachprüfungsverfahrens. Die Vergabeprüfstelle hat die Aufgabe, ohne formalisiertes Verfahren und ohne nennenswerte Kostenbelastung Streitigkeiten frühzeitig beizulegen[519]. Kommt eine Einigung vor der Vergabeprüfstelle nicht zustande, muß das förmliche Verfahren vor den Vergabekammern durchgeführt werden.

Für die Praxis der Vergabe von Versicherungsdienstleistungen nach dem Kartellvergaberecht hatten Verfahren vor dem Vergabeprüfstelle bislang keine Bedeutung.

bb) Vergabekammern

Das förmliche Verfahren zur Nachprüfung bzw. Überprüfung von Vergabeverfahren und Vergabeentscheidungen wird durch die Anrufung der jeweils zustän-

---

517 Hertwig, Rdnr 217
518 Hertwig, Rdnr. 217
519 Bechtold, § 103 Rdnr. 4

digen Vergabekammer[520] eingeleitet. Die Vergabekammern wurden auf der Grundlage des § 104 GWB errichtet.

Bei den Vergabekammern handelt es sich um eine der Verwaltung zuzurechnende erste Tatsachen- und Rechtsprüfungsinstanz[521]. Gem. § 105 Abs. 2 GWB sind Vergabekammern mit einem Vorsitzenden und zwei Beisitzern besetzt, von denen einer ein ehrenamtlicher Beisitzer ist. Der Vorsitzende oder der hauptamtliche Beisitzer müssen die Befähigung zum Richteramt haben. Im übrigen setzt § 105 Abs. 2 Satz 4 GWB voraus, daß die Beisitzer über gründliche Kenntnisse des Vergabewesens und die ehrenamtlichen Beisitzer über mehrjährige praktische Erfahrung auf dem Gebiet des Vergabewesens verfügen. Die skizzierte Besetzung der Vergabekammern verfolgt das Ziel, eine hohe Qualität der Entscheidungen zu gewährleisten. Die dadurch angestrebte Akzeptanz der Vergabekammern soll die Durchführung von Beschwerdeverfahren vor dem Oberlandesgericht vermeiden[522].

Soweit dieses Ziel für vergaberechtliche Nachprüfungsverfahren insgesamt erreicht worden sein mag, gilt dies für die bisherigen Entscheidungen der Vergabekammern über die Vergabe von Versicherungsdienstleistungen nur mit Einschränkungen. Diese Verfahren[523] hatten sich schwerpunktmäßig mit der Frage zu beschäftigen, ob und inwieweit die Einschaltung von Versicherungsmaklern in das Vergabeverfahren Verstöße gegen das Vergaberecht begründet. Auch wenn die Nachprüfungsverfahren vor den genannten Vergabekammern letztlich zu vertretbaren Ergebnissen gelangten, zeichnen sie sich doch ausnahmslos durch fehlende Kenntnisse über das zu vergebende Produkt der Versicherungsdienstleistung und das Recht des Versicherungsmaklers aus. Eine weitergehende Qualifizierung der Mitglieder der Vergabekammern über die dahingehenden Fragestellungen ist deshalb dringend geboten.

---

520 Vergabekammern wurden für den Bund und in jedem Bundesland eingerichtet. Die jeweiligen landesrechtlichen Vorschriften über die Einrichtung der Vergabekammern sind u. a. abgedruckt in Schaller, S. 687 ff. Die Adressen der Vergabekammern sind abgedruckt in Hertwig, Rdnr. 218

521 Gotzen, VR 2000, 337

522 Niebuhr-Portz, § 105 GWB, Rdnr. 7. Dabei wird die Zielsetzung verfolgt, den Kammern ein so hohes Ansehen zu verschaffen, daß der Weg zum Gericht nur noch in wenigen Ausnahmefällen beschrieben wird

523 Vergabekammer Detmold, Beschluß vom 7. Januar 2000, VK 22-23/99; Vergabekammer Lüneburg, Beschluß vom 8. Januar 2001, 203 VgK 17/00; Vergabekammer Schleswig Holstein, Beschluß vom 20. Dezember 2001, VK-SH 23/01

b) Verfahrensgrundsätze

aa) Antragsbefugnis

Anders als die Vergabeprüfstellen werden Vergabekammern gemäß § 107 Abs. 1 GWB ausschließlich auf Antrag tätig. In § 107 Abs. 2 GWB wird die Antragsbefugnis des Antragstellers geregelt. Danach setzt die Durchführung des Nachprüfungsverfahrens voraus, daß der Antragsteller ein objektives Interesse am Auftrag hat. Darüber hinaus muß er subjektiv geltend machen, in seinen Rechten verletzt worden zu sein[524]. Gem. § 107 Abs. 2 Satz 2 GWB muß der Antragsteller darlegen, daß er durch den behaupteten Verstoß gegen Vergabevorschriften einen Schaden erlitten hat bzw. zu erleiden droht. Letztlich erfordert § 107 Abs. 3 GWB eine vorangegangene Rüge der angeblichen vergaberechtlichen Verstöße gegenüber dem öffentlichen Auftraggeber. Zu den Anforderungen im einzelnen:

aaa) Interesse des Bieters am Auftrag

Im Bereich der Vergabe von Versicherungdienstleistungen wies das OLG Düsseldorf[525] zutreffenderweise darauf hin, daß das „Interesse am Auftrag" nicht das einzige objektive Interesse an der Durchführung des Nachprüfungsverfahrens sein muß. In dem dort zu entscheidenden Fall hatte der Antragsteller zum Ausdruck gebracht, durch die Einleitung des Nachprüfungsverfahrens insoweit „geschäftspolitische Interessen" verfolgt zu haben, als er durch die Anrufung der Vergabekammer habe prüfen lassen wollen, ob und inwieweit die Einschaltung von Versicherungsmaklern bei der Vergabe von Versicherungsdienstleistungen einen Verstoß gegen die Vorschriften des Vergaberechts begründet.

In diesem Zusammenhang stellt sich die weitergehende Frage, ob das für die Durchführung des Vergabeverfahrens erforderliche objektive Interesse am Auftrag dann nicht gegeben ist, wenn sich der Antragsteller darauf beschränkt, einen Verstoß gegen vergaberechtliche Vorschriften zu rügen, ohne durch die Abgabe eines Angebotes an dem Vergabeverfahren teilzunehmen. Bei der Beantwortung dieser Frage wird zwischen zwei Ausgangssituationen zu unterscheiden sein.

Beteiligt sich ein potenzieller Bieter an einem Vergabeverfahren und stellt er vor der Abgabe seines Angebotes fest, daß der öffentliche Auftraggeber gegen Vorschriften des Vergaberechts verstoßen hat, wird die Antragsbefugnis in objektiver Hinsicht nicht dadurch beseitigt, daß der Antragsteller – noch - kein Angebot abgegeben hat. Entscheidend ist vielmehr, daß er durch die Beteiligung am

524 Niebuhr-Portz, § 105, Rdnr. 13
525 a.a.O., Fn 387

Vergabeverfahren sein generelles Interesse an der Zuschlagserteilung bekundete. Gerade schwerwiegende Verstöße gegen vergaberechtliche Vorschriften können bei potenziellen Bietern die Überzeugung begründen, daß das Vergabeverfahren in jedem Fall zu wiederholen sein wird. In derartigen Fällen entspräche es reiner „Förmelei", für die Antragsbefugnis die Abgabe eines Angebotes zu fordern.

Im Übrigen ist es einem Unternehmen im allgemeinen nicht zumutbar, sich unter den von ihm für vergaberechtswidrig gehaltenen Bedingungen durch ein Angebot am Vergabeverfahren zu beteiligen[526]. Aus diesem Grund geht die teilweise vertretene Auffassung[527] zu weit, bei einer unterlassenen Angebotsabgabe im Vergabeverfahren erfordere die Darlegung der Antragsbefugnis den Vortrag des Antragstellers, welches Angebot er in einem fehlerfrei durchgeführten Vergabeverfahren abgegeben hätte.

Anders ist die Situation zu beurteilen, wenn der das Nachprüfungsverfahren betreibende Antragsteller durch sein bisheriges Verhalten noch nicht einmal ansatzweise zu verstehen gab, sich an dem Vergabeverfahren durch die Abgabe eines Angebotes überhaupt beteiligen zu wollen. § 107 GWB ist an der allgemeinen Zielsetzung ausgerichtet, ein Nachprüfungsverfahrens nicht lediglich auf bloße „Anregung" eines betroffenen Unternehmens oder sonstigen Dritten durchzuführen[528]. Mit diesem Grundsatz ist es unvereinbar, eine Antragsbefugnis bereits ohne erkennbaren Willen zur Teilnahme an dem Vergabeverfahren zu bejahen.

bbb) Verletzung von Rechten des Bieters

Darüber hinaus muß der Antragsteller wenigstens behaupten, in seinen Rechten nach § 97 Abs. 7 GWB verletzt worden zu sein[529]. Im Rahmen der Zulässigkeitsprüfung des Antrags auf Durchführung des Nachprüfungsverfahrens kommt es noch nicht darauf an, ob die behaupteten Rechte tatsächlich verletzt worden sind. Erforderlich ist lediglich ein dahingehender schlüssiger Vortrag des Antragstellers[530]. Auch diese Vorschrift ist an der Zielsetzung des Nachprüfungsverfahrens ausgerichtet, Popularklagen von vornherein ausschließen zu wollen[531].

---

526 OLG Düsseldorf, a.a.O., Fn 389, Seite 20; KG, Beschluß vom 5.1.2000 - KartVerg 11/99

527 OLG Koblenz NZBau 2000, 445, 446

528 Bechtold, § 107 GWB Rdnr. 1

529 § 107 Abs. 2 Satz 1 GWB

530 Bechtold, § 107 GWB Rdnr. 1

531 Niebuhr-Portz, § 107 Rdnr. 18

ccc) Drohender Schaden des Bieters

Gem. § 107 Abs. 2 Satz 2 GWB muß der Antragsteller hinreichend darlegen, daß ihm durch die behauptete Verletzung der Vergabevorschriften ein Schaden zu entstehen droht. Der Schaden besteht darin, daß durch den beanstandeten Vergaberechtsverstoß die Aussichten des Antragstellers auf den Zuschlag beeinträchtigt worden sind oder daß die Zuschlagchancen zumindest verschlechtert worden sein können[532].

In den bisherigen Nachprüfungsverfahren, die sich mit der Vergabe von Versicherungsdienstleistungen durch öffentliche Auftraggeber beschäftigten, reichte es für den behaupteten Rechtsverstoß bereits aus, die angewendete Vergabeart oder die Einschaltung eines Versicherungsmaklers in das Vergabeverfahren als vergaberechtswidrig zu rügen[533].

bb) Rügepflicht

Ein Antrag auf Durchführung des Nachprüfungsverfahrens ist von vornherein unzulässig, wenn der Antragsteller den beanstandeten Verstoß gegen Vergabevorschriften bereits im Vergabeverfahren erkannt, diesen sodann jedoch nicht gegenüber dem Auftraggeber unverzüglich gerügt hat, § 107 Abs. 3 GWB.

Die Regelung verfolgt das Ziel, die Vergabekammern nicht mit solchen Streitfällen zu belasten, die den öffentlichen Auftraggeber bei rechtzeitigem Hinweis auf sein Fehlverhalten zum Einlenken bewegt hätten. Durch die Rüge soll dem Auftraggeber also Gelegenheit gegeben werden, den Vergabefehler zu korrigieren[534]. In diesen Fällen läßt sich ein vergaberechtliches Nachprüfungsverfahren von vornherein vermeiden[535]. Darüber hinaus soll es dem Antragsteller nicht möglich sein, einen nur vorgeschobenen Vergabefehler zum Anlaß einer Nachprüfung nehmen zu können, in deren Verlauf – beispielsweise durch Einsicht in die Vergabeakten gem. § 111 GWB - weitere Fehler erst ermittelt werden sollen[536].

Im übrigen wird es jedoch allgemein[537] als zulässig erachtet, einen erst im Nachprüfungsverfahren ermittelten Verstoß gegen Vorschriften des Vergaberechts zum Gegenstand der bereits laufenden Nachprüfung machen zu können. In Fällen dieser Art bedarf es keiner förmlichen oder gar außergerichtlich zu er-

532 BayObLG NZBau 2000, 49, 52; 2000, 481, 485
533 vgl. u.a. OLG Düsseldorf, a.a.O.,Fn. 380, Seite 18,19
534 Amtl. Begründung, BT-Drucks. 13/9340 v. 3. 12.1997, 50
535 Bechtold, § 107 Rdnr. 2; Niebuhr-Portz, § 107 Rdnr. 27
536 Niebuhr-Portz, § 107 Rdnr. 27
537 vgl. OLG Celle, a.a.O., Fn 387, OLG Düsseldorf, a.a.O.,Fn. 387, S. 22

klärenden Rüge gem. § 107 Abs. 3 GWB. Auf derart ermittelte Verstöße kann sich der Antragsteller des Nachprüfungsverfahrens jedoch nur dann berufen, wenn er den erst während des Nachprüfungsverfahrens gerügten Verstoß nicht bereits vor der Einleitung des Nachprüfungsverfahrens ermitteln konnte.

Die Rüge muß unverzüglich nach der positiven Kenntnis des Antragstellers vom Verstoß gegen Vergaberechtsvorschriften erklärt werden. Die Frist beträgt hierfür i. d. R. bis zu zwei Wochen[538]. In besonderen Fällen, z. B. nach fachanwaltlicher Beratung, kann sie sich auf vier bis fünf Werktage reduzieren[539].

cc) Antragsschrift

Das vergaberechtliche Nachprüfungsverfahren wird durch die Einreichung einer Antragsschrift eingeleitet. Die Antragsschrift muß den formellen Voraussetzungen des § 108 GWB entsprechen. Aus der gem. § 108 Abs. 1 Satz 1 GWB gewählten Formulierung, wonach der Antrag „unverzüglich" zu begründen ist, wird zutreffenderweise hergeleitet, daß der Antrag selbst noch keine Begründung enthalten muß. Ist die Begründung noch nicht in der Antragsschrift enthalten, muß sie jedoch unverzüglich nachgereicht werden[540].

Die Antragsschrift muß ein bestimmtes Begehren enthalten. Bei der Vergabe von Versicherungsdienstleistungen ist das Begehren des Antragstellers in der Regel darauf gerichtet, das Vergabeverfahren wegen Verstoßes gegen Vorschriften des Vergaberechts insgesamt aufheben zu lassen[541].

dd) Verfahrensbeteiligte, insbesondere Beigeladene

Gem. § 109 Abs. 1 GWB sind Verfahrensbeteiligte der Antragsteller, der Auftraggeber und jedes Unternehmen, „dessen Interessen durch die Entscheidung schwerwiegend berührt werden und die deswegen von der Vergabekammer beigeladen worden sind."

Im Rahmen der bisherigen Nachprüfungsverfahren über die Vergabe von Versicherungsdienstleistungen stellte sich jeweils die Frage, ob der vom öffentlichen Auftraggeber beauftragte Makler als Beigeladener an dem Vergabeverfahren zu beteiligen war. Die Praxis der Vergabekammern hierzu ist uneinheitlich. Während die Beiladung des Maklers teilweise ohne nähere Begründung als zu-

538 OLG Düsseldorf BauR 1990, 571; Trautner, BADK Informationen 2000, 3; Byock-Jaeger, § 107 Rdnr. 682

539 VergK Hessen, Beschl. v. 11.8.1999 - VK 1/99; Byock-Jaeger, § 107, Rdnr. 682

540 Bechtold, § 108 Rdnr. 1, 2

541 vgl. Vergabekammer Detmold, Vergabekammer Lüneburg und Vergabekammer Schleswig-Holstein, a.a.O., Fn. 526

lässig erachtet wurde[542] lehnten andere Vergabekammern[543] die Beiladung des Versicherungsmaklers ohne nähere Begründung ab.

Bereits die unterschiedliche Handhabung der Beiladung von Versicherungsmaklern in Verfahren über die Vergabe von Versicherungsdienstleistungen gebietet eine kritische Überprüfung der Voraussetzungen des § 109 GWB.

aaa) Ermessensentscheidung

Die Entscheidung über eine Beiladung steht ausschließlich im pflichtgemäßen Ermessen der Vergabekammer[544]. Durch die Beiladung werden zusätzliche Unternehmen in das Nachprüfungsverfahren einbezogen, um ihnen einerseits die Wahrung ihrer Rechte und Interessen zu ermöglichen und andererseits die Bindungswirkung der Entscheidung der Vergabekammer auf sie zu erstrecken[545].

Grundvoraussetzung für eine Beiladung durch die Vergabekammer ist, daß die Interessen des beizuladenden Unternehmens durch die Entscheidung der Vergabekammer schwerwiegend berührt werden. Hierfür können bereits wirtschaftliche Interessen ausreichen[546]. Die Voraussetzung für die Beiladung entspricht damit im wesentlichen § 54 Abs. 2 Nr. 3 GWB. Im übrigen wird ein Interesse eines Unternehmens durch die Entscheidung der Vergabekammer dann schwerwiegend berührt, wenn das Unternehmen zum Antragsteller oder zum öffentlichen Auftraggeber in einer solchen Beziehung steht, daß das Unterliegen des Antragstellers oder des Auftraggebers seine Lage unmittelbar verbessern oder verschlechtern könnte[547].

Fraglich ist zunächst, welche Unternehmen überhaupt als Beilgeladene in Betracht kommen. Die Ausführungen in Byock/Jaeger[548] können dahin zu verstehen sein, daß sich die Möglichkeit einer Beiladung nur auf Bewerber/Bieter erstreckt, die unmittelbar am Vergabeverfahren beteiligt sind. Eine solche Sichtweise ist jedoch zu eng. Aus dem Wortlaut des § 109 GWB läßt sich eine Begrenzung einer Beiladung auf Teilnahmer am Vergabeverfahren nicht entnehmen. Darin ist vielmehr generell die Rede von Unternehmen, deren Interessen durch die Entscheidung der Vergabekammer beeinträchtigten bzw. beein-

542 Beschluß des OLG Rostock, a.a.O.,Fn. 387
543 Vergabekammer Lüneburg und Vergabekammer Kiel, a.a.O, Fn. 526
544 Niebuhr-Portz, § 109 Rdnr 5; Bechtold, § 109 Rdnr. 3
545 Byock/Jaeger-Byock, § 109 Rdnr. 697
546 Bechtold, § 109 Rdnr. 2, § 54 Rdnr. 8; Niebuhr-Portz, § 109 Rdnr. 13
547 Niebuhr-Portz, § 109 Rdnr. 11 mit Verweis auf BVerwG DVBl 1993, 657; OVG Münster NVwZ-RR 1991, 486
548 § 109 Rdnr. 699, 700

flußt werden können. Hierbei kann es sich somit auch um Unternehmen handeln, die keine Bieter oder Bewerber sind.

Demgemäß steht einer Beiladung von Versicherungsmaklern in Nachprüfungsverfahren über die Vergabe von Versicherungsdienstleistungen grundsätzlich nichts im Wege. Auch die weiteren hierfür erforderlichen Voraussetzungen liegen vor. Durch die Entscheidung der Vergabekammer werden die Interessen des Versicherungsmaklers schwerwiegend berührt. Dies gilt jedenfalls dann, wenn Versicherungsmakler - wie in der Vergangenheit häufig praktiziert - das Verfahren zur Vergabe von Versicherungsdienstleistungen im Auftrag der Vergabestelle durchführen oder zumindest begleiten[549].

Der Versicherunsmakler erhält seine Vergütung in der Form einer Courtage[550]. Sie wird mit dem Abschluß des von ihm vermittelten Versicherungsvertrages fällig und ist von dem Versicherer zu entrichten[551].

Im Rahmen der Vergabe von Versicherungsdienstleistungen nach dem Kartellvergaberecht hängt die Vergütung des Versicherungsmaklers durch den den Zuschlag erhaltenden Bieter davon ab, daß seine Beteiligung am Vergabeverfahren von der Vergabekammer als rechtswirksam betrachtet wird[552]. Sofern die Vergabekammer die Beteiligung des Versicherungsmaklers am Vergabeverfahren als vergaberechtswidrig sanktioniert, fällt der Anspruch des Versicherungsmaklers auf Zahlung einer Makler-Courtage insgesamt und ersatzlos weg.

Da der Versicherungsmakler bis zur Durchführung des Nachprüfungsverfahrens bereits erhebliche Vorleistungen erbracht hat, ist die Entscheidung der Vergabekammer über die Rechtswirksamkeit seiner Einschaltung in das Vergabeverfahren für den Versicherungsmakler von weitreichender wirtschaftlicher Bedeutung. Sein Courtageanspruch steht und fällt mit der Entscheidung der Vergabekammer. Um so mehr muß dem Versicherungsmakler die Möglichkeit eingeräumt werden, sich an dem Vergabeverfahren durch seine Zulassung als Beigeladener aktiv beteiligen zu können.

bbb) Pflicht zur Beiladung

Unabhängig von der grundsätzlichen Ermessensentscheidung der Vergabekammer über die Beiladung eines Unternehmens besteht eine dahingehende Pflicht, wenn der Verfahrensausgang für den Betroffenen rechtsgestaltende Wirkung

---

549 siehe OLG Rostock, OLG Düsseldorf, OLG Celle, OLG Schlweswig, jeweils a.a.O., Fn. 387

550 siehe Teil 2, Kap. 5 E.

551 siehe Teil 2, Kap. 5 E.I.

552 dies wurde allerdings in allen bisherigen Verfahren, die sich mit der Problematik beschäftigten, ausnahmslos abgelehnt

hat[553]. Eine Rechtsgestaltung liegt immer dann vor, wenn die Entscheidung der Vergabekammer zu einer unmittelbaren Rechtsänderung führt.

Nach diesen Grundsätzen kann die Vergabekammer sogar zu einer Beiladung des Versicherungsmaklers verpflichtet sein. Die Entscheidung der Vergabekammer, das Vergabeverfahren wegen der Einschaltung eines Versicherungsmaklers aufzuheben, übt jedenfalls dann unmittelbaren Einfluß auf den Vergütungsanspruch des Versicherungsmaklers aus, wenn wenigstens die Möglichkeit besteht, daß die Vergabekammer die Einschaltung des Versicherungsmaklers als vergaberechtswidrig sanktioniert. Wie bereits ausgeführt, war dies bei sämtlichen bisherigen Vergabeverfahren, die sich mit dieser Fragestellung zu beschäftigen hatten, der Fall. Danach übt die Entscheidung der Vergabekammer konkreten Einfluß auf die Zuschlagserteilung durch den öffentlichen Auftraggeber unter Vermittlung des Versicherungsmaklers aus. Der Zuschlag stellt seinerseits die Grundvoraussetzung für das Entstehen des Courtage-Anspruchs des Versicherungsmaklers dar[554]. Die Aufhebung eines Vergabeverfahrens wegen der Beteiligung eines Versicherungsmaklers hat deshalb rechtsgestaltende Wirkung für den Courtage-Anspruch des Versicherungsmaklers.

Im Ergebnis ist die Vergabekammer deshalb in der Regel sogar dazu verpflichtet, in einem Verfahren über die Vergabe von Versicherungsdienstleistungen unter Beteiligung eines Versicherungsmaklers diesen gem. § 109 GWB beizuladen.

c) Gang des Verfahrens

Die Vergabekammer stellt die Antragsschrift nach ihrem Eingang unverzüglich dem öffentlichen Auftraggeber zu. Gleichzeitig fordert die Vergabekammer den öffentlichen Auftraggeber dazu auf, die Vergabeakten[555] unverzüglich an die Vergabekammer zu übersenden und innerhalb einer in der Regel sehr kurz bemessenen Frist auf die Antragsschrift bzw. den Begründungsschriftsatz zu erwidern.

Gem. § 111 Abs. 1 GWB ist jeder am Verfahren Beteiligte dazu berechtigt, die Vergabeakten bei der Vergabekammer einzusehen. Soweit die Vergabeakten Bestandteile enthalten, die der Geheimhaltung unterliegen, sind diese vom öffentlichen Auftraggeber entsprechend kenntlich zu machen, damit sie dem Antragsteller nicht zur Einsichtnahme zur Verfügung gestellt werden. Bei der Ver-

---

553 so genannte notwendige Beiladung, Niebuhr-Portz, § 109 Rdnr. 5; Immenga/Mestmäcker/Schmidt, § 51 a.F. Rdnr. 45 f

554 siehe Teil 2, Kap. 5 Ziff. E.I.

555 siehe Teil 1, Kap. 8 Ziff. A.II.

gabe von Versicherungsdienstleistungen unterliegen in jedem Fall die Angebote der Bieter der Geheimhaltung.

Auch wenn im Verfahren vor der Vergabekammer der Antragsgrundsatz gilt, ist das Verfahren im übrigen vom Untersuchungsgrundsatz gem. § 110 GWB geprägt. Danach ist die Vergabekammer dazu verpflichtet, den Sachverhalt von Amts wegen zu erforschen. Hinsichtlich des Verfahrensgangs gelten die §§ 57 bis 59 Abs. 1 bis 5 GWB entsprechend. Die Vergabekammer ist deshalb grundsätzlich dazu berechtigt, zur Ermittlung des entscheidungserheblichen Sachverhalts die dafür erforderlichen Beweise zu erheben. Für die Beweiserhebung gelten gem. § 57 Abs. 2 GWB diverse Vorschriften der Zivilprozeßordnung entsprechend.

Der Entscheidung der Vergabekammer über den Nachprüfungsantrag geht grundsätzlich eine mündlichen Verhandlung voraus, § 112 GWB. Gem. § 114 GWB entscheidet die Vergabekammer im übrigen darüber, ob der Antragsteller in seinen Rechten verletzt ist und trifft die geeigneten Maßnahmen, um eine Rechtsverletzung zu beseitigen sowie eine Schädigung der betroffenen Interessen zu verhindern. Die Vergabekammer ist an die Anträge der Parteien nicht gebunden und kann auch unabhängig davon auf die Rechtmäßigkeit des Vergabeverfahrens einwirken. Die Entscheidung der Vergabekammer ergeht durch Beschluß[556], der gem. § 114 Abs. 3 GWB einen Verwaltungsakt darstellt.

d) Beschleunigungsgrundsatz, Suspensiveffekt

Das vergaberechtliche Nachprüfungsverfahren ist entscheidend vom Beschleunigungsgrundsatz geprägt. Gem. § 113 Abs. 1 GWB verpflichtet der Beschleunigungsgrundsatz die Vergabekammer dazu, über den Antrag auf Durchführung des Nachprüfungsverfahrens innerhalb einer Frist von fünf Wochen ab dessen Eingang zu entscheiden. Diese Frist kann nur in Ausnahmefällen verlängert werden. Wird die Entscheidung nicht innerhalb der vorgegebenen Frist getroffen, gilt dies gem. § 116 Abs. 2.HS GWB als Ablehnung des Antrags. In diesem Fall ist der Antragsteller dazu berechtigt, das sofortige Beschwerdeverfahren[557] einzuleiten.

Für das Vergabeverfahren von besonderer Bedeutung ist § 115 Abs. 1 GWB. Nach Maßgabe dieser Vorschrift darf der öffentliche Auftraggeber nach der Zustellung eines Antrags auf Nachprüfung bis zur Entscheidung der Vergabekammer über den Nachprüfungsantrag und den Ablauf der Beschwerdefrist den Zuschlag nicht erteilen. Danach verursacht grundsätzlich jeder Antrag auf Durch-

---

556 Bechtold, § 114 Rdnr. 4
557 siehe nachfolgende Ziff. 2)

führung eines Nachprüfungsverfahrens eine Unterbrechung des Vergabeverfahrens. Eine Ausnahme hiervon gilt nur in den seltenen Fällen, in denen der Antrag auf Durchführung des Nachprüfungsverfahrens offensichtlich unzulässig oder unbegründet ist[558].

Das Verbot der Zuschlagserteilung kann nur durch einen Antrag gem. § 115 Abs. 2 GWB durchbrochen werden. Danach kann die Vergabekammer dem öffentlichen Auftraggeber auf dessen Antrag gestatten, den Zuschlag nach Ablauf von zwei Wochen seit Bekanntgabe dieser Entscheidung zu erteilen. Voraussetzung dafür ist, daß eine Interessenabwägung zwischen den möglicherweise geschädigten Interessen und dem Interesse der Allgemeinheit an einem raschen Abschluß des Vergabeverfahrens zu dem Ergebnis führt, daß der Zuschlagserteilung der Vorrang einzuräumen ist. Das generelle Interesse der Allgemeinheit an einem raschen Abschluß von Vergabeverfahren reicht für sich genommen nicht aus. Vielmehr sind besondere Gründe erforderlich. Als Beispiele hierfür werden die Verhinderung von Investitionsblockaden, der Schutz der Volksgesundheit, die Aufrechterhaltung und Funktionsfähigkeit des Verkehrs und die Versorgung der Bevölkerung genannt[559].

Der mit der Einleitung des Nachprüfungsverfahrens verbundene Suspensiveffekt ist bei der Vergabe von Versicherungsdienstleistungen von weitreichender Bedeutung. Versicherungsverträge zeichnen sich regelmäßig dadurch aus, daß sie unbefristet abgeschlossen werden. Die Versicherungsverträge verlängern sich in diesen Fällen automatisch jeweils um ein Jahr, wenn keine der Vertragsparteien von ihrem Recht Gebrauch macht, den Vertrag rechtzeitig vor dem Ablauf des Versicherungsjahres zu kündigen[560]. Die Frist zur Kündigung von Versicherungsverträgen beträgt in aller Regel drei Monate.

Diese Konstellation kann in der Praxis dazu führen, daß ein Versicherungsvertrag eines kommunalen Auftraggebers durch seinen Versicherer rechtswirksam drei Monate vor dessen Ablauf gekündigt wird. Selbst ohne ein Nachprüfungsverfahren wird sich der erforderliche Versicherungsschutz in der verbleibenden Zeit kaum beschaffen lassen, sofern der entsprechende Bedarf nach den Vorschriften des Kartellvergaberechts europaweit ausgeschrieben werden muß. Um so weniger reicht die bis zum Ablauf des Versicherungsvertrages zur Verfügung stehende Zeitspanne aus, wenn einer der am Vergabeverfahren beteiligten Bieter ein vergaberechtliches Nachprüfungsverfahren anstrengt.

Aus den aufgezeigten Gründen befinden sich öffentliche Versicherer bei der Vergabe von Versicherungsdienstleistungen häufig in zeitlicher Bedrängnis.

558 Bechtold, § 115 Rdnr. 1
559 Niebuhr-Kus, § 115 Rdnr. 35
560 siehe Teil 1, Kap. 6 Ziff. A.II.3)

Diese Bedrängnis wird sich jedoch in aller Regel nicht durch eine Gestattung der Zuschlagserteilung gem. § 115 Abs. 2 GWB beseitigen lassen. Die hierfür erforderliche Interessenabwägung wird nur in seltenen Ausnahmefällen dazu führen, daß die Interessen der Allgemeinheit an dem Abschluß eines Versicherungsvertrages höher zu bewerten sind, als die schützenswerten Interessen des das Nachprüfungsverfahren durchführenden Bieters. Die hierzu beispielshaft genannten Interessen der Allgemeinheit[561] gehen über die zwar wünschenswerte, jedoch nicht zwingend erforderliche Absicherung von Risiken durch Versicherungsschutz erheblich hinaus.

Die aus einer unvorhergesehenen Kündigung von Versicherungsverträgen resultierenden Probleme für den öffentlichen Auftraggeber lassen sich in erster Linie dadurch beseitigen, daß er bereits bei Abschluß des Versicherungsvertrages geeignete Vorsorgemaßnahmen trifft, die ihm die nötige Zeit für die Beschaffung neuen Versicherungsschutzes verschafft. Hierzu bietet es sich in erster Linie an, mit dem Vertragspartner eine Nachhaftungszeit bis zum Abschluß des nachfolgenden Versicherungsvertrages zu vereinbaren. Darüber hinaus kann das Risiko durch die Vereinbarung vorläufiger Deckungszusagen für einen Übergangszeitraum beseitigt werden. Derartige Vereinbarungen tragen jedoch das Risiko in sich, wegen des damit verbundenen hohen Verwaltungsaufwandes unverhältnismäßig hohe Versicherungsprämien entrichten zu müssen. Die vertragliche Vereinbarung über eine Nachhaftungszeit verdient deshalb den Vorzug.

2) Beschwerdeverfahren

Gegen die Entscheidung der Vergabekammer ist das Rechtsmittel der sofortigen Beschwerde zulässig. Die sofortige Beschwerde ist innerhalb einer Notfrist von zwei Wochen seit der Zustellung der Entscheidung der Vergabekammer[562] beim zuständigen Oberlandesgericht einzureichen[563].

Ausdruck des Beschleunigungsgrundsatzes ist es, daß die sofortige Beschwerde[564] mit ihrer Einlegung zu begründen ist[565]. Für die Einlegung der sofortigen Beschwerde besteht Anwaltszwang. Die Beschwerdeschrift muß deshalb durch einen bei einem deutschen Gericht zugelassenen Rechtsanwalt unterzeich-

561 siehe oben
562 § 117 Abs. 1 GWB
563 die Adressen der zuständigen Oberlandesgerichte des Bundes und der Länder befinden sich u. a. in Niebuhr-Hunger, § 116 Rdnr. 11
564 anders als der Antrag auf Durchführung eines Nachprüfungsverfahrens
565 § 117 Abs. 2

net werden. Eine Zulassung beim zuständigen Oberlandesgericht ist somit nicht erforderlich[566].

Die sofortige Beschwerde hat gem. § 118 Abs. 1 GWB ebenso wie die Einreichung der Antragsschrift bei der Vergabekammer hinsichtlich der Zuschlagserteilung aufschiebende Wirkung. Von besonderer praktischer Bedeutung ist in diesem Zusammenhang § 117 Abs. 4 GWB. Danach wird die Ausfertigung der Beschwerdeschrift anders als beispielsweise im Verfahren vor Zivilgerichten nicht vom Gericht an die gegnerische Partei zugestellt. Vielmehr ist der Beschwerdeführer für eine entsprechende Übermittlung verantwortlich.

Diese Regelung birgt im Fall der Nichtbeachtung durch den Beschwerdeführer erhebliche praktische Risiken. Wie bereits ausgeführt[567], darf der öffentliche Auftraggeber den Zuschlag gem. § 115 Abs. 1 GWB nicht vor der Entscheidung der Vergabekammer und vor dem Ablauf der Beschwerdefrist gem. § 117 Abs. 1 GWB erteilen. Fraglich ist, ob der Zuschlag erteilt werden darf, wenn dem öffentlichen Auftraggeber die Beschwerdeschrift vom Beschwerdeführer nicht innerhalb angemessener Fristen nach dem Ablauf der Beschwerdefrist zugestellt wird. In diesem Fall liegt eine Entscheidung der Vergabekammer vor. Da der öffentliche Auftraggeber jedoch keine Kenntnis von der rechtzeitigen Einlegung der sofortigen Beschwerde hat, könnte sein Interesse an der Zuschlagserteilung schützenswert sein. Das OLG Naumburg[568] vertritt deshalb die Auffassung, daß in derartigen Konstellationen eine wirksame Zuschlagserteilung erfolgen kann.

Diese Sichtweise vermag jedoch nicht zu überzeugen. Die Wirkungen des Zuschlagsverbots werden nach Maßgabe der gesetzlichen Bestimmungen allein durch die rechtzeitige Einreichung der Beschwerdeschrift beim zuständigen Vergabesenat herbeigeführt. Allein die dadurch verursachte objektive Rechtslage ist für den Suspensiveffekt maßgeblich. Die Gegenansicht stellt demgegenüber auf das subjektive Moment der Kenntnisnahme des öffentlichen Auftraggebers von der sofortigen Beschwerde ab. Würde für die Aufrechterhaltung des Suspensiveffekts auf das subjektive Moment der Kenntnisnahme des öffentlichen Auftraggebers abgestellt, wäre dies hingegen mit erheblichen Unsicherheiten verbunden.

Auch mit dem Sinn und Zweck der Vorschriften der §§ 115, 118 GWB, den derzeitigen Zustand bis zur endgültigen Entscheidung über den Nachprüfungsantrag unverändert zu belassen, ist dies hingegen nicht vereinbar[569]. Zwar ist es

---

566 ungeachtet dessen fiel der Grundsatz der Singularzulassung gem. § 78 ZPO mit Wirkung zum 01. Juli 2002 weg

567 siehe Teil 1, Kap. 9 Ziff. A.I.1)d)

568 Beschluß vom 2. Juni 1999 - 10 Verg 1/99, NZBau 2000, 96

569 ebenso Niebuhr-Hunger, § 118 Rdnr. 2; Byock/Jaeger-Jaeger, § 117 Rdnr. 800; Boesen, Vergaberecht, § 117 Rdnr. 49

dem Beschwerdeführer durch die vom Gesetzgeber gewählte Konstruktion möglich, etwaige Unsicherheiten über die Fortsetzung des Rechtsmittelverfahrens durch eine unverzügliche Zustellung der Beschwerdeschrift an den Beschwerdegegner zu beseitigen. Der Schutz des Beschwerdegegners wird von den §§ 115, 118 GWB nur sekundär verfolgt. Vorrang genießt vielmehr die Frage, ob das Vertrauen des Beschwerdegegners auf eine etwaige Beendigung des Suspensiveffekts überhaupt schützenswert ist. Dies muß jedoch verneint werden. Schließlich ist es dem Beschwerdegegner ohne weiteres möglich, durch eine Rückfrage beim Beschwerdegericht in Erfahrung zu bringen, ob innerhalb der Beschwerdefrist Rechtsmittel gegen die Entscheidung der Vergabekammer eingelegt wurde oder nicht. Die Situation ist deshalb nicht anders zu beurteilen als im Zivilprozeß. Auch dort läßt sich die Unsicherheit über die Fortsetzung des Instanzenzuges durch die Einholung eines Notfristattests beseitigen. Ohne den Nachweis eines Notfristattests wird ein Rechtskraftvermerk nicht erteilt, der seinerseits häufig unabdingbare Voraussetzung für Zwangsvollstreckungsmaßnahmen ist. Zusammenfassend wird allein diese Sichtweise der Zielsetzung des Suspensiveffekts gerecht, den Bieter bis zur endgültigen Entscheidung über die Rechtmäßigkeit der öffentlichen Vergabe vor einer vorschnellen Erteilung des Zuschlags zu schützen.

Das Beschwerdeverfahren vor dem Vergabesenat des zuständigen Oberlandesgerichts ist ebenso wie das Verfahren vor der Vergabekammer vom Amtsermittlungsgrundsatz geprägt. Das Gericht entscheidet ebenso wie die Vergabekammer in aller Regel auf der Grundlage einer mündlichen Verhandlung und durch Beschluß. Mit der Vorlage des Beschlusses ist die Entscheidung über das Nachprüfungsverfahren rechtskräftig.

3) Vorlageverfahren

Nach Maßgabe der vorangegangenen Ausführungen ist der Instanzenzug des vergaberechtlichen Nachprüfungsverfahrens mit dem rechtskräftigen Beschluß des Vergabesenates abgeschlossen. Ein weiteres Rechtsmittel zum BGH besteht grundsätzlich nicht.

Dennoch besteht in Ausnahmefällen die Möglichkeit, eine Entscheidung des BGH herbeizuführen. Die Einzelheiten hierzu regelt § 124 Abs. 2 GWB. Danach legt ein Oberlandesgericht die Sache dem Bundesgerichtshof vor, sofern es von einer Entscheidung eines anderen Oberlandesgerichts oder des Bundesgerichtshofs abweichen will. In diesem Fall entscheidet der Bundesgerichtshof an Stelle des Oberlandesgerichts.

Eine höchstrichterliche Entscheidung des BGH liegt bezüglich der Vergabe von Versicherungsdienstleistungen bislang noch nicht vor.

Bereits vor dem Erlaß des Kartellvergaberechts konnten übergangene Bieter gegenüber dem öffentlichen Auftraggeber Ansprüche auf Schadenersatz geltend machen[570]. Die dafür zentrale Anspruchsgrundlage war und ist die Haftung aus vorvertraglichem Verschulden, culpa in contrahendo[571].

Durch den Erlaß des Kartellvergaberechts trat mit § 126 GWB eine weitere Anspruchsgrundlage auf Ausgleich von Schadensersatz zugunsten des Bieters hinzu. Danach kann ein Bieter vom öffentlichen Auftraggeber Schadenersatz verlangen, wenn der öffentliche Auftraggeber gegen eine den Schutz von Bietern bezweckende Vorschrift verstoßen hat und der Bieter ohne diesen Verstoß bei der Wertung der Angebote eine echte Chance gehabt hätte, den Zuschlag zu erhalten[572].

Der Anspruch auf Schadenersatz ist allein auf den Ersatz des „Vertrauensschadens" gerichtet. Damit sind allein die Kosten der Vorbereitung des Angebotes und der Teilnahme am Vergabeverfahren gemeint. Das positive Interesse, daß das Ziel verfolgt, den Anspruchsteller so zu stellen, als ob er den Zuschlag erhalten hätte, wird dadurch also nicht geschützt[573].

Wichtig ist, daß gem. § 126 Satz 2 GWB weitergehende Ansprüche auf Schadensersatz von der Regelung unberührt bleiben[574]. Der benachteiligte Bieter kann deshalb einen weitergehenden Anspruch auf Ausgleich des entgangenen Gewinns als Bestandteil des positiven Interesses weiterhin geltend machen[575]. Hierfür kommt wegen der anerkannten bieterschützenden Zielrichtung der Vergabevorschriften ein deliktischer Schadensersatzanspruch gem. § 823 Abs. 2 BGB in Betracht. Ein solcher wurde bislang von den Zivilgerichten wegen der mangelnden Außenwirkung des Vergaberechts stets abgelehnt[576]

Verfahren über die Geltendmachung von Schadensersatz bei der Vergabe von Versicherungsdienstleistungen durch kommunale Auftraggeber wurden bislang nicht bekannt.

570 siehe hierzu u. a. Trautner, BADK-Informationen 2000, 8 ff; Hertwig, Rdnr. 267

571 Schnorbus, BauR 1999, 105

572 Grundlage dieser Vorschrift ist Art. 2 Abs. 1 c der Rechtsmittelrichtlinie

573 Bechtold, § 126 Rdnr. 3

574 Aufgrund der bieterschützenden Zielrichtung der Vergabevorschriften können im Verletzungsfall Schadensersatzansprüche auch auf § 823 II BGB gestützt werden, so Pache DVBl 2001, 1781, 1786 (Fn 56). Siehe hierzu Prieß EuZW 1999, 198; Boesen EuZW 1998, 557

575 vgl. hierzu BGH NJW 1993, 520 ff; BGH NJW 1998, 3636 ff; BGH NJW 1999, 3640 ff

576 Pache, DVBl 2001, 1781, 1786

III. Bisherige Vergabeverfahren über Versicherungsdienstleistungen

Obwohl das Vergaberechtsänderungsgesetz den bisherigen Rechtsschutz der Bieter erheblich erweiterte und dadurch elementar verbesserte, fand und findet eine Überprüfung der Verfahren zur Vergabe von Versicherungsdienstleistungen nicht statt. Wie in Teil 2 noch näher dargelegt werden wird, beschränkten sich die bisherigen Rechtsmittelverfahren im Bereich der Vergabe von Versicherungsdienstleistungen allein auf die Frage, ob und inwieweit die Auftraggeber dazu berechtigt waren bzw. sind, sich im Rahmen des Vergabeverfahrens der Hilfe von Versicherungsmaklern zu bedienen.

Die bislang nur sehr wenigen Verfahren lassen sich nicht allein damit erklären, daß die Zahl der öffentlichen Ausschreibungen von Versicherungsdienstleistungen ähnlich gering ausfällt. Schließlich stellt es den weitestgehendsten Verstoß gegen das Kartellvergaberecht dar, ein Vergabeverfahren erst gar nicht durchzuführen. Verzichtet ein öffentlicher Auftraggeber insgesamt auf eine öffentliche Vergabe, obwohl die hierfür erforderlichen Voraussetzungen erfüllt werden, kann ein potentieller Bieter diesen Umstand zum Anlaß eines anschließenden Rechtsmittelverfahrens nehmen. Soweit bekannt, wurde ein derartiger Verstoß bislang jedoch noch kein einziges Mal gerügt, geschweige denn zum Gegenstand eines Nachprüfungsverfahrens gemacht.

Die Gründe für dieses offensichtliche „Stillhalteabkommen" zwischen öffentlichen Auftraggebern und potentiellen Bietern liegen im Verborgenen. Jedenfalls gilt der Grundsatz „Wo kein Kläger, da kein Richter".

B. Zwischenergebnis

Der im Zuge des Vergaberechtsänderungsgesetzes neu eingeführte Primärschutz vermittelt erstmals subjektive Rechte der am Vergabeverfahren beteiligten Bieter auf die Einhaltung des Vergabeverfahrens durch öffentliche Auftraggeber. Das Verfahren ist streng formalistisch und im Interesse einer maximalen Beschleunigung an kurze Fristen gebunden.

Kapitel 10 Ergebnis Teil 1

Durch den Erlaß des Kartellvergaberechts hat sich die Vergabe von Versicherungsdienstleistungen durch kommunale Auftraggeber grundlegend verändert. Während sich die Vergabe von Versicherungsdienstleistungen bis zum 1. Januar 1999 allein nach den haushaltsrechtlichen Grundsätzen der Sparsamkeit richtete, vermittelt das Kartellvergaberecht jedem Bieter die Möglichkeit, gegenüber dem öffentlichen Auftraggeber einen transparenten und diskriminierungsfreien Wettbewerb zu erzwingen. Dadurch wird der milliardenschwere Markt der Versicherung kommunaler Risiken für sämtliche Anbieter versicherungsrechtlicher Produkte – wenigstens theoretisch - geöffnet.

Die Vorschriften über die kartellrechtliche Vergabe von Versicherungsdienstleistungen finden auch auf die von Kommunalversicherern angebotenen Versicherungsdienstleistungen, nicht jedoch auf diejenigen der kommunalen Schadensausgleiche Anwendung. Ein Bedarf für eine öffentliche Ausschreibung besteht nicht nur bei der Begründung neuer Risiken, sondern auch bei wesentlichen inhaltlichen Änderungen alter, also bereits bestehender und versicherter Risiken. Bei der Berechnung der Schwellenwerte bleibt die Versicherungssteuer unberücksichtigt. Im übrigen muß bei der Absicherung von Risiken stets das Umgehungsverbot beachtet werden. Die öffentliche Vergabe von Versicherungsdienstleistungen erfolgt in aller Regel im offenen Verfahren. Der Anwendungsbereich des Verhandlungsverfahrens beschränkt sich auf Ausnahmefälle.

Die durch das Kartellvergaberecht eröffneten Chancen und Möglichkeiten für eine Öffnung des Marktes zur Absicherung kommunaler Risiken ließen sich jedoch bislang nicht bzw. nur unzureichend in die Tat umsetzen. Tatsache ist, daß den mehr als 14.500 bundesdeutschen Kommunen auch nach dem Erlaß des Kartellvergaberechts nur eine verschwindend geringe Anzahl europaweit durchgeführter Verfahren zur Vergabe von Versicherungsdienstleistungen durch kommunale Auftraggeber gegenübersteht[577]. Es stellt deshalb eine Tatsache dar, daß die weit überwiegende Anzahl von Versicherungsverträgen unter Umgehung des Kartellvergaberechts, also nach „Gutsherrenart" und deshalb rechtswidrig vergeben werden.

Über die Ursache für diesen unhaltbaren Zustand können nur Mutmaßungen angestellt werden. Daß die kommunalen Auftraggeber nicht über hinreichende Kenntnisse über die aus dem Kartellvergaberecht resultierenden Pflichten verfügen, wird hierfür mit einiger Sicherheit nicht verantwortlich zeichnen. Seit dem Erlaß des Kartellvergaberechts beschäftigten sich zahlreiche Veröffentlichungen gerade im Bereich kommunaler Periodika mit dieser Thematik. Die zuständigen Stellen der öffentlichen Auftraggeber sind sich deshalb mit einiger Sicherheit ihrer Pflicht zur europaweiten Vergabe von Versicherungsdienstleistungen bewußt.

Daß sie dennoch die Durchführung entsprechender Verfahren scheuen, wird zunächst auf das der kartellrechtlichen öffentlichen Vergabe zu Grunde liegende komplizierte Regelwerk zurückzuführen sein. Bereits vor dem Erlaß des Kartell-

577 siehe Teil 1, Kap. 8 Ziff. A.1.

vergaberechts mußten öffentliche Aufträge unter einer Vielzahl von Angeboten das wirtschaftlichste ermitteln und dabei die zwingenden Vorgaben des Haushaltsrechts beachten. Das relativ übersichtliche haushaltsrechtliche Regelwerk wurde durch den Erlaß des Kartellvergaberechts jedoch erheblich verkompliziert. Allein das so genannte „Kaskadenprinzip“[578] der aufeinander aufbauenden und miteinander verzahnten Regelungswerke des GWB, der VgV und der VOL/A bereiten selbst den mit herkömmlicher Gesetzesmaterie vertrauten Juristen erhebliche Probleme.

Selbst wenn sich dem öffentlichen Auftraggeber die Systematik des „Kaskadenprinzips“ erschließt, wird er durch das darin enthaltene komplizierte System zur Vergabe öffentlicher Aufträge davon abgehalten, sich dieses eigentlich zwingend vorgeschriebenen Instrumentariums zu bedienen. Das Verfahren zur europaweiten Vergabe öffentlicher Aufträge ist geprägt von einer Vielzahl von Regeln und Formalitäten. Häufig reichen bereits verhältnismäßig geringfügige Verstöße gegen die Vorschriften des Kartellvergaberechts aus, um das gesamte Verfahren als vergaberechtswidrig zu Fall zu bringen.

Bemüht sich ein öffentlicher Auftraggeber darum, seinen vergaberechtlichen Pflichten zu entsprechen, begründet er dadurch das erhebliche Risiko, „Opfer“ eines von einem Bieter angestrengten vergaberechtlichen Nachprüfungsverfahrens zu werden. Annähernd jedes Nachprüfungsverfahren bringt den öffentlichen Auftraggeber in erhebliche zeitliche Bedrängnis. Dies gilt insbesondere im Bereich der Vergabe von Versicherungsdienstleistungen. Wie bereits ausgeführt[579], ist der öffentliche Auftraggeber bei der Vergabe von Versicherungsdienstleistungen regelmäßig darauf angewiesen, sich innerhalb kurzer zeitlicher Fristen neuen Versicherungsschutz zu beschaffen. Führt ein vergaberechtliches Nachprüfungsverfahren zur Aufhebung des Vergabeverfahrens, wird die verbleibende Zeit in aller Regel nicht ausreichen, um das Verfahren vor dem Ablauf des Versicherungsvertrages zu wiederholen. Dem öffentlichen Auftraggeber drohen deshalb Zeiträume ohne hinreichenden Versicherungsschutz.

Neben den nur schwer einzuhaltenden vergaberechtlichen Vorschriften tritt im Bereich der Vergabe von Versicherungsdienstleistungen das weitere Problem hinzu, daß kommunale Auftraggeber häufig nicht über hinreichende Kenntnisse über das zu beschaffende Produkt verfügen. Der Markt für versicherungsrechtliche Produkte zur Absicherung kommunaler Risiken zeichnet sich durch eine weitaus geringere Transparenz als bei „herkömmlichen“ Produkten wie beispielsweise Verbrauchsgütern aus. Benötigt ein kommunaler Auftraggeber beispielsweise neuen Versicherungsschutz für Sachrisiken in seinen Krankenhäu-

---

578 siehe Teil 1, Kap. 3 Ziff. B.
579 siehe Teil 1, Kap. 9 Ziff. A.I.1)d)

sern[580], läßt sich weder das erforderliche Versicherungsprodukt noch die Höhe der in Aussicht stehenden Versicherungsprämie durch schlichte Rückfragen bei potentiellen Anbietern in Erfahrung bringen[581].

Für die Vergabe von Versicherungsdienstleistungen benötigt der öffentliche Auftraggeber darüber hinaus hinreichende Kenntnisse über die potentiellen Anbieter des betreffenden Produkts. Ob ein Versicherer der „richtige" Vertragspartner für einen öffentlichen Auftraggeber ist, richtet sich nicht allein nach der von ihm geforderten Versicherungsprämie, sondern im wesentlichen auch nach seinem Verhalten[582] während des Versicherungsvertrages und im Schadenfall sowie nach seinen Erfahrungen bei der Versicherung kommunaler Risiken. Informationen hierüber sind jedoch nicht frei verfügbar. Eine entsprechende Einschätzung setzt deshalb weitreichende Erfahrungen über den Markt und die Anbieter entsprechender versicherungsrechtlicher Produkte voraus.

Im Ergebnis erfordert die Vergabe von Versicherungsdienstleistungen vom kommunalen Auftraggeber somit weitreichende Kenntnisse sowohl über ein kompliziertes Vergabeverfahren als auch über einen letztlich intransparenten Markt versicherungsrechtlicher Produkte. Derartige Kenntnisse erfordern besonders geschultes und erfahrenes Personal. Da die Vorhaltung entsprechender Spezialisten jedoch mit erheblichen Kosten verbunden ist, sind sie nur in wenigen deutschen Groß-Kommunen vorhanden.

Die weit überwiegende Zahl deutscher Kommunen ist hingegen auf sich selbst gestellt oder auf die Hilfe Dritter angewiesen. Soweit die Hilfe Dritter in Anspruch genommen wird, bedienten sich kommunale Auftraggeber in der Vergangenheit in erster Linie der Leistungen von Versicherungsmaklern. Da Versicherungsmakler sowohl über hinreichende Kenntnisse über das Kartellvergaberecht als auch über die zu vergebenden versicherungsrechtlichen Produkte und den Versicherungsmarkt verfügen, können sie durchaus als die „berufenen" Berater öffentliche Auftraggeber bei der Vergabe von Versicherungsdienstleistungen bezeichnet werden.

Die Rechtsprechung trat der Zusammenarbeit zwischen Versicherungsmaklern und kommunalen Auftraggebern jedoch bislang ausnahmslos entgegen. Seit

---

580 u. a. zur Absicherung der Risiken Feuer, Einbruchdiebstahl, Leitungswasser, Sturm, Inhalt und Elektronik

581 Das hierfür erforderliche Versicherungsprodukt setzt sich aus einer Vielzahl variabler Einzelregelungen zusammen, die in der Praxis regelmäßig zu Versicherungsverträgen mit einem Umfang von mehr als 50 Seiten führen, in denen annähernd jeder Einzelpunkt frei verhandelbar ist

582 u.a. Beratung über erforderliche Vertragsanpassungen, Betreuung über Schadenvorsorge und -vermeidung

dem Erlaß des Kartellvergaberechts hatten sich vier Oberlandesgerichte[583] mit der Frage zu beschäftigen, ob die Einschaltung von Versicherungsmaklern das Vergabeverfahren mit den Regeln des Kartellvergaberechts vereinbar ist. Sämtliche Oberlandesgerichte verneinten diese Frage. Trotz unterschiedlicher Fallkonstellationen gelangten sie zu dem Ergebnis, daß die Einschaltung von Versicherungsmaklern in das Vergabeverfahren gegen diverse Grundsätze des Kartellvergaberechts verstößt.

Die genannten Gerichtsentscheidungen verschärften das Dilemma, in dem sich die kommunalen Auftraggeber bei der Vergabe von Versicherungsdienstleistungen seit dem Erlaß das Kartellvergaberechts ohnehin befanden. Der zwingenden Verpflichtung zur Durchführung europaweiter Vergabeverfahren steht das Problem gegenüber, weder über die hierfür erforderlichen Kenntnisse zu verfügen, noch sich der Hilfe derjenigen Dienstleister bedienen zu dürfen, die für eine Beratung der Kommunen geradezu prädestiniert sind.

Unter dem Eindruck dieses Dilemmas wird nachfolgend näher untersucht, ob und inwieweit sich öffentliche Auftraggeber bei der Vergabe von Versicherungsdienstleistungen der Hilfe Dritter bedienen dürfen, welche Dienstleister hierfür in Betracht kommen, und ob die gegen die Einschaltung von Versicherungsmaklern erhobenen Bedenken zu überzeugen vermögen.

583 OLG Rostock, OLG Düsseldorf, OLG Celle und OLG Schleswig, a.a.O,Fn. 387

Teil 2 Die Beteiligung Dritter an der Vergabe von Versicherungsdienstleistungen durch kommunale Auftraggeber

Kapitel 1 Einführung

Wie aus den vorangegangenen Ausführungen zu entnehmen ist, sind kommunale Auftraggeber bei der Vergabe von Versicherungsdienstleistungen in der Regel auf die Hilfe Dritter angewiesen. Die nachfolgenden Ausführungen beschäftigen sich zunächst mit der Frage, ob und inwieweit die Beteiligung Dritter am Vergabeverfahren europarechtlichen Schranken unterliegt bzw. mit dem deutschen System des Kartellvergaberechts vereinbar ist. Dem schließen sich allgemeine Ausführungen über die in Frage kommenden „Dritten" an. Den Abschluß und Schwerpunkt des Zweiten Teils bildet eine kritische Auseinandersetzung mit der Beteiligung von Versicherungsmaklern am Vergabeverfahren.

Kapitel 2 Allgemeine Rechtsgrundlagen der Drittbeteiligung

A. Europäische Rechtsgrundlagen

I. Richtlinien

Wie bereits ausgeführt[584], basiert das Recht zur Vergabe von Versicherungsdienstleistungen oberhalb der Schwellenwerte auf europäischen Richtlinien[585]. Die Richtlinien enthalten detaillierte Grundlagen und Vorgaben für ihre Umsetzung in nationales Recht. Die Pflicht zur Beachtung der Richtlinien resultiert aus Art. 189 EG-Vertrag. Danach sind Richtlinien für jeden Mitgliedstaat der Europäischen Union, an den sie gerichtet sind, hinsichtlich des zu erreichenden Ziels verbindlich. Die Mitgliedstaaten sind dazu verpflichtet, die Bestimmungen in den Richtlinien in innerstaatliches Recht umzusetzen. Die Wahl der Form und der Mittel bleibt dabei den einzelstaatlichen Stellen überlassen.

Kommen Mitgliedstaaten der Pflicht zur Umsetzung der Richtlinien in nationale Vorschriften nicht nach, hat dies nicht zur Folge, daß die Verbindlichkeit der Richtlinien verloren geht. Vielmehr kann sich jedermann nach dem Ablauf

584 siehe Teil 1, Kap. 2 Ziff. B.III.
585 Dienstleistungsrichtlinie, Rechtsmittelrichtlinie

der zur Umsetzung der Richtlinien gesetzten Frist auf den Inhalt der Richtlinien berufen, soweit die Richtlinien die Rechtsposition der betreffenden Privatperson unmittelbar tangieren. Dies ist immer dann der Fall, wenn Vorschriften in den Richtlinien dem Mitgliedstaat klar, eindeutig und vorbehaltlos eine Pflicht auferlegen und ihm dabei keinen Ermessenspielraum belassen[586].

II. Dienstleistungskoordinierungsrichtlinie

Die für die Vergabe von Versicherungsdienstleistungen maßgebliche Dienstleistungsrichtlinie beschäftigt sich nicht ausdrücklich mit der Beteiligung Dritter am Vergabeverfahren. Soweit die Person desjenigen näher umschrieben wird, der das Verfahren durchzuführen hat, ist annähernd ausnahmslos vom „Auftraggeber" die Rede[587].

Daß auch die Dienstleistungskoordinierungsrichtlinie von die Möglichkeit einer Drittbeteiligung am Vergabeverfahren auf der Seite des öffentlichen Auftraggebers ausgeht, läßt sich nur indirekt aus Art. 18 DKR herleiten. Die Vorschrift beschäftigt sich u. a. mit der Anforderung sowie der Versendung der Verdingungsunterlagen. Gem. Art. 18 Abs. 3 DKR müssen die Auftraggeber „oder die zuständigen Stellen" den Dienstleistungserbringern bzw. Bietern die genannten Unterlagen innerhalb bestimmter Fristen übersenden. Die Dienstleistungsrichtlinie geht also davon aus, daß jedenfalls die die Vergabeunterlagen versendende Stelle nicht mit derjenigen identisch sein muß, die den Zuschlag erteilt.

Angesichts der völlig untergeordneten Stelle, an der sich die zitierte Formulierung befindet, fällt es schwer, hieraus unmittelbar einen allgemeinen Rechtsgrundsatz über die Drittbeteiligung im Vergabeverfahren herzuleiten. Die Selbstverständlichkeit, mit der von der Möglichkeit unterschiedlicher Zuständigkeiten im Rahmen des Vergabeverfahrens umgegangen wird, läßt jedoch den Rückschluß zu, daß auch die europäische Richtliniengeber die Drittbeteiligung als allgemeinen und ungeschriebenen Grundsatz voraussetzt.

Dieser Interpretation steht es nicht entgegen, daß weitergehende Veröffentlichungen der Europäischen Union zur Auslegung der Dienstleistungsrichtlinie

---

586 Leitfaden der Europäischen Kommission zu den Gemeinschaftsvorschriften über öffentliche Dienstleistungsaufträge mit Ausnahme von Aufträgen in den Bereichen Wasser- und Energieversorgung, Verkehr und Telekommunikation, Richtlinien 92/50/EWG, Seite 3, kostenlos abrufbar im Internet unter http://simap.eu.int/EN/pub/docs/gspubde.pdf

587 zu verweisen ist beispielhaft auf Art. 12 Dienstleistungsrichtlinie, der sich mit konkreten Fragen des Verfahrensablaufes unabhängig von der Wahl der Vergabeart beschäftigt

und insbesondere der bereits zitierte „Leitfaden zu den Gemeinschaftsvorschriften über öffentliche Dienstleistungsaufträge“[588] das Thema der Drittbeteiligung am Vergabeverfahren insgesamt unkommentiert lassen[589].

Daß neben dem öffentlichen Auftraggeber auch sonstige Dritte am Vergabeverfahren beteiligt werden können, folgt auch aus dem Sinn und Zweck der Dienstleistungskoordinierungsrichtlinie. Schließlich stellt sie eine konkrete Umsetzung des bereits in Art. 3 a des EWG-Vertrages manifestierten Grundsatzes dar, innerhalb Europas eine offene Marktwirtschaft mit freiem Wettbewerb zu ermöglichen. Alle Wettbewerbsregeln müssem sich deshalb der Zielsetzung unterordnen, einen freien Waren-, Dienstleistungs- und Kapitalverkehr zu ermöglichen. Überprüft man das dahinterstehende Grundprinzip im Sinne eines Regel-/Ausnahmeverhältnisses, ist alles erlaubt, solange es nicht den elementaren Grundsätzen des freien Wettbewerbs entgegensteht. Grenzen werden nur dort gesetzt, wo eine diskriminierungsfreie und transparente Entscheidung über die öffentliche Vergabe gefährdet ist. Eine Beteiligung Dritter am Vergabeverfahren stellt diese Grundsätze jedoch nicht per se in Frage.

Als Zwischenergebnis kann somit festgehalten werden, daß die Europäischen Rechtsgrundlagen für die Vergabe von Versicherungsdienstleistungen die Beteiligung Dritter am Vergabeverfahren weder ausdrücklich vorsehen noch ausschließen, sondern als rechtmäßiges Instrumentarium für die öffentlichen Auftraggeber unterstellen.

B. Deutsche Rechtsgrundlagen

I. GWB

Das GWB enthält keine ausdrücklichen Regelungen, nach denen die Beteiligung Dritter am Vergabeverfahren als zulässig oder unzulässig zu qualifizieren ist. Die Rechtmäßigkeit einer Drittbeteiligung läßt sich deshalb nur über die allgemeinen vergaberechtlichen Grundsätze in § 97 GWB überprüfen.

Wie bereits ausgeführt,[590] ist das kartellrechtliche Vergabeverfahren u. a. vom Wettbewerbsgrundsatz gem. § 97 Abs. 1 GWB und dem Grundsatz der

---

588 siehe Fn. 589

589 dasselbe gilt für das „Grünbuch das öffentliche Auftragswesen in der Europäischen Union: Überlegungen für die Zukunft“, Mitteilung der Kommission der Europäischen Union vom 27. November 1996 sowie für die Mitteilung der Kommission „Das öffentliche Auftragswesen in der Europäischen Union“ vom 11. März 1998, KOM 98, 143

590 siehe Teil 1, Kap. 8 Ziff. A.

Gleichbehandlung gem. § 97 Abs. 2 GWB geprägt. Mit diesen Grundsätzen ist es unvereinbar, wenn sich am Vergabeverfahren ein Dritter beteiligt, der zugleich wirtschaftliche, rechtliche oder tatsächliche Bindungen zu Bietern unterhält.[591]

Liegt eine solche Bindung zwischen dem Dritten und einem Bieter vor, ist weiter zu prüfen, ob dies per se einen Verstoß gegen die Grundsätze des freien Wettbewerbs und der Gleichbehandlung begründet, ohne daß hierfür ein Nachweis in der Form einer tatsächlichen Einflußnahme auf die Vergabeentscheidung durch den öffentlichen Auftraggeber erforderlich wäre.[592] Gleichfalls besteht die Möglichkeit, aus einer objektiv vorhandenen Bindung zwischen dem Dritten und einem Bieter eine Beweislastumkehr dergestalt herzuleiten, daß es Aufgabe des öffentlichen Auftraggebers ist nachzuweisen, daß aus der Bindung zwischen dem Dritten und dem Bieter keine Einflußnahme auf die Vergabeentscheidung resultiert.[593] Daß die "per-se-Regel" des OLG Brandenburg zu weit geht und deshalb keine Zustimmung finden kann, wurde vom Gesetzgeber erkannt und floß in die Regelungen in der VgV über die Drittbeteiligung [594] ein.

II. VgV

Nach Maßgabe der Vorschriften in der VgV besteht kein Zweifel, daß die Beteiligung Dritter am Vergabeverfahren grundsätzlich möglich ist und vom Gesetzgeber letztlich stillschweigend vorausgesetzt wird. Nicht zuletzt unter dem Eindruck der Entscheidung des OLG Brandenburg[595] wurde § 16 in die VgV aufgenommen. Die Vorschrift trifft nähere Regelungen über Personen, die bei einem Vergabeverfahren nicht mitwirken dürfen[596]. Sie enthält vier Regelungstatbestände, nach denen Dritte von einer Beteiligung am Vergabeverfahren ausgeschlossen sind. Wie die Fallgruppen konkret auszulegen sind, wird im Zusammenhang mit der Maklerbeteiligung an Vergabeverfahren[597] näher behandelt.

---

591 Dreher, BADK-Informationen 2000, 109

592 so OLG Brandenburg vom 3. August 1999, NZBau 2000, 39; das Gericht stützt seine Auffassung, wonach die Mitwirkung Dritter, die über Bindungen zu Bietern verfügen, zur Vergaberechtswidrigkeit führt, auf § 20 VwVfG

593 so u. a. OLG Düsseldorf, a.a.O.,Fn. 387.

594 § 16 VgV, siehe u.a. Teil 2, Kap. 4 Ziff. D.II.

595 DB 1999, 1793

596 Dreher, BADK-Informationen 2000, 111

597 siehe Teil 2, Kap. 6 Ziff. B.

III. VOL/A

1) § 2 Nr. 3 VOL/A

Auch die Regelungen in der VOL/A setzen die Beteiligung Dritter am Vergabeverfahren grundsätzlich als möglich und zulässig voraus. Den dafür maßgeblichen Rahmen gibt die „Königsnorm" des § 2 Nr. 3 VOL/A vor. Danach sind Leistungen stets unter „ausschließlicher Verantwortung der Vergabestellen" zu vergeben. Einer solchen Vorschrift hätte es nicht bedurft, wenn eine Beteiligung Dritter am Vergabeverfahren von vornherein ausgeschlossen wäre.

Die Verantwortung der Vergabestelle für die Zuschlagserteilung ist unteilbar. Sie kann grundsätzlich nicht auf andere Stellen, Organisationen oder Personen abgewälzt werden[598]. Das „Ausschließlichkeitspostulat" des § 2 Nr. 3 VOL/A verpflichtet die Vergabestelle zu alleinverantwortlichen Entscheidungen über die Fachkunde, die Leistungsfähigkeit und die Zuverlässigkeit der Bieter, über die Angemessenheit der von ihnen angebotenen Preise sowie insgesamt über die Wirtschaftlichkeit der Angebote[599].

2) § 6 VOL/A

Auf der Basis des vorgenannten „Ausschließlichkeitspostulats" des § 2 Nr. 3 VOL/A trifft § 6 VOL/A eine ausdrückliche Regelung über die Beteiligung Dritter am Vergabeverfahren. Danach sind öffentliche Auftraggeber dazu berechtigt, sich der Hilfe von Sachverständigen zu bedienen. Ergänzend zu § 2 Nr. 3 VOL/A wird in § 6 Nr. 3 Satz 1 VOL/A nochmals ausdrücklich betont, daß die Mitwirkung von Sachverständigen nur dann möglich ist, wenn sie weder unmittelbar noch mittelbar am Vergabeverfahren beteiligt sind und vom öffentlichen Auftraggeber beteiligt werden. Das Beteiligungsverbot bezieht sich also gleichermaßen auf die Bieterseite und auf die Seite des öffentlichen Auftraggebers.

3) § 17 Nr. 1 Abs. 2 Ziff. a) VOL/A

Auch im übrigen geht die VOL/A davon aus, daß Vergabeverfahren von ihrer Vorbereitung über die öffentliche Bekanntmachung bis zur Zuschlagserteilung nicht in einer Hand verbleiben. Zu verweisen ist in diesem Zusammenhang auf § 17 Nr. 1 Abs. 2 Ziff a) VOL/A. Darin wird ausdrücklich zwischen „der zur Angebotsabgabe auffordernden Stelle, der den Zuschlag erteilende Stelle und der

---

598 Daub/Eberstein-Müller, § 2 Rdnr. 40

599 Daub/Eberstein-Müller, § 2 Rdnr. 40

Stelle, bei der die Angebote einzureichen sind" unterschieden. Danach kann sich der öffentliche Auftraggeber zur Durchführung der öffentlichen Vergabe Dritter bedienen, die sich gleichermaßen innerhalb wie außerhalb seiner Organisationsstruktur befinden. Aus § 17 Nr. 1 Abs. 2 a) VOL/A folgt somit zwingend die Möglichkeit, sich von Seiten des öffentlichen Auftraggebers grundsätzlich der Hilfe Dritter bedienen zu dürfen, solange dies mit den zwingenden Vorgaben des § 2 Nr. 3 VOL/A noch im Einklang steht[600].

Kapitel 3 Zulässige Formen der Drittbeteiligung

Neben der ausdrücklich erwähnten Möglichkeit einer Drittbeteiligung durch Sachverständige kommen als weitere Dritte potentiell Erfüllungsgehilfen und Geschäftsbesorger in Betracht.

A. Sachverständige

Aus den unterschiedlichen gesetzlichen Vorschriften der „Kaskadenlösung" über die Vergabe von Dienstleistungen oberhalb der Schwellenwerte folgt ausdrücklich, daß sich der öffentliche Auftraggeber innerhalb bestimmter Grenzen der Hilfe Dritter bedienen darf. Dies ist nach Maßgabe der ausdrücklichen Regelung in § 6 VOL/A zunächst in der Form eines Sachverständigen möglich.

Die Tätigkeit von Sachverständigen muß sich dabei ausdrücklich auf die „Klärung rein fachlicher Fragen" beschränken. Geht die Beauftragung eines Sachverständigen im Innenverhältnis zur Vergabestelle darüber hinaus, beschränkt sich die Beauftragung also nicht lediglich auf die Klärung einzelner Sachaufgaben, fällt die Tätigkeit des betreffenden Dritten nicht mehr unter § 6 VOL/A[601].

Demgemäß ist die Grenze der Tätigkeit zwischen einem Sachverständigen und einem sonstigen Dritten dort zu ziehen, wo sich die Beauftragung auf die Klärung einzelner Sachaufgaben - dann Sachverständiger - beschränkt oder das Vergabeverfahren ganz oder teilweise zur selbstständigen Durchführung übertragen erhält - dann sonstiger Dritter -[602].

---

600 so auch Dreher, BADK-Informationen 2000, 109

601 Dreher, BADK-Informationen 2000, 109

602 Dreher, BADK-Informationen 2000, 108, 109; OLG Düsseldorf, a.a.O.,Fn. 387

B. Erfüllungsgehilfen

U.a. aus der Regelung des § 17 Nr. 1 Abs. 2 a) VOL/A läßt sich herleiten, daß sich der öffentliche Auftraggeber der Unterstützung durch Erfüllungsgehilfen bedienen darf. Erfüllungsgehilfe ist, wer nach den tatsächlichen Gegebenheiten des Falles mit dem Willen des Schuldners bei der Erfüllung einer diesem obliegenden Verbindlichkeit als seine Hilfsperson mitwirkt[603]. Prägendes Merkmal eines Erfüllungsgehilfen ist die Fremdbestimmung seiner Tätigkeit. Im übrigen beschränkt sich seine Tätigkeit auf eine reine Mitwirkung an einem Vorgang, dessen Ausführung im übrigen weiterhin in den Händen des Geschaftsherrn verbleibt.

Unter dieser Maxime ist es mit den Grundsätzen der öffentlichen Vergabe von Dienstleistungsaufträgen vereinbar, daß sich der öffentliche Auftraggeber zur Erfüllung seiner vergaberechtlichen Pflichten nach Maßgabe des Kartellvergaberechts beispielsweise bei der Anfertigung der Leistungsbeschreibung[604] sowie der Entgegennahme und Versendung der Verdingungsunterlagen der Dienste von Erfüllungsgehilfen bedient[605].

Voraussetzung dafür ist jedoch, daß die Entscheidung über die Vergabe weiterhin in den Händen des öffentlichen Auftraggebers verbleibt.

C. Geschäftsbesorger

Letztlich wird die Frage kontrovers diskutiert, ob der öffentliche Auftraggeber auf dem Wege der Geschäftsbesorgung durch Dritte einen Teil oder das gesamte Vergabeverfahren auf Dritte übertragen darf. Die Besorgung eines Geschäfts für den Auftraggeber erfolgt zwar ebenso wie die Tätigkeit eines Erfüllungsgehilfen in fremdem Interesse[606]. Anders als beim Erfüllungsgehilfen beschränkt sie sich jedoch nicht lediglich auf eine Mithilfe. Vielmehr muß die Tätigkeit des Geschäftsbesorgers eine selbstständige sein, die Raum für eigenverantwortliche Überlegungen und Willensbildungen des Geschäftsbesorgers läßt[607]

Unter Bezugnahme auf die Vorgaben des § 2 Nr. 3 VOL/A vertritt Müller[608] die Auffassung, der Begriff der „ausschließlichen Verantwortung der Vergabestelle" sei dahingehend auszulegen, daß allein die Vergabestelle über die ent-

603 Palandt-Heinrichs, § 278 Rdnr. 7 mit Verweis auf BGHZ 13, 113; 98, 334
604 Daub/Eberstein-Zdzieblo, § 8 Rdnr. 26
605 so im Ergebnis auch Dreher, BADK-Informationen 2000, 109
606 Palandt-Sprau, § 662 Rdnr. 6
607 Palandt-Sprau, § 675 Rdnr. 3
608 Daub/Eberstein-Müller, § 2 Rdnr. 40

scheidenden Kriterien der Zuschlagserteilung zu entscheiden habe. Dabei sei die Verantwortung der Vergabestelle unteilbar. Sie könne also nicht mit anderen Stellen, Organisationen oder Personen etwa dadurch geteilt werden, daß sie einen Teil ihrer Verantwortung auf Sachverständige oder sonstige Dritte abgewälzt.

Dreher[609] vertritt demgegenüber die Auffassung, eine Übertragung der Zuständigkeit über die Zuschlagserteilung stehe weder zivilrechtlichen noch vergaberechtlichen Vorgaben entgegen. Eine solche Übertragung sei auch mit dem Wortlaut des § 2 Nr. 3 VOL/A vereinbar. Soweit darin von der „ausschließlichen Verantwortung der Vergabestelle" die Rede ist, handele es sich hierbei nicht um eine Zuständigkeitsregelung. Vielmehr spreche der Begriff der „Verantwortung" gerade gegen eine Eigenzuständigkeit des öffentlichen Auftraggebers. Die Unteilbarkeit der Entscheidung der Vergabestelle bleibe auch dann erhalten, wenn die Vergabeentscheidung auf Dritte übertragen werde. Entscheidend sei in diesem Zusammenhang allein, daß der öffentliche Auftraggeber seine Pflichten zur Kontrolle und Überwachung des betreffenden Dritten einhalte. Insbesondere die Gesichtspunkte der Effektivität und der Wirtschaftlichkeit der öffentlichen Verwaltung könnten es gebieten, Dritten die gesamte Durchführung eines Vergabeverfahrens zu übertragen.

Die Auffassung Drehers begegnet jedoch Bedenken. Das gesamte Vergaberecht ist von dem Grundsatz geprägt, daß die Zuschlagsentscheidung in der alleinigen Verantwortung des öffentlichen Auftraggebers verbleibt. Sobald die Erteilung des Zuschlags zur eigenverantwortlichen Entscheidung auf Dritte übertragen wird, kann weder durch Kontrolle noch durch Überwachung ausgeschlossen werden, daß sachfremde Erwägungen in die Zuschlagentscheidung einfließen, die gerade nicht mit dem objektiven Interesse des öffentlichen Auftraggebers im Einklang stehen. Die von Dreher vorgenommene Auslegung des Begriffs der „Verantwortung" mag im Rahmen einer wörtlichen Auslegung vertretbar sein. Im übrigen dürfen jedoch die weiteren Vorschriften der VOL/A über die Beteiligung Dritter am Vergabeverfahren nicht unberücksichtigt bleiben. Besondere Bedeutung besitzt dabei die Regelung des § 6 Nr. 3 VOL/A. Wie bereits ausgeführt, dürfen Sachverständige nach dieser Vorschrift nicht an der Vergabeentscheidung beteiligt werden. Der Wortlaut der Bestimmung verpflichtet den öffentlichen Auftraggeber dazu, eine Einflußnahme des Sachverständigen auf die Vergabeentscheidung von vornherein auszuschließen. Wenn somit selbst eine lediglich partielle Einflußnahme Dritter auf die Vergabeentscheidung einen Verstoß gegen Grundsätze des Vergaberechts begründet, muß dies um so mehr

609 BADK-Informationen 2000, 109

für eine umfassende Übertragung der Zuständigkeit für den Zuschlag auf Dritte gelten.

Im Ergebnis verdient deshalb die Auffassung Müllers der Vorzug.

D. Ergebnis

Im Ergebnis bleibt somit festzuhalten, daß sich der öffentliche Auftraggeber zur Durchführung des Vergabeverfahrens und zur Beantwortung einzelner fachlicher Fragen der Hilfe Dritter in der Form von Erfüllungsgehilfen, Geschäftsbesorgern und Sachverständigen bedienen darf. Der Umfang der Inanspruchnahme der Hilfe Dritter wird dadurch begrenzt, daß jedewede Drittbeteiligung keinerlei Einfluß auf die Vergabeentscheidung nehmen darf. Vielmehr verbleibt die Zuständigkeit für die Erteilung des Zuschlags allein beim öffentlichen Auftraggeber.

Kapitel 4 Potenzielle Dritte für die Beratung öffentlicher Auftraggeber

Wie bereits ausgeführt[610], benötigen öffentliche Auftraggeber bei der Vergabe von Versicherungsdienstleistungen nach dem Kartellvergaberecht auf Grund der Komplexität des Vergaberechts, der versicherungsrechtlichen Produkte und ihres Marktes der Hilfe Dritter. Theoretisch kann die unterstützende Hilfe des öffentlichen Auftraggebers durch jeden Dienstleister erbracht werden. Praktisch kommt jedoch nur eine begrenzte Anzahl von Beratern in Betracht. Hierbei handelt es sich um die Berufsgruppen der Versicherungsmakler, Versicherungsberater, Rechtsanwälte, Wirtschaftsprüfer und der Mitarbeiter von Versicherern.

A. Versicherungsmakler

Soweit öffentliche Auftraggeber bei der Vergabe von Versicherungsdienstleistungen nach dem Kartellvergaberecht bislang Beratungsdienstleistungen Dritter in Anspruch nahmen, handelte es sich hierbei in den weit überwiegenden Fällen um solche durch Versicherungsmakler. Makler könnten deshalb grundsätzlich als die „berufenen Berater“ der öffentlichen Auftraggeber bei der Vergabe von Versicherungsdienstleistungen bezeichnet werden[611].

610 siehe Teil 1, Kap. 10

611 so im Ergebnis auch Dreher, BADK-Informationen 2000, 108

Der Schwerpunkt der nachfolgenden Ausführungen beschäftigt sich deshalb mit der Frage, ob und wenn ja unter welchen Voraussetzungen die Einbindung von Versicherungsmaklern in das Vergabeverfahren mit dem geltenden Vergaberecht vereinbar ist. Zuvor werden die Rahmenbedingungen und Betätigungsfelder der weiteren in Betracht kommenden Berater in der gebotenen Kürze skizziert.

B. Versicherungsberater

Bei Versicherungsberatern handelt es sich um Personen und Unternehmen, deren Erlaubnis zur geschäftsmäßigen Rechtsbesorgung darauf beschränkt ist, Versicherungssuchende und Versicherte beim Abschluß, der Veränderung und der Überprüfung von Versicherungsverträgen sowie in Versicherungsfällen gegenüber dem Versicherungsunternehmen zu beraten und außergerichtlich zu vertreten[612].

Da die vom Versicherungsberater erteilte Beratung und Vertretung weitreichende rechtsberatende Elemente enthält, bedarf die Berufsausübung der Zulassung, die überwiegend vom Präsidenten des zuständigen Landgerichts, teilweise aber auch vom Direktor des Amtsgerichts erteilt wird. Die Zulassung umfaßt gemäß Artikel 1 § 1 Abs. 1 Satz 2 Nr. 2 a und b RBerG[613] die Erlaubnis zur Besorgung fremder Rechtsangelegenheiten einschließlich der Rechtsberatung. Die Erlaubnis ist beschränkt auf die Beratung und außergerichtliche Vertretung gegenüber Versicherten bei der Vereinbarung, Änderung oder Prüfung von Versicherungsverträgen sowie bei der Wahrnehmung von Ansprüchen aus dem Versicherungsvertrag. In Abgrenzung zum Versicherungsmakler berechtigt die Erlaubnis nicht, Versicherungsverträge zu vermitteln, ferner in denjenigen Fällen beratend tätig zu werden, in denen Ansprüche gegen einen betreuten Versicherten geltend gemacht werden, die durch Versicherungen abgedeckt sind[614].

Sowohl der Versicherungsberater als auch der Versicherungsmakler werden im Rahmen ihrer Berufsausübung rechtsberatend tätig. Für den Versicherungsberater ergibt sich dies aus der bereits genannten gesetzlichen Regelung des Art. 1 § 1 Abs. 1 Nr. 2 RBerG. Die Tätigkeit des Versicherungsmaklers enthält nach allgemeiner Auffassung[615] allein dadurch rechtsberatende Elemente, daß Gegenstand der Vermittlung eine Versicherung ist. Der wesentliche Unterschied zwi-

612 Bruck/Möller vor §§ 43-48 Anm. 8 mit Verweis auf Allgemeine Verfügung des Reichsjustizministers vom 5. Juli 1938, DJustiz 1938 S. 1114 = VA Rdnr. 39 S. 41
613 Rechtsberatungsgesetz in der Fassung vom 13.12.1989
614 siehe auch Dreher, BADK-Informationen 2000, 113
615 u.a. BGH VersR 1967, 685

schen den beiden Berufsgruppen besteht darin, daß der Versicherungsberater in seiner Haupttätigkeit rechtsberatend tätig werden kann. Kraft seiner Zulassung stellt die rechtsberatende Tätigkeit keinen Verstoß gegen das Rechtsberatungsgesetz dar.

Demgegenüber ist die rechtsberatende Tätigkeit des Versicherungsmaklers gem. Art. 1 § 5 Nr. 1 RBerG nur dann erlaubnisfrei, wenn sie in unmittelbarem Zusammenhang mit dem Hauptgeschäft des Versicherungsmaklers, also der Vermittlung, Verwaltung und Betreuung von Versicherungsverträgen, steht. Wird die Rechtsberatertätigkeit nicht im Zusammenhang mit dem Vermittlungsgeschäft ausgeübt, wird sie zur selbstständigen Haupttätigkeit und begründet einen Verstoß gegen das Rechtsberatungsgesetz[616].

Auf Grund ihrer Ausbildung und ihrer auf den Markt versicherungsrechtlicher Produkte ausgerichteten Qualifikation sind Versicherungsberater per se in demselben Maße dazu berufen, kommunale Auftraggeber bei der Vergabe von Versicherungsdienstleistungen nach dem Kartellvergaberecht zu beraten, wie Versicherungsmakler. In der Praxis findet eine Beratung öffentlicher Auftraggeber durch Versicherungsberater jedoch nur in sehr untergeordnetem Maße statt. Dies ist nicht zuletzt auf die im Vergleich zu Versicherungsmaklern verschwindend geringe Zahl von Versicherungsberatern zurückzuführen. Der Bundesverband der Versicherungsberater e.V.[617] verfügt nach Maßgabe seiner Internet-Präsentation[618] über 35 „bereinigte“[619] Mitglieder. Demgemäß verfügt der Berufsstand der Versicherungsberater nicht über eine hinreichende bundesweite Präsenz, um eine flächendeckende Beratung der mehr als 14.000 kommunalen Auftraggeber bei der Vergabe von Versicherungsdienstleistungen gewährleisten zu können.

Darüberhinaus besteht hinsichtlich der Vergütung des Versicherungsberaters ein wesentlicher Unterschied gegenüber dem Versicherungsmakler. Während die Vermittlungsleistung des Versicherungsmaklers – mit Ausnahme der Vereinbarung sogenannter „Nettotarife“[620] traditionell von demjenigen Versicherer zu entrichten ist, der den Versicherungsvertrag mit dem öffentlichen Auftraggeber

---

616 u. a. Prölss/Martin-Kollhosser, Anhang zu §§ 43 bis 48 Rdnr. 18; Dreher, BADK-Informationen 2000, 117; wegen der daraus resultierenden Konsequenzen für die Einbindung des Versicherungsmaklers in das Verfahren der kartellrechtlichen Vergabe von Versicherungsdienstleistungen siehe Teil 2, Kap. 7 Ziff. A.

617 BVVB, Hohenstaufenring 17, 50674 Köln

618 http://www.bvvb.de

619 Mehrfachnennungen eines Versicherungsberaters in unterschiedlichen Orten blieben unberücksichtigt

620 siehe Teil 2 Kap. 5 E.I.

abschließt[621], erfolgt die Vergütung des Versicherungsberaters allein durch seinen Auftraggeber, in den hier interessierenden Fällen also der Kommune. Der öffentliche Auftraggeber war und ist somit stets darum bemüht, zur Meidung einer eigenen Kostenbelastung für die erteilte Beratungsleistung die Dienste eines Versicherungsmaklers in Anspruch zu nehmen.

C. Rechtsanwälte

Kraft ihrer juristischen Ausbildung sind Rechtsanwälte dazu in der Lage, öffentliche Auftraggeber in sämtlichen Fragen des öffentlichen Vergaberechts zu beraten. Eine solche Beratung findet auch tatsächlich statt. Das Vergaberecht stellt ein eigenständiges Rechtsgebiet der anwaltlichen Dienstleistung dar, auf das sich zahlreiche Rechtsanwälte spezialisiert haben.

Dennoch sind Rechtsanwälte nur im Ausnahmefall dazu berufen und in der Lage, kommunale Auftraggeber bei der Vergabe von Versicherungsdienstleistungen nach dem Kartellvergaberecht umfassend zu beraten. Hierfür mangelt es den Rechtsanwälten in aller Regel an hinreichenden Kenntnissen über den Markt versicherungsrechtlicher Produkte und ihrer Anbieter.[622] In der Praxis stellt deshalb die Beratung des öffentlichen Auftraggebers durch Rechtsanwälte die absolute Ausnahme dar[623],

D. Versicherer

Insbesondere Versicherer mit eigenem Außendienst zeichnen sich dadurch aus, daß sie ihre Versicherungsnehmer in sämtlichen Fragen der Absicherung ihrer Risiken beraten[624]. Die Beratung durch eigene Mitarbeiter der Versicherer spielt im Bereich der Versicherung kommunaler Risiken eine besondere Rolle. Wie bereits ausgeführt[625], besteht auf diesem Gebiet zwischen öffentlich-rechtlichen Versicherern und kommunalen Auftraggebern bereits seit vielen Jahrzehnten eine enge Zusammenarbeit.

---

621 siehe Teil 2, Kap. 7 Ziff. B.II.

622 derselbe Einwand steht auch einer Beratung kommunaler Auftraggeber durch Wirtschaftsprüfer entgegen, vgl. Dreher, BADK-Informationen 2000, 113

623 wegen der bei der Beratung durch Rechtsanwälte zu beachtenden berufsrechtlichen Besonderheiten siehe Dreher, BADK-Informationen 2000, 113

624 vgl. hierzu Klar, Kommunale Auftraggeber, S. 42 ff.

625 siehe Teil 1, Kap. 8 Ziff. A.I.3)b)

Fraglich ist, inwieweit eine Beratung des öffentlichen Auftraggebers durch Versicherungsunternehmen mit den Grundsätzen des Vergaberechts vereinbar ist.

I. Gleichbehandlungsgrundsatz/Diskriminierungsverbot

Zu prüfen ist dabei in erster Linie das Gleichbehandlungsgebot und das Diskriminierungsverbot des § 97 Abs. 1 und 2 GWB. Nach dem Gleichheitsgebot ist der öffentliche Auftraggeber dazu verpflichtet, sämtliche Bieter eines Vergabeverfahrens gleich zu behandeln. Im Umkehrschluß verbietet dieser Grundsatz eine Diskriminierung einzelner Bieter[626],

Die Inanspruchnahme von Beratungsleistungen durch einen Versicherer im Rahmen des Vergabeverfahrens begegnet hinsichtlich des Diskriminierungsverbot insoweit Bedenken, als der Versicherer durch seine Beratungsleistung konkreten Einfluß auf eine Vergabeentscheidung zu seinen Gunsten nehmen könnte. Eine solche Einflußnahme wäre mit den Grundsätzen zur Gleichbehandlung und dem Verbot der Diskriminierung nicht vereinbar.

II. Verstoß gegen das Mitwirkungsverbot des § 16 Abs. 1 Nr. 1 VgV

1) Einführung

Soweit diese Fragestellung im Zusammenhang mit der Beratung öffentlicher Auftraggeber durch Versicherer überhaupt diskutiert wurde, erfolgte dies lediglich ansatzweise im Zusammenhang mit § 16 VgV[627]. Bei § 16 VgV handelt es sich um eine Konkretisierung des Diskriminierungsverbotes auf untergesetzlicher Ebene[628]. Gem. § 16 Abs. 1 VgV dürfen bestimmte in der Vorschrift genannte und als voreingenommen geltende natürliche Personen an Entscheidungen im Vergabeverfahren nicht mitwirken. Innerhalb der Vorschrift wird zwischen zwei Gruppen ausgeschlossener Personen unterschieden. Während das Mitwirkungsverbot für die in § 16 Abs. 1 Nr. 3 a und b VgV genannten Personen dann nicht gilt, wenn für sie kein Interessenkonflikt besteht oder sich ihre Tätigkeit nicht auf die Entscheidungen in dem Vergabeverfahren auswirkten, gilt diese Einschränkung für die in § 16 Abs. 1 Nr. 1 und 2 VgV genannten Personen nicht.

---

626 siehe Teil 1, Kap. 8 Ziff. A.III
627 siehe Dreher, BADK-Informationen 2000, 114
628 Werber, VersR 2001, 1313, 1319

Soweit sich ein öffentlicher Auftraggeber bei der Vergabe von Versicherungsdienstleistungen durch einen Versicherer beraten läßt, begründet dies in aller Regel einen Verstoß gegen die zwingenden Vorgaben des § 16 Abs. 1 Nr. 1 VgV. Danach unterliegen Beauftragte eines öffentlichen Auftraggebers einem strikten Mitwirkungsverbot, wenn sie zugleich Bieter oder Bewerber in dem Vergabeverfahren sind. Soweit ein Versicherer einen öffentlichen Auftraggeber im Rahmen des Vergabeverfahrens berät, wird er dabei als dessen Geschäftsbesorger tätig. Beteiligt sich der Versicherer an dem Vergabeverfahren darüber hinaus als Bieter oder Bewerber, greift das Mitwirkungsverbot des § 16 Abs. 1 Nr. 1 VgV grundsätzlich ein.

Für das Eingreifen des Mitwirkungsverbots kommt es nicht darauf an, ob ein Interessenkonflikt besteht oder sich die Tätigkeit nicht auf die Entscheidung in dem Vergabeverfahren auswirkt. Wie bereits ausgeführt, sieht der Ausschlußtatbestand des § 16 Abs. 1 Nr. 1 VgV anders als § 16 Abs. 1 Nr. 3 VgV eine derartige Einschränkung nicht vor. Folglich reicht es für den Ausschluß des Versicherers am Vergabeverfahren bereits aus, wenn er überhaupt für den öffentlichen Auftraggeber beratend tätig wird und sich gleichzeitig um die Zuschlagserteilung als Bieter bewirbt.

2) Umfang des Mitwirkungsverbots gem. § 16 Abs. 1 Nr. 1 VgV

Fraglich ist, auf welche Bereiche des Vergabeverfahrens sich des Mitwirkungsverbot des § 16 Abs. 1 Nr. 1 VgV bezieht. Boesen[629] vertritt hierzu die Auffassung, des Mitwirkungsverbot erstrecke sich nur auf die eigentliche Vergabeentscheidung des öffentlichen Auftraggebers. Vorbereitende Tätigkeiten würden hiervon nicht erfaßt.

Zur Begründung seiner Auffassung verweist Boesen auf die in § 16 VgV gewählte Formulierung, wonach die dort genannten Personen ausdrücklich „bei Entscheidungen in einem Vergabeverfahren" nicht mitwirken dürfen.

Werber[630] tritt der Auffassung Boesens entgegen und hält sie für zu weitgehend. Seines Erachtens beschränkt sich das Mitwirkungsverbot nicht lediglich auf die Zuschlagsentscheidung, sondern bezieht sich auch bereits auf vorbereitende Tätigkeiten im Vergabeverfahren. Die von Boesen in Bezug genommene Formulierung der „Entscheidungen in einem Vergabeverfahren" beschränke sich nach Auffassung Werbers nicht allein auf die eigentliche Vergabeentscheidung, da diese ohnehin ausschließlich der Vergabestelle vorbehalten sei.

---

629 VersR 2000, 1063, 1070
630 VersR 2001, 1313, 1319

Für die Auffassung Werbers spricht bereits der Wortlaut der Vorschrift. Hätte sich das Mitwirkungsverbot ausschließlich auf die Beeinflussung der Vergabeentscheidung im Sinne der Erteilung des Zuschlags durch den öffentlichen Auftraggeber beziehen sollen, hätte der Gesetzgeber nicht von den „Entscheidungen in einem Vergabeverfahren", sondern lediglich von „der Entscheidung" gesprochen. Die gewählte Formulierung läßt den Schluß zu, daß der Gesetzgeber das Mitwirkungsverbot auf sämtliche Entscheidungen der Vergabestelle im Vergabeverfahren auch vor der eigentlichen Zuschlagserteilung erstrecken wollte. Im Ergebnis ist deshalb der Auffassung Werbers zuzustimmen.

Unter Berücksichtigung der Vorgaben des § 16 Abs. 1 Nr. 1 VgV folgt daraus zwingend, daß eine Beratung des öffentlichen Auftraggebers im Rahmen eines Vergabeverfahrens durch einen Versicherer insgesamt ausgeschlossen ist, wenn sich der Versicherer an dem Vergabeverfahren beteiligt und um die Zuschlagserteilung als Bieter oder Bewerber bewirkt[631].

III. Ergebnis

Von den theoretisch in Betracht kommenden Beratern des öffentlichen Auftraggebers bei der Vergabe von Versicherungsdienstleistungen sind grundsätzlich nur Versicherungsmakler, Versicherungsberater, Rechtsanwälte und Wirtschaftsprüfer dazu berechtigt, entsprechende Dienstleistungen gegenüber öffentlichen Auftraggebern zu entfalten. Demgegenüber scheidet eine Beratung durch Versicherer von vornherein aus, wenn sie sich als Bieter am Vergabeverfahren beteiligen.

Unter Berücksichtigung ihres nur beschränkten Beratungspotenzials scheiden in aller Regel auch Rechtsanwälte und Wirtschaftsprüfer als Berater öffentlicher Auftraggeber praktisch aus, da sie nicht über hinreichende Kenntnisse über die erforderlichen Versicherungsprodukte und den vorhandenen Versicherungsmarkt verfügen.

Als in Frage kommende Berater verbleiben somit allein Versicherungsmakler und Versicherungsberater. Zwar sind beide Berufsgruppen zu einer entsprechenden Beratung grundsätzlich berechtigt. Auch verfügen sie über die für eine Beratung öffentlicher Auftraggeber bei der Vergabe von Versicherungsdienstleistungen erforderlichen Kenntnisse.

---

631 es ist deshalb nicht zu beanstanden, soweit Klar, Kommunale Auftraggeber, Seite 43, die Auffassung vertritt, Beratungen und allgemeine Hilfestellungen durch den Versicherer seien vergaberechtlich unproblematisch, solange sie nicht im Zusammenhang mit einer konkreten Ausschreibung stehen

Dennoch ist in der Praxis der Gruppe der Versicherungsmakler der Vorrang einzuräumen, da sie über die zur Beratung öffentlicher Auftraggeber erforderliche flächendeckende Marktpräsenz verfügen.

Kapitel 5 Rechtsstellung des Versicherungsmaklers

Die nachfolgenden Ausführungen geben einen Überblick über die Rechtsstellung und das tatsächliche Betätigungsfeld des Versicherungsmaklers. Hinsichtlich weitergehender Details wird auf die Spezialliteratur[632] über das Recht des Versicherungsmaklers verwiesen.

A. Begriff und Abgrenzung zu anderen Vermittlern

Versicherungsmakler gehören zur Gruppe der so genannten Versicherungsvermittler. Bei Versicherungsvermittlern handelt es sich um Personen, die kraft rechtsgeschäftlich entstandener Geschäftsbesorgermacht für einen anderen einen Versicherungsvertrag anbahnen, vermitteln und abschließen sowie möglicherweise auch bei der Abwicklung des Versicherungsvertrages mitwirken[633].

Im Bereich der Versicherungsvermittlung wird i. d. R. zwischen Versicherungsagenten und Versicherungsmaklern differenziert[634]. Zutreffenderweise wird jedoch eine Dreiteilung zwischen Versicherungsmaklern, selbstständigen und angestellten Versicherungsvertretern vorgenommen werden müssen[635]. Bei selbstständigen Versicherungsvertretern handelt es sich ebenso wie bei Versicherungsmaklern um selbstständige Gewerbetreibende. Sie unterscheiden sich von Versicherungsmaklern dadurch, daß sie zu einem Versicherungsunternehmen in einem ständigen Dienstverhältnis stehen[636].

---

632 zu verweisen ist in erster Linie auf Baumann, Versicherungsvermittlung durch Versicherungsmakler; Matusche, Pflichten und Haftung des Versicherungsmaklers; Grieß/Zinnert, Der Versicherungsmakler; Keil/Schirmer, Der Versicherungsmakler in der Zukunft; Beiträge über den Versicherungsmakler, Veröffentlichungen der Hamburger Gesellschaft zur Förderung des Versicherungswesens, Heft 13; im übrigen wird auf die Kommentierungen zu §§ 43-48 VVG in Prölss/Martin, Bruck/Möller, Römer/Langheid und im Berliner Kommentar zum VVG verwiesen

633 Bruck/Möller, vor §§ 43 bis 48, Anm. 10; Müller-Stein A I, S. 9; Baumann, Seite 7

634 u. a. Matusche, Kapitel 2 B IV

635 so mit zutreffender Begründung Baumann, Seite 8, 9 mit Verweis auf Müller-Stein A I S. 9

636 Baumann, Seite 9

Selbstständigen und angestellten Versicherungsvertretern ist gemein, daß sie entweder ausschließlich für einen oder – im Fall von sogenannten „Mehrfachagenten" - für eine begrenzte Zahl von Versicherungsunternehmen tätig werden, also ausschließlich deren Produkte vermitteln[637]. Versicherungsvertreter bzw. Agenten stehen deshalb „im Lager" des Versicherungsunternehmens, für das sie tätig werden[638].

Demgegenüber steht der Versicherungsmakler „im Lager" des Versicherungsnehmers. Als Interessen- bzw. Abschlußvertreter des Versicherungsnehmers hat er für seinen Kunden ein erfolgreiches Risk-Management durchzuführen und die dabei festgestellten Risiken durch geeignete Versicherungsprodukte möglichst günstig einzudecken[639]. Wegweisende Bedeutung für die spezifische Ausprägung des Grundsatzes der Interessenvertretung hat das so genannte „Sachwalterurteil"[640]. Darin entwickelte der Bundesgerichtshof besonders hohe Anforderungen an die Aufklärung und Beratung des Kunden durch den Makler[641].

B. Rechtsgrundlagen

Das Recht der Versicherungsmakler basiert auf geschriebenen europäischen und nationalen Rechtssätzen sowie auf ungeschriebenen, aber gewohnheitsrechtlich anerkannten Grundsätzen.

I. Europäische Rechtsgrundlagen

Das Tätigkeitsfeld der Versicherungsvermittlung war bereits mehrfach Gegenstand europäischer Rechtssetzung. Zu verweisen ist hierbei zunächst auf die Richtlinien 77/92/EWG. Diese Richtlinie verfolgt das Ziel, die Betätigung von Versicherungsvermittlern über Landesgrenzen hinweg durch die wechselseitige Anerkennung von Zulassungsvoraussetzungen und entsprechende Qualifikatio-

---

637 Grieß/Zinnert, Seite 7; Matusche, Kapitel 3 C VI; Sieg, ZVersWiss 1988, 263, 275; Baumann Seite 9, 10

638 aus der „Lagertheorie" entwickelte die höchstrichterliche Rechtsprechung die so genannte „Auge-und-Ohr-Rechtsprechung", vgl. u. a. BGHZ 102, 194, 197. Danach sind sämtliche Informationen, die der Agent im Laufe von Vertragsverhandlungen und damit in Ausübung der Stellvertretung für den Versicherer erhalten hat, auch dem Versicherer zugegangen; vgl. u.a. BK-Dörner, Einleitung Rdnr. 74; Schirmer, ZVersWiss 1992, 394 ff

639 vgl. u. a. Baumann, Seite 11

640 BGH vom 22. Mai 1985, u. a. veröffentlicht in VersR 1985, 930 ff.

641 siehe hierzu im einzelnen Matusche, Seite 43 ff.

nen zu erleichtern[642]. Dem schloß sich die Empfehlung der Kommission vom 18. Dezember 1991 über Versicherungsvermittler[643] an. Die Empfehlung wurde zwar von annähernd sämtlichen Staaten der EG in nationales Recht übernommen. Dies gilt jedoch nicht für den deutschen Gesetzgeber.

Beide Rechtsgrundlagen sollen in Kürze durch eine neue Vermittlerrichtlinie ersetzt werden. Der Entwurf der Richtlinie wurde im Jahr 2000 erstmals vorgestellt[644], am 30. September 2002 verabschiedet und trat am 15. Januar 2003 in Kraft[645].

Vorrangige Ziele dieser Richtlinie sind die Stärkung des Binnenmarktes für Versicherungsdienstleistungen und der Verbraucherschutz. Diese Ziele sollen in erster Linie durch zwingende Vorgaben an die Qualifikation von Versicherungsvermittlern umgesetzt werden. Zum Nachweis der Qualifikation werden der Ruf des Vermittlers, seine finanzielle Sicherheit und seine fachliche Qualifikation herangezogen[646]. Die Vermittlerrichtlinie setzt das Berufsbild des Versicherungsvermittlers in seinen Ausprägungsformen als Versicherungsagent und als Versicherungsmakler voraus[647], ohne sie jedoch ausdrücklich zu regeln. Um die für den Verbraucherschutz erforderliche Publizität der Qualifikation der Versicherungsvermittler herbeiführen zu können, müssen sich sämtliche Versicherungsvermittler nach Maßgabe der Vermittlungsrichtlinie zukünftig in ein Register eintragen[648].

II. Nationale Rechtsgrundlagen

Das nationale Recht des Versicherungsmaklers wird vorrangig durch ungeschriebenes Gewohnheitsrecht bestimmt. Allgemeine Grundlagen enthalten das BGB, das HGB und das Rechtsberatungsgesetz.

1) Bürgerliches Gesetzbuch

Die grundlegenden zivilrechtlichen Vorschriften über den Mäklervertrag enthalten die §§ 652 ff. BGB. Nach dem dort verankerten gesetzlichen Leitbild verpflichtet sich der Auftraggeber eines solchen Vertrages dazu, dem Makler für ei-

---

642 Werber VersR 2001, 1313, 1323
643 92/48/EWG
644 KOM (2000) 511
645 zum Inhalt der neuen Vermittlerrichtlinie siehe Teichler, VersR 2002, 385 ff. sowie Keil/Schirmer, S. 12 ff.
646 Teichler, VersR 2002, 386
647 Teichler, VersR 2002, 387
648 Art. 3 des Richtlinien-Entwurfs

ne Nachweis- oder Vermittlungstätigkeit eine Vergütung zu zahlen, die im Fachjargon „Courtage“ genannt wird. Die Tätigkeit des Zivilmaklers besteht im Nachweis einer Gelegenheit zum Abschluß eines vom Auftraggeber gewünschten Vertrages mit einem Dritten[649] oder in der Vermittlung dieses Vertragsabschlusses unter der Voraussetzung des Zustandekommens des Vertrages[650]. Dabei wird der Mäklervertrag von dem Grundsatz geprägt, daß weder der Makler zum Tätigwerden noch der Auftraggeber zum Abschluß des Vertrages mit dem Dritten verpflichtet ist[651]. Die Vergütung des Zivilmaklers erfolgt gem. § 652 Abs. 1 BGB grundsätzlich durch den Auftraggeber des Maklers.

Die Regelungen der §§ 652 ff. BGB betreffen jedoch nur den Zivilmakler. Da der hier interessierende Versicherungsmakler ausschließlich gewerbsmäßig, also dauerhaft und auf Gewinnerzielung ausgerichtet tätig wird, finden auf ihn in erster Linie die Vorschriften des Handelsmaklers gem. §§ 93-104 HGB Anwendung. Die Vorschriften des BGB gelten daneben nur subsidiär. Sie finden Anwendung, wenn keine vorrangigen Regelungen des HGB bestehen[652].

2) Handelsgesetzbuch

Das gesetzliche Leitbild des Versicherungsmaklers als Handelsmakler ist gem. § 93 HGB dadurch geprägt, daß der Handelsmakler die Vermittlung von Verträgen über Versicherungen übernimmt, ohne von seinem Vertragspartner hiermit ständig betraut zu sein. Anders als in den Vorschriften über den Zivilmakler gem. §§ 652 ff. BGB setzt die Einordnung als Handelsmakler somit die Vermittlung eines Vertragsabschlusses voraus[653]. Der Nachweis von Abschlußmöglichkeiten reicht hierfür noch nicht aus[654]. Im Rahmen seiner Tätigkeit stellt der Versicherungsmakler einen so genannten Muß-Kaufmann gem. § 1 Abs. 2 Nr. 7 HGB dar[655].

Anders als beim Zivilmakler erwirbt der Handelsmakler gem. § 99 HGB einen Lohnanspruch gegenüber „beiden Parteien“, also sowohl gegenüber dem Auftraggeber als auch gegenüber demjenigen, der als Vertragspartner des Auftraggebers vermittelt wird. Die gesetzlich vorgegebene Pflicht für den Auftraggeber und den Dritten, die dem Makler zustehende Vergütung hälftig teilen zu

649 Nachweismakler
650 Vermittlungsmakler
651 vgl. Palandt-Sprau, Einführung vor § 652 BGB Rdnr. 1
652 Baumann, S. 22; Matusche, S. 22; Palandt-Sprau, Einführung vor § 652, Rdnr. 3
653 Matusche, S. 22
654 Keil/Schirmer, S. 10
655 Baumann, S. 21

müssen, steht allerdings unter der Prämisse, daß kein „abweichender Ortsgebrauch“ existiert.

Von besonderer Bedeutung für den Umfang der Pflichten des Handelsmaklers ist § 98 HGB. Danach haftet der Handelsmakler sowohl seinem Auftraggeber als auch dem Dritten gegenüber für sämtliche durch sein Verschulden verursachten Schäden. Für den Versicherungsmakler besteht deshalb ein Doppelrechtsverhältnis sowohl gegenüber dem Auftraggeber als auch gegenüber dem dem Auftraggeber vermittelten Dritten[656].

3) Rechtsberatungsgesetz

Die Tätigkeit des Versicherungsmaklers enthält nach überwiegender Auffassung[657] im Verhältnis zum Auftraggeber rechtsberatende Elemente. Gem. Art. 1 § 1 RBerG bedarf die Besorgung fremder Rechtsangelegenheiten einschließlich der Rechtsberatung der Erlaubnis. Für den Versicherungsmakler ist die rechtsberatende Tätigkeit nach Maßgabe des Art. 1 § 5 Nr. 1 RberG grundsätzlich erlaubnisfrei. Voraussetzung dafür ist allerdings, daß die Rechtsberatung mit seinem Geschäft der Versicherungsvermittlung „in unmittelbarem Zusammenhang“ steht.

Hiervon kann dann nicht mehr gesprochen werden, wenn die beratende Tätigkeit des Versicherungsmaklers zum Gegenstand seiner Haupttätigkeit wird. Beschränkt sich die Tätigkeit des Versicherungsmaklers deshalb ausschließlich auf die reine Versicherungsberatung seines Auftraggebers, ohne dabei auf die Vermittlung eines Versicherungsvertrages ausgerichtet zu sein, wird die Rechtsberatung zur Haupttätigkeit und begründet einen Verstoß gegen Art. 1 § 1 RBerG[658]. Dies ist – mit Ausnahme der Vereinbarung sogenannter „Nettotarife“[659] – stets dann der Fall, wenn der Versicherungsmakler seine Vergütung ausschließlich für die Beratungstätigkeit zu Gunsten des öffentlichen Auftraggebers und losgelöst vom Abschluß eines Versicherungsvertrages erhält. In diesem Fall wird die beratende Tätigkeit des Versicherungsmaklers zu seiner Haupttätigkeit[660]. Eine derartige Beratung unterliegt gem. Art. 1 Nr. 2 RBerG ausdrücklich der Pflicht zur Erlaubnis. Nach dieser Vorschrift ist die Beratung und außerge-

656 zum Doppelrechtsverhältnis siehe im Einzelnen u. a. Matusche, S. 37 ff; Baumann, S. 164; Grieß/Zinnert, S. 68 f; Müller-Stein F, I, Seite 121; Bruck/Möller vor §§ 43 bis 48 Anm. 37

657 siehe u. a. Dreher BADK-Informationen 2000, 117; Müller, S. 66; BGH VersR 1967, 686

658 vgl. Dreher, BADK-Informationen 2000, 117

659 siehe Teil Kap. 5 E.I.

660 u.a. Griess/Zinnert, S. 577

richtliche Vertretung von Versicherungsnehmern gegenüber Versicherern ausschließlich Versicherungsberatern[661] vorbehalten[662].

4) Gewohnheitsrecht

Wie noch näher auszuführen sein wird, weicht das tatsächliche Betätigungsfeld des Versicherungsmaklers vom gesetzlichen Leitbild des Handels- und Zivilmaklers erheblich ab. Die maßgeblichen rechtlichen Grundlagen der Tätigkeit des Versicherungsmaklers basieren deshalb nicht auf gesetzlichen Vorschriften, sondern auf Gewohnheitsrecht.

Besonders deutlich wird dies beim Vergütungsanspruch des Versicherungsmaklers. Wie bereits ausgeführt[663], sehen die Regelungen des Zivilmaklers grundsätzlich eine Vergütungspflicht durch den Auftraggeber vor, während gem. § 99 HGB die Vergütung des Handelsmaklers jeweils zur Hälfte vom Auftraggeber und dem Dritten, also dem vermittelten Vertragspartner des Auftraggebers, zu leisten ist. Entgegen diesen gesetzlichen Vorgaben entspricht es einhelliger Auffassung in Rechtsprechung und Literatur, daß die Vergütung des Versicherungsmaklers vom Dritten, also von demjenigen Versicherer erfolgt, der auf Grund der Vermittlungstätigkeit des Versicherungsmaklers den Versicherungsvertrag mit dessen Auftraggeber abschließt[664]. Etwas anderes gilt nur im Fall vereinbarter Nettotarife[665]

Darüber hinaus berücksichtigen die gesetzlichen Vorschriften nicht die Tatsache, daß sich das Betätigungsfeld des modernen Versicherungsmaklers nicht allein auf die reine Vermittlungsleistung beschränkt. Vielmehr versteht sich der Versicherungsmakler als umfassender Berater seines Auftraggebers sowohl vor, während als auch nach dem Abschluß des Versicherungsvertrages. Tatsächlich gewinnen die betreuenden Elemente jenseits der reinen Vermittlung in der Praxis sogar die Oberhand[666]. Dies wurde auch von der höchstrichterlichen Rechtsprechung erkannt, die dem Versicherungsmakler auf der Grundlage des Sachwalterurteils[667] umfassende Pflichten zur Beratung seines Vertragspartners aufbürdete.

---

661 siehe Teil 1, Kap. 4 B.
662 s. a. Matusche, S. 122
663 siehe oben
664 siehe Teil 2, Kap. 7 Ziff. B.II.1)
665 siehe Teil 2 Kap. 5 E.I.
666 siehe nachfolgende Ziff. C.
667 BGH VersR 1985, 930

C. Das Recht des Versicherungsmaklers in der Praxis

Nach Maßgabe der vorangegangenen Ausführungen ist das gesetzliche Leitbild des Versicherungsmaklers in erster Linie von den handelsrechtlichen Vorschriften des Handelsmaklers gem. §§ 93 ff HGB und subsidiär von denen des Zivilmaklers gem. §§ 652 ff BGB geprägt. Zu berücksichtigen ist darüber hinaus das Rechtsberatunggesetz. Wesentliche Grundsätze des Rechts der Versicherungsmakler sind hingegen gewohnheitsrechtlichen Ursprungs. Ursache hierfür ist nicht zuletzt die Tatsache, daß sich das tatsächliche Betätigungsfeld des Versicherungsmaklers von dem des gesetzlichen Leitbildes des Handelsmaklers grundlegend entfernt hat.

Vorrangige Aufgabe des Versicherungsmaklers ist die Vermittlung von Versicherungsverträgen. Diese Aufgabe läßt sich als Geschäftsbesorgung zum Zwecke der Beschaffung, Ausgestaltung und Abwicklung von Versicherungsschutz beschreiben[668]. Dabei ist die Beschaffungsleistung in einen umfangreichen und differenzierten Strom von Beratungs- und Ausführungsleistungen eingebettet[669].

I. Pflichten gegenüber dem Versicherungsnehmer

Der Versicherungsmakler moderner Prägung versteht sich als umfassender Berater des Versicherungsnehmers vor, während und nach dem Abschluß von Versicherungsverträgen sowie während der Abwicklung von Schadensfällen.

1) Pflichten vor dem Abschluß des Versicherungsvertrages

Bis zum Abschluß des Versicherungsvertrages ist der Makler zunächst vorbereitend tätig, indem er eine Risikoanalyse bezüglich des zu versichernden Risikos erstellt. Auf dieser Basis fertigt er eine Deckungsanalyse und unterbreitet konkrete Vorschläge zur optimalen Deckung des in Rede stehenden Risikos. Dem schließt sich eine Marktanalyse über die potenziellen Risikoträger an[670].

Der Umfang der Pflicht zur Beratung und Betreuung wurde in erster Linie durch die bereits beschriebene Sachwalterstellung des Versicherungsmaklers und die daraus resultierenden Haftungsrisiken[671] bestimmt. Danach schuldet der Versicherungsmakler seinem Auftraggeber die Beschaffung und Aufrechterhaltung

---

668 u.a. Matusche, S. 9; Biagosch, S. 33

669 Farny, Der Versicherungsmakler im Privatkundengeschäft, S. 81

670 wegen der Einzelheiten hierzu siehe unter anderem Biagosch, S. 37 ff.; Matusche, S. 51 ff; Fetzer, VersR 2000, 1314 ff

671 vgl. BGH VersR 1985, 930

eines bestmöglichen individuellen Versicherungsschutzes[672] und in diesem Rahmen die Beratung und Betreuung des Auftraggebers[673].

2) Beratung bei Abschluß des Versicherungsvertrages

Hat der Versicherungsmakler einen Versicherer als potenziellen Vertragspartner eines Auftraggebers ausfindig gemacht, ist es seine vorrangige Aufgabe, auf den Abschluß des Versicherungsvertrages hinzuwirken[674]. Der Versicherungsmakler muß seinen Auftraggeber laufend über den Stand der Verhandlungen und den Abschluß des Versicherungsvertrages informieren[675], sämtliche relevanten Vertragsunterlagen weiterleiten[676] oder für den Versicherungsnehmer treuhänderisch verwalten[677]. Letztlich ist der Versicherungsmakler dazu verpflichtet, die vom Versicherer ausgestellten Dokumente, also insbesondere die Versicherungsscheine, auf ihren vertrags- und absprachgemäßen Inhalt hin zu überprüfen[678].

3) Betreuungspflicht des Maklers nach dem Abschluß des Versicherungsvertrages

Nach überwiegender Auffassung[679] ist der Versicherungsmakler auch nach dem Abschluß seiner Vermittlungstätigkeit zur laufenden Betreuung des Versicherungsvertrages verpflichtet. Hierbei handelt es sich um eine umfassende Interessenwahrnehmungspflicht des Maklers während der Gesamtdauer des Versicherungsverhältnisses[680]. Die Pflicht umfaßt unter anderen die laufende Kontrolle und Anpassung des Versicherungsschutzes an die sich ändernden Umstände beim Versicherungsnehmer und auf dem Versicherungsmarkt.

Der Versicherungsmakler muß also von sich aus fortlaufend das versicherte Risiko überprüfen, ständig auf bestmöglichem Standart halten und, soweit erforderlich, für vorübergehende und kurzfristige Deckungen oder Differenzdeckungen sorgen. Er muß bei der Schadensabwicklung unterstützend eingreifen, insbesondere für die Einhaltung der geltenden Obliegenheiten und Fristen Sorge tragen und das Regulierungsverhalten des Versicherers auf seine Rechtmäßigkeit

672 „best“ oder „suitable advice“, siehe Keil/Schirmer, S. 69 ff.
673 Palandt-Sprau, Einf. v. § 652 Rdnr. 19 m.w.N.
674 Matusche, S. 78
675 Matusche, S. 93
676 Bruck/Möller, vor §§ 43-48 Anm. 55 und 63
677 Bruck/Möller, vor §§ 43-48 Anm. 63
678 Gauer, S. 55; Matusche, S. 93
679 siehe u.a. Matusche, S. 98 ff. m.w.N.
680 Matusche, S. 101; Keil/Schirmer, S. 65

hin überprüfen. Er muß die Solvabilität der Versicherungsunternehmen beobachten und bei Bedenken entsprechend reagieren. Dabei wickelt er im Auftrag seines Kunden die gesamte Geschäftskorrespondenz mit dem Versicherer ab[681].

Wegen dieses typischen Charakters eines Dauermandates erhält der Versicherungsmakler neben der einmaligen Abschlußcourtage auch eine laufende Betreuungscourtage[682].

II. Rechte und Pflichten im Verhältnis zum Versicherer

Nach einhelliger Auffassung in Rechtsprechung[683] und Literatur[684] begründet die Tätigkeit des Maklers im Rahmen der Vermittlung von Versicherungsdienstleistungen vertragsähnliche Pflichten sowohl gegenüber dem Versicherungsnehmer als auch gegenüber dem Versicherer. Die Rede ist in diesem Zusammenhang vom so genannten „Doppelrechtsverhältnis".

Da der Versicherungsmakler als Sachwalter des Versicherungsnehmers dessen Interessen wahrzunehmen hat, fällt sein Pflichtenkatalog im Verhältnis zum Versicherer geringer aus[685]. Unstreitig trifft den Versicherungsmakler gegenüber dem Versicherer eine allgemeine Auskunfts- und Mitteilungspflicht. Sie betrifft alle Umstände, die für den Abschluß und die Fortführung des Versicherungsvertrages auf Seiten des Risikoträgers von Interesse sein können[686].

Hinzu tritt die Pflicht des Maklers, zur Erfüllung der Auskunfts- und Mitteilungspflicht erforderliche Erkundigungen im Interesse des Versicherers einzuholen[687]. Letztlich ist der Versicherungsmakler im Verhältnis zum Versicherer zur Verschwiegenheit verpflichtet[688]. Die Pflicht zur Verschwiegenheit im Verhältnis zum Versicherer findet jedoch dort ihre Grenze, wo schützenswerte Inter-

---

681 wegen der Einzelheiten zum Pflichtenkatalog siehe Matusche, S. 101 ff; Keil/Schirmer, S. 65 ff; Baumann, S. 97 ff;

682 vgl. u.a. OLG Frankfurt VersR 1995, 93 ff, BGH VersR 1995, 93; a.A. Odendahl ZfV 1993, 390 ff, 413 ff, wonach die betreuenden Tätigkeiten des Maklers während des laufenden Vertrages durch die Vermittlungscourtage abgegolten werden

683 u. a. BGH Beschluß vom 19. Oktober 1994 zu OLG Frankfurt VersR 1995, 92, 93

684 u. a. Matusche, S. 37; Bruck, S. 154

685 während Matusche, S. 134, die Auffassung vertritt, den Versicherungsmakler treffe auch im Verhältnis zum Versicherer eine allgemeine Interessenwahrnehmungspflicht, wird dies von Baumann, S. 167, abgelehnt. Baumann ist dahingehend zuzustimmen, daß eine allgemeine Interessenwahrnehmungspflicht gegenüber dem Versicherer mit der Sachwalterstellung des Versicherungsmaklers gegenüber dem Versicherungsnehmer nicht vereinbar ist

686 Matusche, S. 134; Bruck/Möller vor §§ 43 bis 48, Anm. 54; Grieß/Zinnert, S. 72; Baumann, S. 134

687 Schirmer, VersVerm 1990, 356; Bruck/Möller vor §§ 43 bis 48 Anm. 54 a.E.

688 Baumann, S. 135; Bruck/Möller vor §§ 43 bis 48 Anm. 54

essen des Versicherungsnehmers bestehen. In derartigen Fällen ist den Interessen des Versicherungsnehmers Vorrang einzuräumen.

Das „Doppelrechtsverhältnis“ begründet auch Rechtspflichten des Versicherers gegenüber dem Versicherungsmakler. Zu diesen Rechtspflichten gehört es u. a., die gesamte Korrespondenz bezüglich des Versicherungsvertragsverhältnisses über den Versicherungsmakler abzuwickeln. Diese Verpflichtung besteht in jedem Fall dann, wenn der Versicherungsvertrag unter Einschaltung eines Versicherungsmaklers vermittelt wurde. In diesem Fall kann sich der Versicherer nicht darauf berufen, daß er nur mit der Vermittlung, nicht aber mit der Betreuung des Vertrages einverstanden ist.[689]

Mit dem Entstehen des Doppelrechtsverhältnisses muß der Versicherer den Versicherungsmakler nach Treu und Glauben als Gesprächspartner akzeptieren und nach dem Abschluß des Vertrages auch die Korrespondenz an ihn richten[690].

D. Haftung des Versicherungsmaklers

Handelt der Versicherungsmakler seinen vorgenannten vertraglich geschuldeten Pflichten zuwider, haftet er seinem Auftraggeber und dem Versicherer für sämtliche daraus resultierenden Schäden auf Schadensersatz[691]. Grundlage der weitreichenden Haftung im Verhältnis zum Versicherungsnehmer ist das bereits zitierte Sachwalterurteil[692].

E. Vergütungsanspruch des Versicherungsmaklers

Der Vergütungs- oder Courtageanspruch des Versicherungsmaklers weist zunächst insoweit Besonderheiten auf, als seine dogmatische Grundlage nicht abschließend geklärt ist. Darüberhinaus richtet sich der Anspruch anders als die gesetzlichen Regelungen über den Zivil- oder Handelsmakler ausschließlich gegen denjenigen Versicherer, der den Vertrag mit dem Auftraggeber des Versicherungsmaklers abschließt. Letztlich ist zu beachten, daß sich der grundsätzlich einheitliche Anspruch auf Maklercourtage in zwei Teile, nämlich den Vermittlungs- und den Betreuungsanteil aufteilt.

---

689 Baumann, S. 174 m.V.a. Habermayr, ZfV 1987, 113, 115; Wilting, ZfV 1987, 271

690 Baumann, S. 174

691 wegen der Einzelheiten zu den Haftungstatbeständen wird verwiesen auf Matusche, S. 148 ff.; Baumann, S. 194 ff.; Keil/Schirmer, S. 125 ff.

692 BGH VersR 1985, 930 ff

I. Rechtsgrundlage

In Rechtsprechung und Literatur ist zwar streitig, auf welche Rechtsgrundlage der Provisionsanspruch des Maklers gestützt werden kann[693]. Letztlich kann die dogmatische Einordnung dieser Frage jedoch dahingestellt bleiben. Entscheidend ist, daß der Makler nach einhelliger Auffassung in Rechtsprechung[694] und Literatur[695] seine Vergütung für die im Auftrag des Versicherungsnehmers vermittelten Versicherungsverträge grundsätzlichvom Versicherer und nicht vom Auftraggeber erhält[696].

Etwas anderes gilt im Falle der Vereinbarung eines sogenannten „Nettotarifs". Hiermit ist gemeint, daß abschlußkostenfreie Tarife verwendet werden und die Courtage entgegen dem vorgenannten Grundsatz nicht vom Versicherer, sondern vom Versicherungsnehmer entrichtet wird[697]. Während das herkömmliche Vergütungssystem vorsieht, daß die Maklercourtage Bestandteil der Prämienkalkulation des Versicherers ist, wird die Courtage bei der Vereinbarung von Nettoratifen zwischen dem Auftraggeber und dem Versicherungsmakler festgelegt und vom Auftraggeber des Versicherungsmaklers gezahlt. Die Vereinbarung von Nettotarifen wird vom BAV als zulässig betrachtet, solange die Tätigkeit des Versicherungsmaklers erfolgsabhängig bleibt, es also zum Abschluß eines Versicherungsvertrages kommt[698].

II. Anspruchsvoraussetzungen

Die Aufgabe des Versicherungsmaklers ist die Vermittlung von Versicherungsverträgen. Diese Aufgabe läßt sich als Geschäftsbesorgung zum Zwecke der Be-

---

693 diskutiert werden Handelsbrauch, siehe Grieß/Zinnert, S. 156 f; Gewohnheitsrecht, OLG Frankfurt VersR 1995, 95; der vermittelte Versicherungsvertrag, siehe Prölss/Martin-Kollhosser, nach § 48 VVG, Rdnr 28, 29; stillschweigende Courtageabrede zwischen dem Makler und dem Versicherer, OLG Hamm VersR 1995, 658; §§ 99, 354 HGB, OLG Saarbrücken, OLG-Report 1997, 335 ff

694 u. a. BGH VersR 1986, 236, 237; OLG Hamm VersR 95, 658; OLG Frankfurt/Main VersR 95, 93

695 u. a. Prölss/Martin-Kollhosser, VVG-Kommentar, 26. Auflage, Anhang zu §§ 43-48 Rdnr. 28; Bruck-Möller, vor §§ 43-48, Anm. 72; Grieß/Zinnert, S. 155; Baumann, S. 283;

696 Wegen der historischen Grundlagen des Vergütungsanspruchs gegen den Versicherer siehe Baumann, S. 284 f

697 Umhau, S. 85 f.; Schirmer/Keil, S. 114 ff

698 VerBAV 1996, 222

schaffung, Ausgestaltung und Abwicklung von Versicherungsschutz beschreiben[699].

Um einen Courtageanspruch erwerben zu können, muß der Versicherungsmakler zunächst eine Vermittlungsleistung entfalten. Vermitteln heißt dabei aktiv auf die Willensentschließung des Vertragspartners des Auftraggebers einzuwirken, also dessen Bereitschaft zum Abschluß eines Versicherungsvertrages zu fördern[700].

Für den Anspruch des Maklers auf Zahlung einer Courtage reicht es dabei grundsätzlich aus, daß die Vermittlungstätigkeit conditio sine qua non für den Abschluß des Versicherungsvertrages ist[701].

Der Makler erbringt im Rahmen seiner vermittlungsorientierten Betätigungen somit bereits dann eine Maklerleistung, wenn er die Abschlußbereitschaft des Versicherers durch seine Tätigkeit wenigstens mitursächlich fördert. Die Einwirkung des Maklers auf den Abschluß des Versicherungsvertrages kann im Hinblick auf den Entschluß, überhaupt einen Vertrag zu schließen, auf die inhaltliche Ausgestaltung oder auf die zeitliche Entschlußbildung förderlich gewesen sein[702].

Weitere Grundvoraussetzung für den Courtageanspruch ist der Abschluß des vom Versicherungsmakler vermittelten Versicherungsvertrages. Die Tätigkeit des Maklers ist also erfolgsabhängig[703].

Letztlich teilt der Courtageanspruch des Versicherungsmaklers das Schicksal der Versicherungsprämie. Hierfür kann die Regelung des § 92 Abs. 4 HGB auf das Recht des Versicherungsmaklers übertragen werden[704]. Danach entsteht der Courtage-Anspruch zwar mit dem Abschluß des Versicherungsvertrages. Er ist jedoch aufschiebend bedingt durch die Erfüllung des Prämienanspruchs.

III. Bestandteile der Courtage

Die Courtage des Versicherungsmaklers setzt sich nach herrschender Meinung[705] aus einem Vermittlungsanteil für die Vermittlung des Versicherungsvertrages

---

699 u.a. Matusche, S. 9; Biagosch, S. 33

700 Griess/Zinnert, S. 153 ff

701 Baumann, S. 292; Bruck/Möller, vor §§ 43-48, Anm. 78; Prölss/Martin-Kollhosser, Anh. zu §§ 43-48 Rdnr. 33

702 Fetzer, VersR 2000, 1316

703 Keil/Schirmer, S. 91

704 Schirmer/Keil S. 91; OLG Hamm NJW-RR 1994, 1306; Prölss-Martin nach § 48 VVG Rdnr. 34 ff

705 u.a. BGH VersR 1986, 58, 59; VersR 1995, 658, 659; Bruck/Möller, vor §§ 43-48, Anm. 72; Grieß/Zinnert, S. 159; Baumann, S. 310; a.A. Odendahl, ZfV 1993, 390, 391

und einem Betreuungsanteil für die laufende Verwaltung des Versicherungsvertrages zusammen[706].

Der einheitliche Vergütungsanspruch des Versicherungsmaklers wird somit in zwei selbstständige Teile aufgeteilt. Dabei teilt der Courtage-Anspruch des Versicherungsmaklers das rechtliche Schicksal des Prämienanspruchs des Versicherers gegenüber dem Versicherungsnehmer. Sofern der Versicherungsmakler die laufende Betreuung und Verwaltung der Versicherungsverträge für den Versicherungsnehmer übernimmt, erhält er vom Versicherer während der gesamten Laufzeit des Versicherungsvertrages eine laufende Verwaltungscourtage. Der Anspruch auf Zahlung der Verwaltungscourtage entfällt erst mit der Beendigung des Versicherungsvertrages bzw. geht dadurch verloren, daß der Versicherungsnehmer der ihm obliegenden Pflicht zur Prämienzahlung nicht nachkommt[707].

IV. Höhe des Courtageanspruchs

Die Höhe des dem Versicherungsmakler zustehenden Anspruchs auf Zahlung einer Courtage richtet sich nach den Vorschriften der §§ 652, 653 Abs. 1, 2 BGB.[708] Danach ergibt sich der Anspruch in erster Linie aus einer vertraglichen Bestimmung zwischen dem Versicherungsmakler und dem Versicherer, in zweiter Hinsicht aus einer etwaigen Taxe und in dritter Linie entspricht sie dem „üblichen" Lohn. Demgemäß sind auch in diesem Zusammenhang die Verkehrssitte und der Handelsbrauch zu berücksichtigen[709].

Basiert die Höhe des Courtageanspruchs des Versicherungsmaklers auf einer vertraglichen Vereinbarung mit dem Versicherer, so handelt es sich hierbei um eine sogenannte „Courtagezusage". Die Vereinbarung einer „Courtagezusage" bietet sich vorrangig dann an, wenn eine auf längere Zeit angelegte Geschäftsbeziehung vorgesehen ist[710]. In der Vereinbarung werden die Courtagesätze für die einzelnen Sparten schriftlich fixiert, zu deren Zahlung sich der Versicherer im Falle der Vermittlung von Versicherungsverträgen einseitig verpflichtet[711]

---

706 Wie noch näher auszuführen sein wird, spielt diese Unterscheidung bei der Frage eine Rolle, ob und inwieweit der Versicherungsmakler allein wegen der Courtage für die Betreuungsleistung ein Interesse an der Zusammenarbeit mit einem bestimmten Bieter haben könnte, siehe Teil 2 Kap. 6 A.II.2.b)dd)

707 u. a. Baumann, S. 306; Grieß/Zinnert, S. 159; Quartalsbericht des GDV 4/88, S. 155

708 u.a. Prölss/Martin-Kollhosser, Anh. zu §§ 43-48 Rdnr. 32; Bruck/Möller, vor §§ 43-48 Anm. 98

709 Baumann, S. 306

710 Griess/Zinnert, S. 635

711 Eine Muster-Courtagezusage ist abgedruckt in Griess/Zinnert auf Seite 636

Der „übliche" Lohn gem. § 653 Abs. 2 BGB richtet sich nach der Vergütung, die für gleiche Vermittlerleistungen an dem betreffenden Ort mit Rücksicht auf die persönlichen Verhältnisse üblicherweise gewährt bzw. gezahlt wird[712].

Kapitel 6 Vereinbarkeit der Einschaltung des Maklers mit vergaberechtlichen Vorschriften

Die im Bereich der Vergabe von Versicherungsdienstleistungen nach dem Kartellvergaberecht am häufigsten diskutierte Frage ist, ob der öffentliche Auftraggeber dazu berechtigt ist, sich im Rahmen des Vergabeverfahrens der Hilfe eines Versicherungsmaklers bedienen zu dürfen. Während der Vergaberechtsüberwachungsausschuß des Landes Brandenburg in seinem Beschluß vom 22. Mai 1997[713] und damit vor dem Erlaß des Kartellvergaberechts hierüber noch keine streitige Entscheidung traf[714], gelangten sämtliche Vergabesenate[715], die sich nach dem Erlaß des Kartellvergaberechts hiermit zu beschäftigen hatten, mit jeweils unterschiedlicher Begründung zu dem Ergebnis, daß jedenfalls in den zur Entscheidung stehenden Sachverhalten die Einschaltung des Versicherungsmaklers Verstöße gegen elementare Grundsätze des Kartellvergaberechts begründete.

Auch in der Literatur wird die Rechtmäßigkeit der Einschaltung von Versicherungsmaklern in das Verfahren zur Vergabe von Versicherungsdienstleistungen äußerst kontrovers diskutiert[716]. Es folgt aus der Natur der Sache, daß insbesondere die im Kommunalgeschäft schwerpunktmäßig tätigen Versicherungs-

---

712 Baumann, S. 309; Palandt-Putzo, § 612 BGB, Rdnr. 8. Für den Abschluß von Feuerversicherungsverträgen beträgt die ortsübliche Courtage beispielsweise 14% bis 25 % der vom Versicherungsnehmer gezahlten Prämie

713 1 VÜA 15/96

714 Gegenstand des Vergabeverfahrens waren Versicherungsdienstleistungen für kommunale Gebäude und Inventar im Verhandlungsverfahren gem. Art. 11 Abs. 2 und Anhang III D der Dienstleistungsrichtlinie. Die Vergabestelle beauftragte einen Versicherungsmakler mit der Vorbereitung und Durchführung des Vergabeverfahrens sowie der späteren Auswertung der Angebote. Die von einem Bieter angerufene Vergabeprüfstelle als Vorinstanz zum Vergaberechtsüberwachungsausschuß vertrat die Auffassung, das Vergabeverfahren stehe im Einklang mit dem geltenden Vergaberecht

715 OLG Rostock, OLG Düsseldorf, OLG Celle und OLG Schleswig, a.a.O.,Fn. 380

716 von besonderer Bedeutung sind dabei die Veröffentlichungen von Dreher, u. a. VersR 2000, 666 ff sowie BADK-Informationen 2000, 108 ff.; Werber, VersR 2001, 1313 ff; Boesen, VersR 2000, 1063 ff; Teichler, VersR 2000, 295 ff; Fleischer, NVersZ 2001, 204 ff; Fetzer, VersR 2000, 131 ff; Gotzen, VR 2000, 335; Müller-Stüler, VersR 1999, 1060 ff und Höfler/Bert, NVersZ 2001, 197 ff

unternehmen die Einschaltung von Versicherungsmaklern in das Vergabeverfahren grundsätzlich ablehnen[717]. Aber auch ein Teil der Kommunen selbst sprach sich sich gegen Versicherungsmakler aus[718].

Demgegenüber verweisen die Befürworter der Einbindung von Versicherungsmaklern in das Vergabeverfahren unabhängig von den Vorschriften des GWB, der VgV und der VOL/A auf den Sinn und Zweck des Vergaberechts. Danach zielt die Verpflichtung zur Ausschreibung kommunaler Leistungen darauf ab, den wirtschaftlich günstigen Einkauf der gewünschten Leistung durch Ausnutzung des Wettbewerbs zu ermöglichen. Hierauf hat die Einschaltung eines Maklers jedoch einen eher förderlichen als störenden Einfluß[719].

Die nachfolgenden Ausführungen setzen sich mit den im Zusammenhang mit den Vorschriften des Kartellvergaberechts geführten zentralen Argumenten der Diskussion auseinander.

A. Vereinbarkeit des Maklers mit den Vorgaben der VOL/A

Welche Vorschriften bei der Einschaltung von Versicherungsmaklern in das Vergabeverfahren zu beachten sind, wird zwar ausgesprochen kontrovers diskutiert. Im Ergebnis sind sich jedoch nahezu alle Autoren und Gerichte, die sich mit dieser Frage beschäftigt haben, dahingehend einig, daß die Einschaltung von Versicherungsmaklern mit der VOL/A grundsätzlich vereinbar ist, solange der Makler nicht an der Vergabeentscheidung durch die Vergabestelle beteiligt wird. Die eigentliche Diskussion wird darüber geführt, in welchen Fällen eine unmittelbare oder mittelbare Beteiligung an der Vergabeentscheidung vorliegt.

Die nachfolgenden Ausführungen setzen sich deshalb zunächst kritisch mit den anwendbaren Vorschriften auseinander. Dem schließen sich Ausführungen über das eigentliche Problemfeld der unmittelbaren bzw. mittelbaren Beteiligung des Maklers an der Vergabeentscheidung an.

---

717 u.a. anonym, Pro Kommunal 5/98, S. 2; 3/99, S. 3

718 vgl. Mitteilungen des NWStGB 1999, 304 und 399; anonym, Makler im Kommunalgeschäft, Mitteilungen des Schleswig-Holsteinischen Landkreistages, Ausgabe 1/2000, 10; anonym, Ausschreibung von Versicherungsverträgen, Informationen Hessischer Städtetag, Ausgabe 11-12/2000, 1 ff.

719 u. a. Müller-Stüler, VersR 1999,1060,1063; Gotzen, VR 2000, 335, 339

I. Anwendbare Vorschriften

1) Der Makler als Sachverständiger i. S. des § 6 VOL/A

Nach Auffassung des überwiegenden Teils der Rechtsprechung[720] und Literatur[721] können Makler bereits grundsätzlich nicht Sachverständige i. S. von § 6 Nr. 3 VOL/A sein. Die zur Begründung dieser Auffassung angeführten Argumente bedürfen jedoch der kritischen Überprüfung.

Grundsätzlich dient die Einschaltung von Sachverständigen gem. § 6 Nr. 1 VOL/A dazu, rein fachliche Fragen durch einen gutachterlich tätigen Spezialisten überprüfen zulassen[722]. Die Eignung als Sachverständiger setzt nach dieser Auffassung uneingeschränkte Unparteilichkeit voraus. Zur Begründung wird auf § 6 Nr. 3 VOL/A verwiesen. Danach darf der Sachverständige weder unmittelbar noch mittelbar an der Vergabeentscheidung beteiligt werden.

Ergänzend hierzu weist ein Teil der Literatur[723] zutreffenderweise darauf hin, daß sich die Tätigkeit eines beratenden Dritten auch auf die Rolle eines sachverständigen Beraters des öffentlichen Auftraggebers beschränken kann. Dies ist im Hinblick auf den Wortlaut des § 6 VOL/A folgerichtig. Gem. § 6 Nr. 1 VOL/A dürfen Sachverständige zur Klärung sämtlicher fachlicher Fragen eingeschaltet werden. Sofern der öffentliche Auftraggeber nicht über eigenes geschultes Personal verfügt, ist gerade im Rahmen der Vorbereitung des eigentlichen Vergabeverfahrens[724] der Sachverstand beratender Dritter für die Risiko-, Deckungs- und Marktanalyse unerlässlich[725].

Ungeachtet dessen soll nach bislang einhelliger Auffassung die Tätigkeit des Maklers mit den Anforderungen, die an einen Sachverständigen oder einen sachverständigen Berater gestellt werden, nicht vereinbar sein. Zur Begründung wird darauf verwiesen, daß die angeblich erforderliche Unparteilichkeit des Sachverständigen mit der Sachwalterstellung des Versicherungsmaklers nicht vereinbar sei[726].

---

720 u.a. OLG Rostock, a.a.O.,Fn. 387

721 u. a. Dreher, VersR 2000, 666, 674 und VersR 1999, 1513; ders., BADK-Informationen 2000, 108, 116; Müller-Stüler, VersR 1999, 1060, 1062; Teichler, Das Einschalten von Maklern in das Vergabeverfahren, Behörden-Spiegel März 2000, Seite BIII, Beschaffung spezial

722 vgl.Daub/Eberstein-Müler, § 6 Rdnr. 11,12; Höfer/Bert, NVersZ 2001, 203

723 u. a. Dreher BADK-Informationen 2000, 109; Heiermann/Riedl/Rusam, § 7 Rdnr. 4

724 also in der „1. Phase", siehe Teil 2 Kap. 7 B II.1)a)aa)aaa)

725 siehe Teil 2, Kap. 5 Ziff. C.

726 u.a. Boesen, VersR 2000, 1063, 1066; Müller-Stüler, VersR 1999, 1060, 1062; a.A. anonym, Mitteilungen NWStGB 18/1999,304. Danach dürfen Versicherungsmakler als Sachverständige zur Klärung spezieller Fragen unterstützend tätig werden, so-

Diese Auffassung begegnet jedoch Bedenken. Grundlage der Unvereinbarkeit des Versicherungsmaklers mit der Position des Sachverständigen ist die Annahme, daß es sich bei der für einen Sachverständigen geforderten Unparteilichkeit einerseits und der Sachwalterstellung des Versicherungsmaklers andererseits um ein Gegensatzpaar handelt, das einander ausschließt. Dies überzeugt jedoch nicht.

Aufgabe des Sachverständigen ist es, eine rein fachliche Frage einerseits objektiv, andererseits aber an den Bedürfnissen des öffentlichen Auftraggebers ausgerichtet zu beantworten. Dem öffentlichen Auftraggeber soll durch die Tätigkeit des Sachverständigen eine verbindliche Entscheidungsgrundlage zur Verfügung gestellt werden. Ungeachtet der für den Sachverständigen geforderten Neutralität ist die Tätigkeit des Sachverständigen somit einseitig ergebnis- und aufgabenorientiert.

Würde einem Sachverständigen im Rahmen der Vergabe von Versicherungsdienstleistungen beispielsweise die Aufgabe gestellt, für die bestehenden Risiken eines öffentlichen Auftraggebers ein Deckungskonzept zu entwickeln, hätte er dieses Problem nach Maßgabe des tatsächlich Machbaren optimal zu lösen. Maßstab für die vom Sachverständigen dabei zu beachtenden Pflichten ist die Frage, wie die Interessen des öffentlichen Auftraggebers am besten gewahrt werden können. Die optimale Lösung orientiert sich somit an den einseitigen Interessen des öffentlichen Auftraggebers. Die – u.U. gegenläufigen – Interessen Dritter und insbesondere von Bietern finden gerade keine Berücksichtigung.

Ausdruck der einseitigen Wahrung der Interessen des öffentlichen Auftraggebers ist u. a. die Haftung des Sachverständigen. Beantwortet der Sachverständige die ihm gestellte Frage unzutreffend und resultiert daraus zu Lasten des öffentlichen Auftraggebers ein Schaden, haftet er dem öffentlichen Auftraggeber auf Schadensersatz[727].

Die Aufgaben des Sachverständigen unterscheiden sich danach im Ergebnis nicht von derjenigen des Versicherungsmaklers. Auch er hat die ihm gestellte fachliche Frage i. S. einer optimalen Lösung für den öffentlichen Auftraggeber zu beantworten. Die Sachwalterstellung verpflichtet ihn ebenso wie den Sachverständigen dazu, das gestellte Problem unter Berücksichtigung des technisch

lange das Vergabeverfahren nicht insgesamt auf sie delegiert wird. Ob Makler Sachverständige i. S. des § 6 VOL/A sein können, wird also stillschweigend unterstellt, ohne dies näher zu begründen

727 der zwischen dem Sachverständigen und dem Auftraggeber geschlossene Vertrag kann sogar drittschützende Wirkungen entfalten, Palandt-Heinrichs, § 328 Rdnr. 32 unter anderem mit Verweis auf BGH NJW 1997, 1235

und rechtlich Machbaren zu lösen. Jeder Fehler, der ihm dabei unterläuft, begründet seine Haftung nach den Grundsätzen der Sachwalterentscheidung[728].

Einer Gleichbehandlung von Sachverständigen und Versicherungsmaklern steht nicht das Argument entgegen, der Versicherungsmakler habe im Vergleich zum Sachverständigen ein stärkeres Interesse am Ausgang des Vergabeverfahrens[729]. Auf der Ebene der Prüfung der Frage, welche Anforderungen an einen Sachverständigen zu stellen sind, spielt dieser Gesichtspunkt keine Rolle. Dies ergibt sich aus dem Regelungsgehalt des § 6 Nr. 3 VOL/A. Danach darf der Sachverständige keinerlei Einfluß auf die Vergabeentscheidung nehmen oder haben. Wäre das Interesse des Beraters am Ausgang des Verfahrens bereits Bestandteil des Sachverständigenbegriffs, hätte es der Regelung des § 6 Nr. 3 VOL/A insgesamt nicht bedurft.

Letztlich verfängt nicht der Einwand, der Versicherungsmakler verstoße gegen das Rechtsberatungsgesetz, wenn er im Rahmen des Vergabeverfahrens als Sachverständiger tätig wird. Müller-Stüler[730] vertritt hierzu die Auffassung, eine Tätigkeit als Sachverständiger sei mit dem Tätigkeitsbild des Versicherungsmaklers unvereinbar. Ziel der Tätigkeit des Versicherungsmaklers müsse stets die Vermittlung eines Versicherungsvertrages sein.

Dem ist jedoch entgegenzuhalten, daß die Tätigkeit des Versicherungsmaklers durchaus gleichzeitig im Interesse einer einseitigen Beratung des öffentlichen Auftraggebers und zum Zwecke der Vermittlung eines Versicherungsvertrages erfolgen kann. Ob die Tätigkeit des Versicherungsmaklers einen Verstoß gegen das Rechtsberatungsgesetzes begründet, bestimmt sich allein danach, ob der Versicherungsmakler seine Vergütung ausschließlich für die Beratungstätigkeit zu Gunsten des öffentlichen Auftraggebers und losgelöst vom Abschluß eines Versicherungsvertrages eine Vergütung erhält. Nur in diesem Fall wird die beratende Tätigkeit des Versicherungsmaklers zu seiner Haupttätigkeit[731].

Im Ergebnis kann deshalb auch ein Versicherungsmakler als Sachverständiger im Rahmen eines Vergabeverfahrens für einen öffentlichen Auftraggeber tätig werden. Die Grenze für die von ihm zu erledigenden Aufgaben wird durch § 6 Nr. 3 VOL/A gezogen. Danach darf er weder unmittelbar noch mittelbar an der Vergabeentscheidung beteiligt werden oder sein[732].

728 BGH VersR 1985, 930 ff.
729 so u.a. Dreher, BADK-Informationen 2000, 111; Müller-Stüler, VersR 1999, 1062
730 VersR 1999, 1060, 1062
731 siehe Teil 2, Kap. 5 B.II.3)
732 eine ganz andere Frage ist es, welche Tätigkeiten der Versicherungsmakler im Rahmen des Vergabeverfahrens als Sachverständiger praktisch ausführen kann. Müller-Stüler, VersR 1999, 1062, unterscheidet insoweit zutreffenderweise zwischen begutachtenden Tätigkeiten wie der Erarbeitung eines Deckungskonzepts und

2) Der Rechtsgedanke des § 6 Nr. 3 VOL/A unabhängig von der Stellung als Sachverständiger

Es entspricht überwiegender Auffassung[733], daß § 6 Nr. 3 VOL/A einen allgemeinen Grundsatz enthält, wonach nicht nur Sachverständige, sondern sämtliche Dritten, die generell dazu berechtigt sind, sich am Vergabeverfahren beteiligen zu können, keinerlei Einfluß auf die Vergabeentscheidung nehmen dürfen. Begründet wird dies überwiegend mit einem „Erst-Recht-Schluß". Wenn selbst der angeblich zwingend neutrale Sachverständige keinen Einfluß auf die Vergabeentscheidung nehmen darf, gilt dies um so mehr für jeden anderen Berater, der mehr oder weniger „im Lager" des öffentlichen Auftraggebers oder eines Dritten steht[734].

Um den Anwendungsbereich des § 6 Nr. 3 VOL/A derart ausweiten zu können, bedarf es eines Analogieschlusses. Fraglich ist allerdings, ob die Vorschrift überhaupt analogiefähig ist. Dies wird von Boesen[735] mit Recht bezweifelt. Bei einer Analogie handelt es sich um eine Übertragung der für einen bestimmten Tatbestand im Gesetz vorgesehenen Regel auf einen anderen, aber rechtsähnlichen Tatbestand[736]. Voraussetzung für jede Analogie ist das Vorliegen einer planwidrigen Regelungslücke[737].

Eine solche Regelungslücke läge nur dann vor, wenn die Frage der rechtmäßigen Beteiligung Dritter am Vergabeverfahren nicht über andere Vorschriften des Vergaberechts beantwortet und geklärt werden könnte. Tatsächlich liegt je-

---

gestaltenden Tätigkeiten wie beispielsweise Ratschläge zum Risk-Management. Soweit der Versicherungsmakler für den öffentlichen Auftraggeber nicht als Sachverständiger auftritt, wird er als dessen Gehilfe zu qualifizieren sein

733 u. a. OLG Düsseldorf, a.a.O.,Fn. 387; Dreher, BADK-Informationen 2000, 110

734 OLG Rostock, a.a.O.,Fn. 387; Dreher, BADK-Informationen 2000, 108, 111. Berger/Sittner, S. 5, vertreten die im Ergebnis unzutreffende Auffassung, die Beauftragung eines Versicherungsmaklers im Rahmen des Vergabeverfahrens verstoße bereits deshalb gegen das in § 6 Nr. 3 Satz 1 VOL/A festgelegte Neutralitätsgebot, da der Versicherungsmakler sein Beratungsentgelt nicht von der Vergabestelle, sondern von dem erfolgreichen Bieter erhält. Dieser Umstand reicht für sich genommen jedoch noch nicht aus, um Zweifel an der Neutralität des Versicherungsmaklers zu begründen. Die Auffassung von Berger/Sittner unterstellt dem Versicherungsmakler ohne nähere Begründung eine quasi institutionelle Voreingenommenheit zugunsten desjenigen Bieters, der die Courtage letztlich zu entrichten hat. Selbst wenn diese Unterstellung zuträfe, käme es jedoch für die Beantwortung der hier interessierenden Frage darauf an, ob und inwieweit der Makler dazu in der Lage ist, Einfluß auf die Vergabeentscheidung nehmen zu können.

735 VersR 2000, 1066

736 Palandt-Heinrichs, Einleitung vor § 1 BGB, Rdnr. 40

737 BGH NJW 81, 1726; BGH NJW 88, 2110

doch keine Regelungslücke vor. Bei § 6 Nr. 3 VOL/A handelt es sich letztlich um eine Konkretisierung des allgemeinen Wettbewerbsprinzips und des Diskriminierungsverbotes gem. §§ 97 Abs. 1 und 2 GWB, 2 Nr. 1 und 2 VOL/A[738]. Raum für eine Ausweitung des Regelungsgehalts des § 6 Nr. 3 VOL/A im Wege einer Analogie besteht demgemäß insgesamt nicht. Vielmehr richtet sich die Frage der rechtmäßigen Einschaltung Dritter nur dann nach § 6 Nr. 3 VOL/A, wenn der betreffende Dritter als Sachverständiger qualifiziert werden kann. Im übrigen greifen die allgemeinen Grundsätze der §§ 97 Abs. 1 und 2 GWB, 2 Nr. 1 und 2 VOL/A.

3) Maklereinschaltung und § 2 Nr. 3 VOL/A

Gem. § 2 Nr. 3 VOL/A sind Leistungen unter ausschließlicher Verantwortung der Vergabestelle zu vergeben.

Nach wohl überwiegender Auffassung[739] begründet eine vollständige oder fast vollständige Delegation der Ausschreibung und der Auswertung der Angebote auf einen Versicherungsmakler einen Verstoß gegen § 2 Nr. 3 VOL/A. Zur Begründung dieser Auffassung wird darauf verwiesen, daß nach Maßgabe der Materialien der VOL/A durch § 2 Nr. 3 VOL/A eine Zuständigkeitsregelung getroffen werde[740]. Zwar trat Boesen[741] dieser Auslegung der Vorschrift mit beachtlichen und überzeugenden Argumenten entgegen[742]. Letztlich kann dahingestellt bleiben, welcher Auffassung der Vorzug einzuräumen ist. In jedem Fall entspricht es einhelliger Auffassung, daß die Verpflichtung, Leistungen in eigener Verantwortung zu vergeben, der Einschaltung Dritter in das Vergabeverfahren enge Grenzen setzt. In jedem Fall muß die alleinige Verantwortung für die Vergabeentscheidung beim öffentlichen Auftraggeber verbleiben[743].

---

738 Boesen, VersR 2000, 1066

739 u. a. OLG Düsseldorf, a.a.O.,Fn. 380; Müller-Stüler, VersR 1999, 1060, 1063; Sittner, ZfV 2001, 21

740 Daub/Eberstein-Müller, § 2 Rdnr. 39

741 VersR 2000, 1065

742 Boesen weist u. a. zutreffenderweise daraufhin, daß aus der Vorschrift bereits ihrem Wortlaut nach nicht zwingend eine ausschließliche Zuständigkeit hergeleitet werden könne, da die Vergabestelle für die Vergabeentscheidung nicht „zuständig“, sondern lediglich „verantwortlich“ sein muß. Darüber hinaus wäre eine Auslegung der Vorschrift in diesem Sinne nicht mit § 6 VOL/A vereinbar, der gerade eine Hinzuziehung von Sachverständigen in gewissen Grenzen zuläßt

743 Boesen, VersR 2000, 1065

4) Vereinbarkeit der Maklereinschaltung mit § 20 Nr. 1 VOL/A

Im Zusammenhang mit § 20 Nr. 1 VOL/A wird diskutiert, ob öffentliche Auftraggeber dazu berechtigt sind, durch eine so genannte Maklerklausel die Kosten der Maklereinschaltung, also die Maklercourtage, auf denjenigen Bieter abzuwälzen, der im Rahmen des Vergabeverfahrens den Zuschlag erhält. Im Ergebnis steht § 20 Nr. 1 VOL/A dieser Praxis nicht entgegen. Wegen der Einzelheiten hierzu wird auf die nachfolgenden Ausführungen[744] verwiesen.

5) Zwischenergebnis

Zusammenfassend sind bei der Beteiligung von Maklern die Vorschriften der §§ 6 Nr. 3, 2 Nr. 3 VOL/A zu beachten. Beiden Vorschriften ist gemein, daß sie eine Beteiligung von Maklern an der Vergabeentscheidung sanktionieren, sofern der Makler unmittelbar oder mittelbar an der Vergabeentscheidung beteiligt wird.

II. Beteiligung des Versicherungsmaklers an der Vergabeentscheidung

Fraglich ist, unter welchen Voraussetzungen die Einbindung von Versicherungsmaklern in das Vergabeverfahren einen Verstoß gegen § 6 Nr. 3 VOL/A, 2 Nr. 3 VOL/A begründet. Nach einhelliger Auffassung erstreckt sich dabei die Möglichkeit der Beteiligung an der Vergabeentscheidung nicht nur auf unmittelbare, sondern auch auf mittelbare Einflußnahmen[745].

1) Unmittelbare Beteiligung des Maklers an der Vergabeentscheidung

Eine unmittelbare Beteiligung des Versicherungsmaklers an der Vergabeentscheidung kann sowohl auf der Seite der Vergabestelle, also des öffentlichen Auftraggebers, als auch auf der Seite der am Vergabeverfahren beteiligten Bieter erfolgen.

a) Beteiligung auf Seiten der Vergabestelle

Eine unmittelbare Beteiligung auf der Seite der Vergabestelle liegt vor, wenn der öffentliche Auftraggeber die fachliche Entscheidung über die Zuschlagserteilung

744 siehe Teil 2, Kap. 7 B.I.
745 u.a. Sittner/Noch, Behörden-Spiegel Ausgabe Juli 2000, Seite B V - Beschaffung Spezial

zugunsten eines bestimmten Bieters zur Gänze oder zumindest wesentlich dem Versicherungsmakler überläßt[746]. Eine nur „wesentliche" aber keine vollständige Entscheidung über die Zuschlagserteilung ist in den Fällen anzunehmen, in denen der Versicherungsmakler die Angebote eigenverantwortlich sichtet und auf der Grundlage des daraus resultierenden Ergebnisses einen Vorschlag für die Zuschlagserteilung unterbreitet. In derartigen Fällen wird sich der öffentliche Auftraggeber in aller Regel dem Vorschlag des Versicherungsmaklers anschließen.

Daßelbe muß in den Fällen gelten, in denen die Sichtung und Bewertung der Angebote durch den Versicherungsmakler erfolgt und von diesem eine Empfehlung für die Zuschlagserteilung abgegeben wird. Auch wenn in diesem Fall der Zuschlag weiterhin vom öffentlichen Auftraggeber erteilt wird, wird die dahingehende Entscheidung wesentlich vom Votum des Versicherungsmaklers geprägt und beeinflußt. Schließlich bedient sich der öffentliche Auftraggeber der fachlichen Unterstützung des Versicherungsmaklers, da er nicht über die für die Bewertung der Angebote erforderlichen Kenntnisse und Erfahrungen verfügt. Die vom Versicherungsmakler ausgesprochene Empfehlung wird deshalb in aller Regel mit der Zuschlagsentscheidung des öffentlichen Auftraggebers identisch sein.

b) Beteiligung auf Seiten der Bieter

In welchen Fällen eine unmittelbare Beteiligung des Versicherungsmaklers an der Vergabeentscheidung auf der Bieterseite vorliegt, wird abschließend in § 16 VgV behandelt[747]. Die nachfolgenden Ausführungen beschäftigen sich deshalb mit der Frage, wann eine mittelbare Beteiligung des Versicherungsmaklers an der Vergabeentscheidung vorliegt, sofern er sich auf Seiten des öffentlichen Auftraggebers am Vergabeverfahren beteiligt[748].

2) Mittelbare Beteiligung des Maklers an der Vergabeentscheidung

Im Rahmen der Diskussion der mittelbaren Beteiligung des Maklers an der Vergabeentscheidung ist zunächst zu klären, ob hierfür bereits eine abstrakte oder in

---

746 ebenso im Ergebnis Höfer/Bert, NVersZ 2001, 203; anonym, Mitteilungen NWStGB 18/1999, 304

747 siehe Teil 2 Kap. 6 B.

748 je nach dogmatischer Begründung wird dieselbe Diskussion auch im Zusammenhang mit einem Verstoß gegen das Diskriminierungsverbot und dem Wettbewerbsgrundsatz geführt

jedem Fall eine konkrete Einflußnahme auf die Vergabeentscheidung erforderlich ist.

a) Abstrakte Einflußnahme auf die Vergabeentscheidung

Während das OLG Rostock[749] und die Vergabekammer Detmold[750] noch die Auffassung vertraten, für eine unzulässige Beteiligung des Maklers an der Vergabeentscheidung reiche bereits die theoretische Möglichkeit einer Einflußnahme auf die Vergabeentscheidung aus, stellten u.a. Boesen[751] und das OLG Düsseldorf[752] klar, daß für einen Vergabeverstoß stets eine konkrete und nachgewiesene Einflußnahme des Maklers auf die Vergabeentscheidung erforderlich sei.

Der letztgenannten Auffassung ist der Vorzug einzuräumen. Die Entscheidungen des OLG Rostock und der Vergabekammer Detmold enthalten letztlich die Unterstellung, Versicherungsmakler würden per se und damit quasi institutionell ihre eigenen Interessen über die ihres Auftraggebers stellen und damit die ihnen obliegenden Vertragspflichten auf eklatante Art und Weise verletzen[753].

Eine solche Unterstellung diskreditiert das Berufsbild des Versicherungsmaklers. Sie läßt sich weder mit der Sachwalterstellung des Versicherungsmaklers[754] vereinbaren noch existieren Nachweise, die eine solche Praxis belegen.

Im Ergebnis kann deshalb allein aus der Beteiligung des Versicherungsmaklers nicht von einer wesensmäßigen Wettbewerbsbeeinträchtigung gesprochen[755]. Ebensowenig besteht nach zutreffender Auffassung[756] eine vermutete oder gar „institutionelle" Befangenheit von Versicherungsmaklern.

Ein Verstoß gegen die Vorgaben der VOL/A erfordert somit konkrete Anhaltspunkte für eine Einflußnahme des Versicherungsmaklers auf die Vergabeentscheidung. Wann dies der Fall ist, muß nach Fallgruppen getrennt behandelt werden.

---

749 a.a.O.,Fn. 387.
750 a.a.O., Fn. 526
751 VersR 2000, 1068
752 a.a.O.,Fn. 387
753 Boesen, VersR 2000, 1068
754 siehe Teil 2, Kap. 5 D
755 so im Ergebnis u.a. auch Werber, VersR 2001, 1318
756 u. a. Sittner/Noch, Behörden-Spiegel Ausgabe Juli 2000, S. B V - Beschaffung Spezial

b) Konkrete Einflußnahme auf die Vergabeentscheidung

aa) Interesse an einer Vergütung durch den Bieter

Nach einem Teil der Rechtsprechung[757] ist eine mittelbare Beteiligung des Versicherungsmaklers an der Vergabeentscheidung bereits dann begründet, wenn der Versicherungsmakler die ihm zustehende Courtage nicht von seinem Auftraggeber, sondern von dem den Zuschlag erhaltenden Bieter bezahlt bekommt.

Dieses Argument begründet für sich genommen jedoch noch nicht die Gefahr für eine potentielle Einflußnahme auf die Vergabeentscheidung. Dies gilt zumindest für den Regelfall, in dem jeder Bieter dazu verpflichtet ist, den Versicherungsmakler im Falle der Zuschlagserteilung entlohnen zu müssen. Wie bereits ausgeführt[758], entspricht es einhelliger Auffassung in Rechtsprechung und Literatur, daß der Versicherungsmakler die ihm zustehende Courtage – mit Ausnahme der Vereinbarung von Nettotarifen - stets und ausschließlich von demjenigen Versicherer erhält, mit dem der Auftraggeber des Versicherungsmaklers den Versicherungsvertrag letztlich abschließt. Soweit jeder Bieter zur Zahlung der Courtage verpflichtet wird, besteht für den Versicherungsmakler auch kein theoretisches Interesse, auf die Vergabeentscheidung zugunsten eines bestimmten Bieters Einfluß zu nehmen.

bb) Interesse an der Höhe der Vergütung

Das OLG Düsseldorf[759] schränkte diesen Grundsatz dahingehend ein, daß zumindest, aber auch nur dann von einer mittelbaren Beteiligung des Versicherungsmaklers auszugehen sei, wenn die Höhe der Maklercourtage nicht im vorhinein festgelegt wird.

Der Auffassung des OLG Düsseldorf ist zuzustimmen. Sofern die Höhe der dem Makler zu zahlenden Courtage davon abhängt, welchem Bieter der Zuschlag erteilt wird, hat der Versicherungsmakler ein Interesse daran, daß der Vertrag mit demjenigen Bieter zustandekommt, der die höchste Courtage zu zahlen bereit ist. Daßelbe gilt für die Fälle, in denen der Makler erst durch Verhandlungen mit dem betreffenden Bieter die Höhe der Courtage bestimmt.

Die Gefahr einer konkreten mittelbaren Einflußnahme durch den Versicherungsmakler wird nach zutreffender Auffassung des OLG Düsseldorf dadurch beseitigt, daß die Höhe der dem Versicherungsmakler zustehenden Courtage im

---

757 OLG Rostock, a.a.O.,Fn. 380; Vergabekammer Detmold, a.a.O., Fn. 526
758 siehe Teil 2 Kap. 5 E.I.
759 a.a.O., Fn. 387

Vorhinein bestimmt und in den Ausschreibungsunterlagen ausdrücklich ausgewiesen wird.

cc) Interesse an der Zuschlagserteilung bei bestehenden Rahmenabkommen

Nach Auffassung von Sittner/Noch[760] begründet allein der Umstand, daß Versicherungsmakler aufgrund bestehender vertraglicher Beziehungen zu verschiedenen Versicherern auch unterschiedliche Courtage-Erwartungen haben, eine potenzielle Neigung zu Bevorzugungen bzw. Diskriminierungen bestimmter Bieter. Dies gelte insbesondere im kommunalen Bereich, in dem die Höhe der Courtage zwischen 15% und 25 % variiere.

Die Argumentation ist generell zutreffend. Grundsätzlich sind bestehende Rahmenabkommen zwischen Versicherungsmaklern und Bietern, die sich am Vergabeverfahren beteiligen, dazu geeignet, Bedenken gegen die Unvoreingenommenheit des Versicherungsmaklers zu begründen. Die Bedenken können sich zunächst daran festmachen, daß sich der Versicherungsmakler in der Rahmenvereinbarung dazu verpflichtet hat, konkrete Vermittlungsleistungen auch für den betreffenden Versicherer erbringen zu müssen. Darüberhinaus kann die Rahmenvereinbarung eine Vereinbarung über die an den Makler zu zahlende Vermittlungscourtage enthalten, die über die von der Vergabestelle im vorhinein festgelegte Courtage hinausgeht.

Eine Beteiligung von Versicherungsmaklern am Vergabeverfahren kommt nur in Betracht, wenn entweder keine Rahmenvereinbarungen mit beteiligten Bietern bestehen oder in den bestehenden Rahmenvereinbarungen keine Regelungen im vorbenannten Sinn enthalten sind. Gleichfalls unproblematisch ist es, wenn eine Rahmenvereinbarung zwar eine höhere Courtage als in der Ausschreibung vorsieht, in der Rahmenvereinbarung aber festgelegt wird, daß die Courtageregelung in der Ausschreibung Vorrang genießt.

Um die aus Rahmenvereinbarungen resultierenden Bedenken gegen die Unvoreingenommenheit zu beseitigen, sollte jeder an einem Vergabeverfahren beteiligte Versicherungsmakler dazu verpflichtet werden, sämtliche Rahmenvereinbarungen mit Bietern offenzulegen, die sich an dem Vergabeverfahren beteiligen.

Ungeachtet dessen stellt sich die Gefahr einer Bevorzugung bzw. Diskriminierung bestimmter Bieter dann nicht, wenn der Auftraggeber Nettotarife ausschreibt. Wie bereits ausgeführt[761], wird in diesem Fall die Courtage nicht vom Bieter, sondern vom Auftraggeber entrichtet.

---

760 Sittner/Noch, Behörden-Spiegel Ausgabe Juli 2000, S. B V - Beschaffung Spezial
761 Teil 2 Kap. 5 E.I.

dd) Interesse an der Zusammenarbeit mit einem bestimmten Bieter mit konkreter Einflußnahme auf die Vergabeentscheidung

Eine weitere konkrete Einflußnahme könnte daraus resultieren, daß der Versicherungsmakler anstrebt, die nachvertragliche Betreuung des Versicherungsvertrages zu übernehmen, um dadurch die laufende Betreuungscourtage[762] verdienen zu können. Das OLG Düsseldorf vertritt hierzu die Auffassung, der Versicherungsmakler habe ein Interesse daran, daß möglichst ein Versicherer den Zuschlag erhalte, mit dem die nachvertragliche Betreuung des Versicherungsvertrages reibungslos und komplikationslos möglich sei.

Dieser Einwand greift jedoch nur in den Fällen, in denen der Versicherungsmakler überhaupt eine Möglichkeit hat, auf die Vergabeentscheidung konkreten Einfluß auszuüben. In dem vom OLG Düsseldorf zu entscheidenden Fall wurde diese Voraussetzung erfüllt, da vom Versicherungsmakler sämtliche Angebote gesichtet und bewertet wurden. Zweifellos übt bereits die Empfehlung des Versicherungsmaklers bezüglich eines bestimmten Bieters konkreten Einfluß auf die Entscheidungsfindung durch den öffentlichen Auftraggeber aus. Scheidet allerdings eine Einflußnahme des Versicherungsmaklers auf die Vergabeentscheidung insgesamt aus, verbleibt also die Sichtung und Bewertung der Angebote im ausschließlichen Zuständigkeitsbereich des öffentlichen Auftraggebers, führt selbst das theoretische Interesse des Versicherungsmaklers an der Zuschlagserteilung zu Gunsten eines bestimmten Bieters zu keinem Verstoß gegen Vorschriften des Vergaberechts.

ee) Interesse an der Zusammenarbeit mit einem bestimmten Bieter ohne konkrete Einflußnahme auf die Vergabeentscheidung

In einer unveröffentlichen Entscheidung ging das OLG Schleswig[763] über die vom OLG Düsseldorf entwickelten Grundsätze zur mittelbaren Einflußnahme des Maklers auf die Vergabeentscheidung noch hinaus. In dem vom OLG Schleswig entschiedenen Fall hatte der öffentliche Auftraggeber die Höhe der dem Makler zustehenden Courtage konkret festgelegt und in der Ausschreibung ausdrücklich veröffentlicht. Darüber hinaus stellte der öffentliche Auftraggeber jedem Bieter frei, ob er mit dem Versicherungsmakler zusammenarbeiten wolle oder nicht. Die Sichtung und Bewertung der Angebote der Bieter lag in der alleinigen Verantwortung des öffentlichen Auftraggebers. Der Versicherungsmakler hatte keine Möglichkeit, auf diese Entscheidung Einfluß zu nehmen.

---

762 siehe Teil 2, Kap. 5 Ziff. E. III.
763 a.a.O., siehe Fn. 380

Dennoch gelangte das OLG Schleswig zu dem Ergebnis, daß die Grundsätze der Chancengleichheit auch in diesem Fall verletzt seien. Zur Begründung führte es aus, bereits das Nebeneinander von Angeboten mit und ohne die Bereitschaft zur Zahlung einer Abschluß- und insbesondere einer Betreuungs-Courtage an den Makler führe zu einer Benachteiligung der Vergabechancen für die letztgenannte Gruppe. Schließlich habe der öffentliche Auftraggeber durch den Abschluß der Vereinbarung mit dem Versicherungsmakler ein Interesse an einer Zusammenarbeit mit diesem sowohl während als auch nach dem Vergabeverfahren bekundet. Aus diesem Grunde könne der öffentliche Auftraggeber „geneigt" sein, eine Vergabeentscheidung im Zweifel zu Gunsten eines Bieters zu fällen, der zu einer Zusammenarbeit mit dem Versicherungsmakler bereit ist.

Die Auffassung des OLG Schleswig überzeugt jedoch nicht. Das Gericht verkennt, daß nicht bereits jede theoretische Möglichkeit einer sachfremden Erwägung im Rahmen der Zuschlagserteilung einen Verstoß gegen die Vorgaben der VOL/A begründet. Erforderlich ist vielmehr das Vorliegen konkreter Anhaltspunkte für eine solche Einflußnahme. Wollte man der Auffassung des OLG Schleswig folgen, müsste beispielsweise jeder an der Zuschlagserteilung beteiligte Bedienstete des öffentlichen Auftraggebers dahingehend überprüft werden, ob er über persönliche Beziehungen zu einem am Vergabeverfahren beteiligten Bieter verfügt. Schließlich könnten bereits subjektive Sympathien oder Antipathien zum „Zünglein an der Waage" der Vergabeentscheidung werden, auch wenn keine konkreten Anhaltspunkte dafür bestehen, daß derartige Gesichtspunkte in die Entscheidungsfindung einflossen.

ff) Zwischenergebnis

Grundsätzlich kann bereits eine mittelbare Einflußnahme auf die Vergabeentscheidung einen Verstoß gegen die Vorgaben der VOL/A begründen. Voraussetzung dafür ist, daß hierfür konkrete Anhaltspunkte bestehen.

Bei der Vergabe von Versicherungsdienstleistungen liegen derartige konkrete Anhaltspunkte dann vor, wenn die Höhe der dem Makler zustehenden Courtage nicht im vorhinein bestimmt wird oder zwischen dem Versicherungsmakler und den am Vergabeverfahren beteiligten Bietern Rahmenvereinbarungen bestehen, die eine höhere Courtage ausloben, als vom öffentlichen Auftraggeber vorgesehen.

Auch wenn konkrete Anhaltspunkte für eine Voreingenommenheit des Versicherungsmaklers vorliegen, setzt jeder Verstoß gegen Vorschriften der VOL/A voraus, daß der Versicherungsmakler überhaupt die Möglichkeit hat, auf die Vergabeentscheidung konkreten Einfluß auszuüben. Dies ist dann nicht der Fall, wenn die Sichtung und Bewertung der Angebote der Bieter sowie die Zuschlagserteilung selbst in der alleinigen Verantwortung der Vergabestelle verbleiben.

B. Vereinbarkeit des Maklers mit den Vorgaben der VgV

Wie bereits ausgeführt[764], werden in § 16 Abs. 1 Nr. 1 bis 3 b VgV Personen aufgeführt, die im Falle des Bestehens eines Interessenkonflikts bei Entscheidungen in einem Vergabeverfahren für einen Auftraggeber nicht mitwirken dürfen. Für die Beteiligung von Versicherungsmaklern am Vergabeverfahren sind allein § 16 Abs.1 Nr. 2 und Nr. 3 b VgV von Relevanz[765].

I. § 16 Abs. 1 Nr. 2 VgV

Nach § 16 Abs. 1 Nr. 2 VgV dürfen Personen, die einen Bieter oder Bewerber beraten oder unterstützen oder als gesetzlicher Vertreter oder nur in dem Vergabeverfahren vertreten, nicht am Vergabeverfahren mitwirken. Von praktischer Relevanz sind allein die Fälle, in denen der Versicherungsmakler einen Bieter berät oder ihm eine sonstige Unterstützung zuteil werden läßt.

1) Geschäftliche Zusammenarbeit zwischen Makler und Bieter

Eine derartige Einflußnahme kommt dann in Betracht, wenn der Versicherungsmakler bereits vor dem Vergabeverfahren mit einem Bieter im Rahmen der Vermittlung von Versicherungsverträgen zusammenarbeitete oder zwischen dem Makler und dem Bieter eine Rahmenvereinbarung über die beiderseitige Zusammenarbeit besteht[766]. Zwar wird die Rahmenvereinbarung den Versicherungsmakler aufgrund seiner institutionellen Sachwalterstellung nicht dazu verpflichten können, einen bestimmten Versicherer bei der Vermittlung von Versicherungsverträgen zu bevorzugen. Dennoch könnte eine in einer Rahmenvereinbarung enthaltene Courtagevereinbarung den Makler dazu veranlassen, einen Abschluß mit dem betreffenden Versicherer allein aus diesem Grund und unabhängig von der Qualität des Angebots zu forcieren.

Ein Ausschluß des Versicherungsmaklers auf der Grundlage von § 16 Abs. 1 Nr. 2 VgV läßt sich jedoch nicht allein mit einer wie auch immer gearteten geschäftlichen Zusammenarbeit zwischen dem Versicherungsmakler und einen

764 siehe u.a. Teil 2, Kap. 4 D.II.
765 u.a. Höfler/Bert, NVersZ 2001, 203; Werber, VersR 2001, 1321
766 Werber VersR 2001, 1321

Bietern vor dem in Rede stehenden Vergabeverfahren begründen. Eine solche Auslegung würde zu einer uferlosen Beschränkung einer Teilnahme am Vergabeverfahren führen. Im Übrigen steht einer solchen Auslegung die Vorschrift § 16 Abs. 1 VgV entgegen, wonach es für den Ausschluß von Personen darauf ankommt, daß „in diesem Verfahren" eine Beratung und Unterstützung des Bieters durch den Versicherungsmakler erfolgt sein muß[767]. Von dieser Regelung werden somit vorangegangene Beratungen gerade nicht erfaßt.

2) Rahmenvereinbarung zwischen Makler und Bieter

Problematischer zu beantworten ist hingegen die Frage, ob und inwieweit bereits das Bestehen einer Rahmenvereinbarung zwischen dem Versicherungsmakler und einem oder mehreren Bietern einen Ausschluß gem. § 16 Abs. 1 Nr. 2 VgV rechtfertigt. Hierzu ist zunächst auf den Inhalt der Rahmenvereinbarung abzustellen.

Ohne jeden Zweifel wäre ein Ausschluß gem. § 16 Abs. 1 Nr. 2 VgV dann begründet, wenn der Versicherungsmakler durch die Rahmenvereinbarung dazu verpflichtet wird, den Vertragsabschluß mit dem betreffenden Versicherer fördern zu müssen[768]. Hierbei dürfte es sich jedoch nur um eine theoretische Möglichkeit handeln. Schließlich steht einer solchen Vereinbarung die institutionelle Unabhängigkeit des Maklers und seine Sachwalterstellung im Verhältnis zum Versicherungsnehmer entgegen. Jede Verpflichtung des Maklers, für einen bestimmten Versicherer vorrangig tätig werden zu müssen, rückt ihn in die Nähe des Agenten, von dem er sich durch seine Unabhängigkeit hinsichtlich der Produktauswahl gerade abgrenzt.

Im übrigen beschränken sich vertragliche Vereinbarungenzwischen Versicherungsmaklern und Versicherern darauf, für den Fall der Vermittlung von Versicherungsverträgen die Höhe der dem Versicherungsmakler zustehenden Vermittlungs-Courtage näher zu bestimmen. Eine umfassende vertragliche Vereinbarung zwischen dem Versicherungsmakler und dem Versicherer wird typischerweise gerade nicht abgeschlossen, da dadurch die Gefahr begründet wird, die Aufgaben eines treuhänderähnlichen Sachwalters nicht optimal wahrnehmen zu können[769].

Werber[770] vertritt die Auffassung, derartige Rahmenvereinbarungen übten keinerlei Einfluß auf den Ausschlußtatbestand des § 16 Abs. 1 Nr. 2 VgV aus.

---

767 Werber VersR 2001, 1321

768 Prölss/Martin-Kollhosser, Anhang zu §§ 43 bis 45 Rdnr. 22; Werber VersR 2001, 1321

769 Baumann, S. 166

770 VersR 2001, 1321

Die Auffassung Werbers bedarf jedoch der kritischen Überprüfung. Den Ausschlußtatbeständen des § 16 VgV ist insgesamt immanent, daß voreingenommene Personen am Vergabeverfahren nicht teilnehmen sollen. Eine Voreingenommenheit des Versicherungsmaklers ist stets dann anzunehmen, wenn er ein Interesse daran hat, daß ein bestimmter Bieter den Zuschlag erhalten soll.

Besteht eine Rahmenvereinbarung zwischen einem Versicherungsmakler und einem Bieter, kann eine Voreingenommenheit entgegen der Auffassung Werbers auch dann nicht ausgeschlossen werden, wenn sich die Rahmenvereinbarung allein auf die Regelung der Höhe der Maklercourtage im Falle der Vermittlung des Versicherungsvertrages beschränkt. Dies ist jedenfalls dann der Fall, wenn die Rahmenvereinbarung eine höhere Courtage vorsieht, als aus den Ausschreibungsunterlagen zu entnehmen ist[771].

Besteht eine Rahmenvereinbarung über die Höhe der Courtage, lassen sich die Bedenken gegen die Unvoreingenommenheit nur dadurch beseitigen, daß jeder Versicherungsmakler, der an einem Vergabeverfahren beteiligt wird, dazu verpflichtet wird, sämtliche bestehenden Rahmenvereinbarungen mit Bietern, die sich am Vergabeverfahren beteiligen, offen zu legen. Sieht eine Rahmenvereinbarung im Vergleich zu den Ausschreibungsunterlagen eine höhere Vergütung des Versicherungsmaklers vor, läßt sich die dadurch begründete Voreingenommenheit des Versicherungsmaklers nur dadurch beseitigen, daß in der Rahmenvereinbarung eine verbindliche Regelung über den Vorrang der in den Ausschreibungsunterlagen festgelegten Makler-Courtage getroffen wird.

II. § 16 Abs. 1 Nr. 3 b VgV

Gem. § 16 Abs. 1 Nr. 3 b VgV dürfen Personen, die für ein in das Vergabeverfahren eingeschaltetes Unternehmen tätig sind, nicht am Vergabeverfahren mitwirken, wenn dieses Unternehmen zugleich geschäftliche Beziehungen zum Auftraggeber und zum Bieter oder Bewerber hat und dadurch für die Personen ein Interessenkonflikt besteht. Darüber hinaus fordert die Vorschrift die begründete Besorgnis der Voreingenommenheit der Person auf Grund der besonderen Stellung und einen dadurch bedingten konkreten Interessenskonflikt[772].

Wie bereits zu § 16 Abs. 1 Nr. 2 VgV ausgeführt, reicht allein das Bestehen einer Geschäftsbeziehung aus vorangegangenen Vermittlungsgeschäften zwischen dem Versicherungsmakler und einem Bieter nicht aus, um eine Voreingenommenheit zu begründen. Dies gilt auch für § 16 Ábs. 1 Nr. 3b VgV.

---

771 wie bereits ausgeführt, muß die Höhe der Courtage von der ausschreibenden Stelle in jedem Fall im vorhinein festgelegt werden, siehe oben Ziff. A.II.2)b)bb)

772 Höfler/Bert, NVersZ 2001, 203

Soweit § 16 Abs. 1 Nr. 3b VgV im übrigen den Ausschluß davon abhängig macht, daß der Versicherungsmakler geschäftliche Beziehungen sowohl zum Auftraggeber als auch zum Bieter unterhält, begründet dies auch ohne Berücksichtigung des bereits skizzierten Doppelrechtsverhältnisses[773], in dem sich der Versicherungsmakler befindet, keine Bedenken gegen die Unabhängigkeit des Versicherungsmaklers.

Entscheidend ist, daß § 16 Abs. 1 Nr. 3b VgV das Bestehen derartiger geschäftlicher Beziehungen zu beiden Parteien bereits zum Zeitpunkt des Vergabeverfahrens voraussetzt. Bei der Vergabe von Versicherungsdienstleistungen wird das Doppelrechtsverhältnis jedoch erst durch die Aufnahme von Verhandlungen mit dem Versicherer über den Abschluß des Versicherungsvertrages begründet. Wie bereits ausgeführt[774], besteht für den Versicherungsmakler gegenüber dem Versicherer keine allgemeine Interessenwahrnehmungspflicht. Vielmehr beschränken sich die aus dem Doppelrechtsverhältnis resultierenden Pflichten auf Auskunfts- und Mitteilungspflichten. Die Erfüllung dieser Pflichten setzt jedoch mindestens ein Anbahnungsverhältnis zwischen dem Versicherungsmakler und dem Versicherer voraus[775]. Ein solches wird jedoch erst während des Vergabeverfahrens begründet. Das Doppelrechtsverhältnis ist deshalb erst die Folge der Anbahnung und Vermittlung des Versicherungsgeschäfts durch den Versicherungsmakler[776].

Daßelbe gilt hinsichtlich des Anspruchs des Versicherungsmaklers auf Zahlung einer Vermittlungs-Courtage. Selbst wenn dadurch rechtliche Beziehungen zu dem den Zuschlag erhaltenden Versicherer begründet werden, stellt sich auch dieser Anspruch erst als Folge der Vermittlungsleistung des Versicherungsmaklers dar. Die Rechtsbeziehung besteht also nicht bereits während des Vergabeverfahrens[777].

III. Auswirkung des Interessenkonflikts auf das Vergabeverfahren

Fraglich ist, ob sich der für die Anwendbarkeit des § 16 Abs. 1 Nr. 2 und Nr. 3 VgV vorausgesetzte Interessenkonflikt auf den Ausgang des Vergabeverfahrens konkret ausgewirkt haben muß. Dies wurde von Dreher[778] unter Bezugnahme auf den abweichenden Wortlaut des Regierungsentwurfs der VgV noch insge-

773 siehe Teil 2, Kap. 5 C.II.
774 siehe Teil 2, Kap. 5 C. II
775 Baumann, S. 168
776 Werber, VersR 2001, 1321
777 Werber, VersR 2001, 1321
778 BADK-Informationen 2000, 111

samt verneint. Tatsächlich ist Dreher dahingehend zuzustimmen, daß der Wortlaut des Regierungsentwurfs eine solche Voraussetzung nicht in sich trug.

Diese Auffassung läßt sich nach dem endgültigen Wortlaut der VgV zumindest hinsichtlich der in § 16 Abs. 1 Nr. 3 VgV genannten Tatbestände nicht mehr aufrechterhalten. Gem. § 16 Abs. 1 Nr. 3 letzter Halbs. VgV dürfen die in Nr. 3a und b genannten Personen am Vergabeverfahren nicht mitwirken, es sei denn, daß dadurch für die Personen kein Interessenkonflikt besteht oder sich die Tätigkeiten nicht auf die Entscheidungen in dem Vergabeverfahren auswirken.

Fraglich ist, welcher Grad an Beteiligung an der Vergabeentscheidung erforderlich ist. Hierzu wird die Auffassung vertreten[779], es reiche für einen Verstoß gegen § 16 VgV bereits eine mittelbare Beteiligung des Versicherungsmaklers an der Vergabe aus. Eine solche mittelbare Beteiligung folge bereits aus der Aufnahme von Courtageklauseln in die Verdingungsunterlagen.

Nach anderer Auffassung ist aus dem Wortlaut der Vorschrift eine eingrenzende und einschränkende Auslegung seines Anwendungsbereichs herzuleiten. Ausdrücklich beschränke sich der Anwendungsbereich nur auf die Fälle der Mitwirkung bei Entscheidungen im Vergabeverfahren. Im Umkehrschluß folge hieraus, daß Tätigkeiten, die lediglich in der Vorbereitung einer Entscheidung liegen, nicht im Widerspruch zu § 16 VgV stehen[780]. Für Versicherungsmakler folge daraus, daß eine Beteiligung am Verfahren ohne eine Mitwirkung bei Entscheidungen grundsätzlich keinen Verstoß gegen § 16 VgV begründe[781].

Der letztgenannten Auffassung ist der Vorzug einzuräumen. Eine nur mittelbare Einflußnahme soll nach dem Sinn und Zweck der Regelungen des Vergaberechts nicht bereits zum Ausschluß Dritter vom Vergabeverfahren führen. Wie bereits ausgeführt, ist das gesamte Vergaberecht von dem allgemeinen Grundsatz geprägt, daß die Vergabeentscheidung ausschließlich in den Händen der Vergabestelle verbleiben muß. Dieser Grundsatz läßt sich sowohl § 2 Nr. 3 VOL/A als auch § 6 Nr. 3 VOL/A entnehmen.

Würde bereits jede mittelbare Einflußnahme auf die Vergabeentscheidung einen Ausschluß Dritter bewirken können, hätte dies zur Folge, daß auch diejenigen Personen, die nach dem ausdrücklichen Wortlaut des Vergaberechts zur Teilnahme am Vergabeverfahren berechtigt sind, stets hiervon ausgeschlossen werden müßten. Dies gilt beispielsweise für jede nach § 6 VOL/A zulässige Beratung durch einen Sachverständigen. Auch die von einem Sachverständigen erbrachte Beratungsleistung übt mindestens eine mittelbare Einflußnahme auf die Vergabeentscheidung aus.

---

779 Sittner, ZfV 2001, 21
780 Höfler/Bert, NVersZ 2001, 203
781 Höfler/Bert, NVersZ 2001, 203

IV. Zwischenergebnis

Die Beteiligung von Versicherungsmaklern an der Vergabe von Versicherungsdienstleistungen durch kommunale Auftraggeber wird durch die Regelungen des § 16 VgV nur dann begrenzt, wenn zwischen dem Makler und einem oder mehreren Bietern bestimmte Rahmenvereinbarungen bestehen. Insoweit gilt das zur VOL/A Gesagte entsprechend. Im übrigen kommt ein Ausschluß eines Maklers vom Vergabeverfahren gem. § 16 VgV nur dann in Betracht, wenn der Makler die Möglichkeit hat, auf die Vergabeentscheidung Einfluß zu nehmen.

C. Vereinbarkeit des Maklers mit den Vorgaben des GWB

I. Transparenzgrundsatz

Im Rahmen der Einschaltung von Versicherungsmaklern in das Vergabeverfahren wird ein Verstoß gegen den Transparenzgrundsatz[782] in erster Linie im Zusammenhang mit der Frage diskutiert, ob und inwieweit die Höhe der an den Makler zu zahlenden Courtage vor der Durchführung des Vergabeverfahrens festgelegt werden muß. Daß eine solche Fixierung bereits aus den Verdingungsunterlagen zu entnehmen sein und damit im vorhinein feststehen muß, entspricht nunmehr gefestigter Auffassung in Rechtsprechung[783] und Literatur[784].

II. Diskriminierungsverbot/Gleichbehandlungsgrundsatz

Ob und wenn ja in welchen Fällen die Einschaltung eines Versicherungsmaklers in das Vergabeverfahren gegen das Diskriminierungsverbot oder den Gleichheitsgrundsatz verstößt, kann gemeinsam behandelt werden. Wie bereits dargelegt[785], begründen das Diskriminierungsverbot und der Gleichbehandlungsgrundsatz einen gemeinsamen Grundsatz des Vergabeverfahrens. Beide Begriffe bedingen einander. Jeder Verstoß gegen das Diskriminierungsverbot beinhaltet gleichermaßen eine Verletzung des Gleichbehandlungsgrundsatzes und umgekehrt.

---

782 siehe Teil 1, Kap. 8 Ziff. A.II.
783 OLG Düsseldorf, OLG Celle, a.a.O.,Fn. 387
784 u. a. Dreher VersR 2000, 675
785 siehe Teil 1, Kap. 8 Ziff. A.III.

1) Tatsächliche Verbindung zwischen Makler und Bieter

Zweifellos wird der Gleichbehandlungsgrundsatz verletzt, wenn auf Grund bestehender Bindungen zwischen Versicherungsmaklern und Bietern eine unsachliche Eingrenzung des freien Marktes verursacht wird[786]. Zu prüfen ist, wann von derartigen „bestehenden Bindungen" überhaupt gesprochen werden kann. In diesem Zusammenhang stellt sich zunächst die Frage, ob es einen Verstoß gegen das Diskriminierungsverbot bzw. den Gleichheitsgrundsatz begründet, wenn der vom öffentlichen Auftraggeber in das Vergabeverfahren eingeschaltete Versicherungsmakler bereits vor dem fraglichen Vergabeverfahren mit einem oder mehreren am Verfahren beteiligten Bietern zusammengearbeitet hat.

Wie bereits im Zusammenhang mit § 16 VgV ausgeführt[787], reicht dieser Umstand für sich genommen jedoch noch nicht aus, um Bedenken gegen die Unvoreingenommenheit begründen zu können[788]. Erforderlich ist vielmehr, daß die Beziehung zwischen dem Bieter und dem Makler zu einer konkreten und kausalen Diskriminierung anderer Teilnehmer am Vergabeverfahren führt[789].

2) Rechtliche Verbindung zwischen Makler und Bieter

Etwas anderes könnte gelten, wenn ein Versicherungsmakler mit einem der am Vergabeverfahren beteiligten Bieter rechtlich verbunden ist[790]. Das Bestehen einer Rahmenvereinbarung[791] zwischen dem eingeschalteten Versicherungsmakler und einem oder mehreren am Vergabeverfahren beteiligten Bietern könnte eine Verletzung des Gleichheitsgrundsatzes begründen[792].

In derartigen Fällen liegt allerdings bereits ein Verstoß gegen § 16 VgV vor. Da es sich bei § 16 VgV im Verhältnis zu § 97 GWB um die speziellere Norm handelt, braucht diese Frage im Zusammenhang mit dem Diskrimierungsverbot bzw. dem Gleichbehandlungsgrundsatz nicht gesondert behandelt zu werden. Es gelten vielmehr die bereits zu § 16 VgV entwickelten Grundsätze[793].

---

786 Höfler/Bert, NVersZ 2001, 203
787 siehe vorangegangene Ziff. B.I.1)
788 ebenso Dreher, VersR 2000, 674
789 Höfler/Bert, NVersZ 2001, 203; Dreher, BADK-Informationen 2000, 111
790 Dreher VersR 2000, 674
791 wegen des Inhalts derartiger Rahmenvereinbarungen siehe Teil 2 Kap. 6 B.I.2.
792 das Problem wird von Dreher in VersR 2000, 674, angesprochen, jedoch nicht näher kommentiert
793 siehe Teil 2, Kap. 6 Ziff. B.

3) Auf Bieter abgestimmtes Deckungskonzept

Der Gleichheitsgrundsatz könnte dadurch verletzt sein, daß das vom Versicherungsmakler entwickelte Deckungskonzept deutlich erkennbar auf einen bestimmten Versicherer zugeschnitten ist[794]. Zweifellos begründet eine solche Vorgehensweise eine unzulässige Einflußnahme des Maklers auf die Zuschlagserteilung durch den öffentlichen Auftraggeber.

Dennoch ist dieses Problem für die Vergabe von Versicherungsdienstleistungen durch kommunale Auftraggeber nur von untergeordneter Bedeutung. In diesem Bereich kann durch die Erarbeitung des Deckungskonzepts nur in Ausnahmefällen Einfluß auf die Vergabeentscheidung genommen werden. Eine solche Einflußnahme ist nur im Falle industrieller Groß- oder seltener Einzelrisiken denkbar. Im kommunalen Bereich bilden derartige Risiken jedoch die absolute Ausnahme. Die weit überwiegende Zahl der öffentlichen Vergabeverfahren bezieht sich im kommunalen Bereich auf Standardrisiken in der Sach- und Haftpflichtversicherung. Für derartige Risiken finden weitgehend vereinheitlichte Deckungskonzepte Verwendung, deren Anforderungen von der weit überwiegenden Zahl der am Markt tätigen Versicherer erfüllt werden können.

4) Versicherer mit eigener Vertriebsorganisation

Fraglich ist, inwieweit das Interesse des Versicherungsmaklers an einem Zuschlag zu Gunsten eines bestimmten Versicherers, mit dem eine reibungslose Zusammenarbeit möglich ist, eine Diskriminierung zu Lasten derjenigen Bieter begründet, die eine Zusammenarbeit mit Maklern ablehnen[795]. Diese Frage wurde insbesondere von Öffentlichen Versicherern diskutiert, die über eine eigene Vertriebsorganisation durch fest angestellte Mitarbeiter verfügen. Aufgrund ihrer Vertriebsstruktur arbeiten derartige Versicherer –zumindest im kommunalen Bereich – grundsätzlich nicht mit Versicherungsmaklern zusammen.

Auch wenn die Einbindung von Versicherungsmaklern in ein Vergabeverfahren einen Nachteil für derartige Bieter darstellt, begründet dies noch keinen Verstoß gegen den Gleichheitsgrundsatz. Der Gleichheitsgrundsatz verpflichtet den öffentlichen Auftraggeber nicht dazu, eine absolute Gleichheit für alle am Vergabeverfahren beteiligten Bieter sicherzustellen. Die Grenzen des Gleichheitsgrundsatzes sind dort zu ziehen, wo die faktische Ungleichbehandlung einzelner Bieter auf sachlichen Erwägungen des öffentlichen Auftraggebers basiert und Ausdruck seiner Dispositionsfreiheit bei der Gestaltung der Ausschreibung ist.

---

794 Dreher VersR 2000, 674
795 Sittner, ZfV 2001, 22

Die Entscheidung des öffentlichen Auftraggebers, sich der Mithilfe und Unterstützung durch einen Versicherungsmakler zu bedienen, ist Ausdruck dieser Dispositionsfreiheit. Auch wenn ein Teil der am Versicherungsmarkt tätigen Versicherer mit Maklern nicht zusammenarbeitet, verpflichtet dieser Umstand den öffentlichen Auftraggeber nicht dazu, seine Ausschreibungsunterlagen darauf abzustimmen. Andernfalls würde das Interesse einzelner am Markt tätiger Bieter höher bewertet als das Recht des öffentlichen Auftraggebers zur Verfolgung seiner Interessen.

Solange trotz der Einbindung von Versicherungsmaklern noch ein vernünftiger Wettbewerb zwischen einer ausreichenden Anzahl von Konkurrenten auf dem Versicherungsmarkt gewährleistet ist, führt die Benachteiligung einiger weniger Bieter noch nicht zu einem Verstoß gegen den Wettbewerbsgrundsatz.

5) Bestimmung der Höhe der Makler-Courtage

Einen breiten Raum in der vergaberechtlichen Diskussion nahm die Frage ein, ob die Höhe der dem Makler zustehenden Courtage im vorhinein festgelegt werden muß, um keinen Verstoß gegen das Diskriminierungsverbot zu begründen. Diese Frage ist spätestens seit der Entscheidung des OLG Düsseldorf geklärt. Danach begründet eine nicht im vorhinein der Höhe nach bestimmte Courtage das Risiko, daß sich Versicherungsmakler im Rahmen der Betreuung des öffentlichen Auftraggebers von sachfremden, nämlich finanziellen Interessen leiten lassen und aus diesem Grunde Einfluß auf die Vergabeentscheidung zu nehmen suchen[796]. Gleichfalls unproblematisch ist die Vereinbarung einer Nettoprämie[797].

III. Wettbewerbsprinzip

Grundsätzlich begründet jeder Verstoß gegen die Vorschriften der VOL/A und der VgV gleichzeitig einen Verstoß gegen das Wettbewerbsprinzip des § 97 GWB. Bei den Vorschriften der VOL/A und der VgV handelt es sich letztlich um konkrete Ausgestaltungen und der in § 97 GWB niedergelegten allgemeinen Rechtsgrundsätze des Kartellvergaberechts. Bei der Vergabe von Versicherungsdienstleistungen hat das Wettbewerbsprinzip deshalb letztlich keine eigenständige Bedeutung.

---

796 daß die Höhe der Courtage vorhinein bestimmt werden muß, wird selbst vom Bundesverband Deutscher Versicherungsmakler befürwortet, siehe Teichler, Das Einschalten von Maklern in das Vergabeverfahren, Behörden-Spiegel, Ausgabe März 2000, B III, Beschaffung spezial

797 siehe Teil 2 Kap. 5 E.I.

IV. Zwischenergebnis

Die in § 97 GWB niedergelegten allgemeinen Prinzipien des Kartellvergaberechts werden bei der Vergabe von Versicherungsdienstleistungen durch kommunale Auftraggeber in aller Regel durch Spezialvorschriften in der VOL/A und der VgV verdrängt. Ungeachtet dessen begründet es einen Verstoß gegen das Diskriminierungsverbot, wenn die von einem Makler erarbeiteten Ausschreibungsunterlagen auf einen bestimmten Bieter abgestimmt werden. Keinen Verstoß gegen die allgemeinen Grundprinzipien des § 97 GWB stellt es dar, daß einzelne Bieter und insbesondere öffentliche Versicherer eine Zusammenarbeit mit Maklern insgesamt ablehnen.

Kapitel 7 Vereinbarkeit der Beteiligung des Maklers mit sonstigen Rechtsvorschriften

A. Verstoß gegen das Rechtsberatungsgesetz

Die Tätigkeit des Versicherungsmaklers enthält zwangsläufig rechtsberatende Elemente[798]. Mit den Vorgaben des Rechtsberatungsgesetzes ist dies solange vereinbar, wie die beratende Tätigkeit des Versicherungsmaklers nicht zur selbstständigen Haupttätigkeit wird[799]. Fraglich ist, ob und in welchen Fällen dies im Rahmen eines Vergabeverfahrens der Fall sein kann.

Dreher[800] vertritt hierzu die Auffassung, eine gegen das Rechtsberatungsgesetz verstoßende, weil zur selbstständigen Haupttätigkeit des Maklers gewordene Rechtsberatung liege immer dann vor, wenn der Versicherungsmakler von der Vergabestelle ein besonderes Entgelt für sein Tätigwerden erhält. Richtig ist in diesem Zusammenhang, daß eine reine Honorarberatung durch den Versicherungsmakler einen Verstoß gegen das Rechtsberatungsgesetz begründet[801].

Dennoch begegnet diese Auffassung wegen ihrer Weite Bedenken. Sie erfaßt nicht sämtliche alternativen Betätigungsformen des Versicherungsmaklers im Rahmen des Vergabeverfahrens. Es ist durchaus möglich, daß der Versicherungsmakler im Rahmen eines Vergabeverfahrens die ihm eigene Vermittlungstätigkeit entfaltet und seine Vergütung dennoch vom öffentlichen Auftraggeber bezahlt wird. Eine solche Konstellation ist beispielsweise dann möglich, wenn

---

798 siehe Teil 2, Kap. 5 Ziff. B.II.3)

799 u.a. BGH NJW 1976, 1636; BGH NJW 1978, 323; Gotzen, VR 2000, 339

800 VersR 2000, 674

801 so auch das Bundesaufsichtsamt für das Versicherungswesen in VerBAV 1996, 222

das Vergabeverfahren ausdrücklich eine Beteiligung des Versicherungsmaklers vorsieht, den beteiligten Bietern jedoch freigestellt bleibt, ob sie eine Zusammenarbeit mit dem Versicherungsmakler akzeptieren oder nicht. Für den Fall, daß der den Zuschlag erhaltene Bieter die Zusammenarbeit mit dem Versicherungsmakler ablehnt, bleibt die Tätigkeit dennoch ausschließlich vermittlungsorientiert. Der Schwerpunkt des Handelns des Maklers ist einzig und allein darauf abgestellt, den Abschluß eines Versicherungsvertrages zwischen seinem Auftraggeber und einem geeigneten Versicherer herbeizuführen. Folglich gebührt dem Makler ebenso wie im Fall der Vereinbarung einer Nettoprämie[802] die ihm zustehende Vermittlungscourtage. Verbleibt dem Bieter die Entscheidung darüber, ob er eine Zusammenarbeit mit dem Makler akzeptiert oder nicht, führt nicht allein die Übernahme der Courtage durch den öffenlichen Auftraggeber zu einer anderen Beurteilung der rechtsberatenden Tätigkeit des Maklers[803].

B. Verstoß gegen das AGBG

In den bisherigen Verfahren zur Vergabe von Versicherungsdienstleistungen nach dem Kartellvergaberecht operierten öffentliche Auftraggeber regelmäßig mit so genannten Courtageklauseln. Danach wurde bereits in den Ausschreibungsunterlagen vom öffentlichen Auftraggeber festgeschrieben, daß der den Zuschlag erhaltende Versicherer dazu verpflichtet sei, den in das Vergabeverfahren eingebundenen Versicherungsmakler vergüten zu müssen[804].

Da die Courtageklauseln vom öffentlichen Auftraggeber für eine Vielzahl abzuschließender Versicherungsverträge aufgestellt und in die Ausschreibungsunterlagen eingefügt wird, handelt es sich bei ihr regelmäßig um allgemeine Geschäftsbedingungen im Sinne des AGBG[805] bzw. im Sinne der §§ 305 ff BGB, die die Regelungen des AGBG im Zuge der Reform des Schuldrechts durch das am 1. Januar 2002 in Kraft getretene Gesetz zur Modernisierung des Schuldrechts in das BGB übernommen haben. Folglich muß sich die Courtageklausel an den für das AGBG entwickelten Grundsätzen messen lassen.

---

802 siehe Teil 2 Kap. 5 Ziff. E.I.

803 eine solche Konstellation lag der Entscheidung des OLG Schleswig, a.a.O.,Fn. 380, zu Grunde. Das Gericht hatte jedoch nicht über einen Verstoß gegen das Rechtsberatungsgesetz zu entscheiden. Eine Auseinandersetzung mit dieser Frage hätte zu dem Ergebnis gelangen müssen, daß die Vorgehensweise des öffentlichen Auftraggebers mit den Vorgaben des Rechtsberatungsgesetzes vereinbar ist.

804 vgl. Dreher VersR 2000, 666, 674

805 Dreher VersR 2000, 666, 675

I. § 9 Abs. 2 Satz 1 AGBG/§ 307 Abs. 2 Nr. 2 BGB i. V. m. § 20 Nr. 1 Abs. 1 Satz 1 VOL/A[806]

In diesem Zusammenhang wird die Auffassung vertreten, die Courtageklausel begründe einen Verstoß gegen § 9 Abs. 2 Satz 1 AGBG/§ 307 Abs. 2 Nr. 2 BGB. Danach liegt eine zur Unwirksamkeit der Klausel führende unangemessene Benachteiligung vor, wenn sie von einem wesentlichen Grundgedanken einer gesetzlichen Regelung abweicht.

Fraglich und zu prüfen ist, ob Courtageklauseln in Vergabeverfahren vom Grundgedanken des § 20 Nr. 1 Abs. 1 Satz 1 VOL/A abweichen. Diese Vorschrift behandelt Kosten, die im Rahmen einer öffentlichen Ausschreibung anfallen und vom Bieter eingefordert werden dürfen. Nach Auffassung Drehers[807] folgt aus § 20 Nr. 1 Abs. 1 Satz 1 VOL/A der wesentliche Grundgedanke, daß der Bieter die Kosten der Vorbereitung und Durchführung des Vergabeverfahrens jenseits der Vervielfältigungskosten für die Verdingungsunterlagen gerade nicht tragen soll. Die Übernahme der Kosten eines Versicherungsmaklers auf der Grundlage einer Courtageklausel sei damit nicht vereinbar.

Es erscheint jedoch fraglich, ob § 20 Nr. 1 Abs. 1 Satz 1 VOL/A der von Dreher formulierte Grundsatz tatsächlich zu entnehmen ist. Ausdrücklich beschäftigt sich § 20 Nr. 1 VOL/A mit der Kostenerstattung für die Erstellung der erforderlichen Verdingungsunterlagen. Ein darüber hinausgehender Regelungsgehalt i. S. einer Negativ-Abgrenzung läßt sich dem Wortlaut der Vorschrift hingegen nicht entnehmen. Insgesamt findet sich in der VOL/A kein Hinweis darauf, daß der öffentliche Auftraggeber nicht dazu berechtigt sein soll, anderweitige Kosten, die ihm im Rahmen des Vergabeverfahrens entstehen, auf den Bieter abzuwälzen.

Ungeachtet dessen weist Dreher[808] zutreffenderweise auf § 24 Satz 2 AGBG/ § 310 Abs. 1 S. 2 BGB hin, wonach auf die im Handelsverkehr geltenden Gewohnheiten und Gebräuche angemessen Rücksicht zu nehmen ist. Ob der öffentliche Auftraggeber dazu berechtigt ist, die Kosten der Einschaltung eines Versicherungsmaklers von dem den Zuschlag erhaltenden Bieter einfordern zu können, macht sich deshalb auch daran fest, ob dies unabhängig von dem Vergabeverfahren im allgemeinen Geschäftsverkehr „üblich" ist. In diesem Zusammenhang gewinnt die Tatsache Bedeutung, daß nach einhelliger Auffassung in Rechtsprechung und Literatur die Vermittlungscourtage eines Versicherungs-

---

806 durch das Gesetz zur Modernisierung des Schuldrechts wurden die Vorschriften des AGBG mit Wirkung zum 1.1.2002 in die §§ 305 ff BGB übernommen.
807 VersR 2000, 666, 675
808 VersR 2000, 666, 675

maklers – mit Ausnahme der Vereinbarung einer Nettoprämie[809] - stets und unabhängig von der streitigen Frage des Rechtsgrundes für diese Verpflichtung von dem Versicherer zu übernehmen ist[810]. Solange also überhaupt ein kausaler Vermittlungsbeitrag eines Versicherungsmaklers vorliegt, kann dahingestellt bleiben, ob er im Rahmen eines Vergabeverfahrens geleistet wurde oder nicht. Die Regelungen über die allgemeinen Geschäftsbedingungen im Zusammenspiel mit § 20 Nr. 1 VOL/A rechtfertigen es nicht, die für das Entstehen des Courtageanspruchs entwickelten allgemeinen Grundsätze abzuändern.

Im Ergebnis steht deshalb der Regelungsgehalt des § 20 VOL/A dem allgemeinen Recht des öffentlichen Auftraggebers nicht entgegen, die Kosten des Vergabeverfahrens und damit auch die Maklercourtage auf den Bieter überwälzen zu können. Dem Grundgedanken der gesetzlichen Regelung läuft dies nicht zuwider, so daß dadurch kein Verstoß gegen § 310 Abs. 1 S. 1 BGB begründet wird.

II. § 9 Abs. 1 Satz 1 AGBG/§ 307 Abs. 1 S. 1 BGB i. V. m. der Zahlung der Maklercourtage

Wie bereits ausgeführt[811], muß die Höhe der vom Versicherer zu zahlenden Maklercourtage im vorhinein fixiert werden. Eine Mißachtung dieses Grundsatzes führt zu einem Verstoß gegen § 2 Nr. 3 VOL/A und gegen den Transparenzgrundsatz gem. § 97 GWB.

Fraglich und zu prüfen ist, ob die in den Ausschreibungsunterlagen regelmäßig enthaltenen Maklerklauseln einen Verstoß gegen § 9 Abs. 1 Satz 1 AGBG/§ 307 Abs. 1 S. 1 BGB begründen. Danach sind Bestimmungen in allgemeinen Geschäftsbedingungen unwirksam, wenn sie den Vertragspartner entgegen den Geboten gegen Treu und Glauben unangemessen benachteiligen. Eine solche Benachteiligung läge dann vor, wenn der den Zuschlag erhaltende Bieter durch die Maklerklausel zur Zahlung einer Nichtschuld in der Form der Courtage verpflichtet würde.

1) Vergütungsanspruch des Maklers im Vergabeverfahren

Der Versicherungsmakler wird im Rahmen des Verfahrens zur Vergabe von Versicherungsdienstleistungen in aller Regel für den öffentlichen Auftraggeber und damit als Vermittlungsmakler tätig. Für das Entstehen seines Anspruchs auf

---

809 siehe Teil 2 Kap. 5 E.I.
810 siehe Teil 1, Kap. 5 E.
811 siehe Teil 2, Kap. 6 A.II.2)bb)

Zahlung einer Courtage durch den den Zuschlag erhaltenden Bieter bedarf es somit eines für den Abschluß des Versicherungsvertrages kausalen Vermittlungsbeitrages des Maklers[812].

a) Einführung

Nach zutreffender Auffassung Drehers[813] läßt sich die Tätigkeit des Versicherungsmaklers im Rahmen seiner Beauftragung durch den öffentlichen Auftraggeber in drei unterschiedliche Phasen unterteilen, nämlich die Vorbereitungsphase[814], das eigentliche Vergabeverfahren und die Betreuungsphase nach dem Abschluß des Versicherungsvertrages[815].

Ein für den Abschluß des Versicherungsvertrages kausaler Vermittlungsbeitrag kann nach einhelliger Auffassung in der Rechtsprechung[816] und Literatur[817] zwangsläufig nur bis zum Abschluß des Versicherungsvertrages mit dem den Zuschlag erhaltenden Bieter geleistet werden. Es stellt sich deshalb die Frage, ob und inwieweit der Versicherungsmakler während der Vorbereitungsphase und während der Zuschlagsphase Vermittlungsleistungen erbringen kann, die einen kausalen Vermittlungsbeitrag darstellen und mit dem Kartellvergaberecht im Einklang stehen.

b) Vermittlungsbeitrag und Vergabeverfahren

Zur Prüfung dieser Frage muß zunächst zwischen den bei der Vergabe von Versicherungsdienstleistungen möglichen Vergabeverfahren unterschieden werden. Dem öffentlichen Auftraggeber stehen hierfür theoretisch sowohl das offene Verfahren als auch das Verhandlungsverfahren zur Verfügung[818].

---

812 siehe Teil 2 Kap. 5 Ziff. E.

813 VersR 2000, 673

814 zum Gegenstand der Tätigkeit des Versicherungsmaklers in der Vorbereitungsphase siehe Teil 2, Kap. 5 C.I.1)

815 zum Gegenstand der Betreuung des Versicherungsnehmers und Verwaltung der Versicherungsverträge nach ihrem Abschluß durch den Versicherungsmakler siehe Teil 2 Kap. 5 C.I.3)

816 OLG Celle, a.a.O.,Fn. 387

817 Dreher VersR 2000, 673

818 siehe Teil 1, Kap. 8 C.

aa) Offenes Verfahren

Nach – noch - überwiegender Auffassung[819] kann der Versicherungsmakler im offenen Verfahren grundsätzlich keine unmittelbare Vermittlungsleistungen erbringen. Diese Auffassung wurde jedoch zu Recht kritisiert[820].

aaa) Vorbereitungsphase („Phase 1")

Fraglich ist, ob der Makler in der Vorbereitungsphase, also der Marktanalyse, Risikoanalyse, Bedarfsanalyse und der Entwicklung eines Deckungskonzeptes, einen für den späteren Abschluß des Versicherungsvertrages kausalen Vermittlungsbeitrag leisten kann. Dies wird von Dreher[821] grundsätzlich abgelehnt. Nach anderer Auffassung[822] erbringt der Versicherungsmakler im Rahmen der Vorbereitung und der Unterstützung des öffentlichen Auftraggebers auch im offenen Vergabeverfahren einen zumindest mittelbaren Vermittlungsbeitrag.

Der ablehnenden Auffassung Drehers ist entgegen zu halten, daß er die bereits dargestellten[823] Voraussetzungen für das Entstehen des Courtageanspruchs des Versicherungsmaklers bei der Vermittlung von Versicherungsdienstleistungen nicht hinreichend berücksichtigt. Wie bereits ausgeführt, muß die Tätigkeit des Maklers den Abschluß des Vertrages zwar grundsätzlich wesentlich gefördert haben[824]. Hierfür reicht jedoch bereits eine Mitursächlichkeit der Tätigkeit des Maklers für das Zustandekommen des Hauptvertrages aus[825].

Nicht jeder Beitrag des Versicherungsmaklers ist jedoch bereits für das Entstehen des Vergütungsanspruchs ausreichend, selbst wenn er conditio sine qua non für den Abschluß des späteren Vertrages ist. Vielmehr muß durch seine Tätigkeit die Abschlußbereitschaft des Versicherers wenigstens mitursächlich und nicht lediglich völlig unbedeutend gefördert worden sein[826]. Dies ist jedenfalls immer dann der Fall, wenn sich die Arbeit des Versicherungsmaklers im Vorfeld der Ausschreibung im späteren Abschluß des Versicherungsvertrages maßgeblich wiederspiegelt.

„Prägend" für den Abschluß des Versicherungsvertrages ist insbesondere dessen Inhalt, also das dem Vertrag zugrundeliegende Bedingungswerk. Ein

---

819 u. a. Dreher, VersR 2000, 673; Gotzen, VR 2000, 339
820 Fetzer, VersR 2000, 1311 ff; Werber, VersR 2001, 1313 ff.
821 VersR 2000, 673
822 Gotzen, VR 2000, 339
823 siehe Teil 2, Kap. 5 C.I.
824 BGH VersR 1990, 973, 974
825 Fetzer, VersR 2000, 1315; Werber, VersR 2001, 1317
826 Fetzer, VersR 2000, 1316

kausaler Vermittlungsbeitrag liegt deshalb vor, wenn das dem Vertrag zu Grunde liegende Bedingungswerk „die Handschrift“ des Versicherungsmaklers trägt. Nach dem Inhalt des Bedingungswerks bestimmt sich letztlich, ob sich ein Bieter überhaupt am Vergabeverfahren beteiligen möchte, welche Verpflichtungen er im Falle eines Zuschlags eingeht und über welchen Zeitraum vertragliche Bindungen bestehen[827]. Dies ist bei individuellen und auf das konkrete Risiko abgestellten Versicherungsbedingungen stets der Fall.

Fraglich ist allerdings, ob auch dann von einem kausalen Vermittlungsbeitrag gesprochen werden kann, wenn dem Versicherungsvertrag Standardbedingungen zugrundeliegen. Zwar besteht nach dem Wegfall der Genehmigungspflicht für Versicherungsbedingungen durch das Bundesaufsichtsamt für das Versicherungswesen zum 1. Juli 1994 grundsätzlich eine Bedingungsvielfalt. Dennoch existieren weiterhin „Standardbedingungen“, die im Rang unverbindlicher Verbandsempfehlungen stehen und für Standardrisiken auch weiterhin überwiegend Verwendung finden.

Werden dem Versicherungsvertrag derartige „Standardbedingungen“ zu Grunde gelegt, können sie per se nicht „die Handschrift“ des Versicherungsmaklers tragen, da sie keine individuellen und auf das konkrete Risiko abgestimmten Bestimmungen enthalten.

Dennoch steht dies der Annahme eines kausalen Vermittlungbeitrags durch den Versicherungsmakler nicht generell entgegen. Maßgeblich ist vielmehr, ob und welche Aktivitäten der Versicherungsmakler im Vorfeld des Vergabeverfahrens entfaltete.

Wie bereits ausgeführt[828], besteht die vornehmliche Aufgabe des Versicherungsmaklers im Vorfeld des Vergabeverfahrens in einer umfassenden Risikoanalyse, einer Bedarfsanalyse, einer Deckungsanalyse sowie einer Marktanalyse. Münden diese umfangreichen Tätigkeiten des Versicherungsmaklers in die Empfehlung an den öffentlichen Auftraggeber, das in Rede stehende Risiko durch Standardbedingungen abzusichern, ist auch dies Ausdruck und Ergebnis einer umfangreichen und für den Abschluß des Versicherungsvertrages kausalen Tätigkeit des Versicherungsmaklers.

Entgegen der Auffassung Drehers kommt somit bereits während der Vorbereitungsphase ein kausaler Vermittlungsbeitrag durch den Versicherungsmakler in Betracht. Entscheidend ist hierfür, ob der Versicherungsmakler maßgeblichen

827 Fetzer, VersR 2000, 1316 faßte dies zutreffenderweise damit zusammen, daß die Einwirkung des Versicherungsmaklers maßgeblich für das „ob“, das „wie“ und das „wann“ der vertraglichen Bindung zwischen dem öffentlichen Auftraggeber und dem Versicherer ist

828 siehe Teil 2, Kap. 5 E.II.

Einfluß auf die Gestaltung des Inhalts des Versicherungsvertrages genommen hat.

bbb) Vergabeverfahren („Phase 2")

Ob ein Versicherungsmakler während des Vergabeverfahrens im offenen Verfahren einen kausalen Vermittlungsbeitrag erbringen kann, bedarf allein für diejenigen Fälle der Klärung, in denen der Versicherungsmakler erst mit Beginn des Vergabeverfahrens vom öffentlichen Auftraggeber mit der Wahrnehmung seiner Interessen beauftragt wurde. Wurde ein Makler bereits mit der Vorbereitung des Vergabeverfahrens beauftragt, begründen bereits die in dieser Phase entfaltete Tätigkeiten in der Regel einen kausalen Vermittlungsbeitrag[829]. In diesen Fällen kommt es somit für das Entstehen des Courtage-Anspruchs nicht mehr darauf an, ob der Makler auch das Vergabeverfahren betreut. Die nachfolgenden Ausführungen beschränken sich somit auf die Prüfung der Frage, ob ein Courtage-Anspruch auch dann entstehen kann, wenn sich die Tätigkeit des Versicherungsmaklers allein auf die Betreuung des Vergabeverfahrens ohne dessen Vorbereitung beschränkt.

Gegenstand der Phase 2 ist die Durchführung und Abwicklung der Ausschreibung. Bedenken gegen einen kausalen Vermittlungsbeitrag des Versicherungsmaklers für den Abschluß des Versicherungsvertrages lassen sich bereits daraus herleiten, daß vom Versicherungsmakler kein unmittelbarer Einfluß auf die Abgabe von Angeboten durch potenzielle Bieter und den Abschluß des Versicherungsvertrages genommen werden darf. Ein Teil der Literatur[830] schließt einen kausalen Vermittlungsbeitrag durch den Versicherungsmakler deshalb im offenen Verfahren grundsätzlich aus, da hier keine Verhandlungen zwischen dem Makler und dem den Zuschlag erhaltenen Bieter stattfinden können. Darüber hinaus soll nach dieser Auffassung die Abschlußbereitschaft des Bieters nicht mehr durch den Versicherungsmakler herbeigeführt werden können, da diese vom Versicherer bereits mit der Abgabe des Angebots im Rahmen des Vergabe Verfahrens signalisiert wird[831].

Eine andere Auffassung[832] hält dieser Sichtweise zutreffenderweise entgegen, daß sich die für den Courtage-Anspruch maßgebliche Maklerleistung nicht danach bestimmt, ob der Versicherungsmakler dem öffentlichen Auftraggeber abschlußbereite Versicherer nachweist. Entscheidend ist vielmehr, ob durch die

829 siehe oben
830 u. a. Dreher, VersR 2000, 673;
831 Dreher, VersR 2000, 674
832 Fetzer, VersR 2000, 1316; Werber, VersR 2001, 1317

Tätigkeit des Versicherungsmaklers der Vertragsabschluß gefördert und hierzu auf den Versicherer eingewirkt wird. Hierzu bedürfe es einer wertenden Gesamtbetrachtung dahingehend, ob sich die Angebote der Versicherer noch als Ergebnis der Maklertätigkeit darstellen[833]. Eine ganzheitliche Betrachtungsweise folgt im Übrigen aus den allgemeinen Grundsätzen der juristischen Methodenlehre. Danach dürfen aus mehreren Tatbestandselementen bestehende Sachverhalte nicht künstlich auseinander gerissen und damit „aufgespalten" werden[834].

Auch wenn diese Sichtweise grundsätzlich zu überzeugen vermag, differenziert sie hinsichtlich der Einflußnahme des Versicherungsmaklers auf den konkreten Abschluß des Versicherungsvertrages nicht hinreichend zwischen den unterschiedlichen Phasen des Vergabeverfahrens.

Entfaltet der Versicherungsmakler auftragsgemäß allein Aktivitäten während des Vergabeverfahrens, ohne das Verfahren durch die von ihm typischerweise durchgeführten Analysen vorbereitet zu haben, beschränken sich seine Aufgaben allein auf organisatorische Tätigkeiten. Während des Vergabeverfahrens darf der Versicherungsmakler unter Berücksichtigung der strengen Vorgaben insbesondere der VOL/A[835] ausschließlich außerhalb der eigentlichen Zuschlagserteilung tätig werden. Der Makler kann deshalb allenfalls als Gehilfe fungieren, indem er die ordnungsgemäße Veröffentlichung des Vergabeverfahrens sicherstellt und im Rahmen der Versendung der Vergabeunterlagen und der Entgegennahme der Bieter-Angebote als „Poststelle" tätig wird. Auch wenn damit die Aktivitäten des Versicherungsmaklers hinsichtlich der Zuschlagserteilung nicht hinweggedacht werden können, sie also für den Vertragsabschluß letztlich kausal sind, liegt keine hinreichende Einwirkung des Versicherungsmaklers auf den den Zuschlag erhaltenden Bieter vor.

ccc) Betreuungsphase („Phase 3")

Je nach dem Inhalt der mit dem Versicherer getroffenen Maklerklausel prüft der Versicherungsmakler die ordnungsgemäße Erstellung des Versicherungsscheins, verwaltet den Vertrag, zieht die Versicherungsprämie ein und kümmert sich um die Regulierung der Schäden[836]. Wird allein auf die in dieser Phase vom Versicherungsmakler erbrachten Dienstleistungen abgestellt, läßt sich ein Anspruch

833 Fetzer, VersR 2000, 1316
834 Werber, VersR 2001, 1317
835 siehe Teil 2, Kap. 6 Ziff. A.
836 Gotzen, VR 2000, 339

auf Zahlung einer Vermittlungscourtage mit der herrschenden Meinung in Rechtsprechung[837] und Literatur[838] insgesamt nicht begründen.

Die dem entgegenstehende Auffassung[839] verkennt, daß es auch im Rahmen einer ganzheitlichen Betrachtung des Anspruchs auf Vermittlungs-Courtage stets auf einen konkreten Vermittlungsbeitrag des Versicherungsmaklers ankommt. Dieser Vermittlungsbeitrag kann entweder allein während der Vorbereitungsphase oder während der Vorbereitungsphase und dem Vergabeverfahren vom Versicherungsmakler erbracht werden. Wird er hingegen ausschließlich im Rahmen der nachvertraglichen Betreuung des Versicherungsvertrages tätig, kann dadurch bereits per se kein kausaler Vermittlungsbeitrag geleistet werden. Daßelbe gilt für Versicherungsmakler, die die Betreuung eines bereits bestehenden Vertrages übernehmen.

In der Praxis wird sich dieses Problem allerdings mit einiger Sicherheit nicht stellen, da die Beauftragung von Versicherungsmaklern zwangsläufig bereits vor der Zuschlagserteilung und damit mindestens mit Beginn des Vergabeverfahrens erfolgt.

bb) Verhandlungsverfahren

Wie bereits ausgeführt, vertritt Dreher[840] die Auffassung, ein kausaler Vermittlungsbeitrag des Versicherungsmaklers könne bereits theoretisch nur im Verhandlungsverfahren geleistet werden. Innerhalb dieses Verfahrens ist nach Auffassung Drehers jedoch zwischen Verhandlungsverfahren mit und ohne Teilnahmewettbewerb zu unterscheiden.

Da im Verhandlungsverfahren mit vorausgehendem Teilnahmewettbewerb die Vergabestelle die Ausschreibung vornehme, aufgrund derer sich abschlußwillige Versicherer beim öffentlichen Auftraggeber melden, basiere die Zusammenführung von Versicherer und Vergabestelle überwiegend auf dem Verhalten des öffentlichen Auftraggebers. Die Tätigkeit des Maklers beschränke sich allein auf die Steuerung der Zusammenführung. Dies stelle jedoch noch keine kausale vertragsschlußbezogene Vermittlungstätigkeit dar. Vielmehr basiere die Zusammenführung des öffentlichen Auftraggebers und des potenziellen Bieters allein auf dem vom öffentlichen Auftraggeber initiierten Teilnahmewettbewerb.

Ein kausaler Vermittlungsbeitrag sei deshalb nach Auffassung Drehers allein im Verhandlungsverfahren ohne Teilnahmewettbewerb möglich. Nur in diesem

---

837 OLG Celle, a.a.O.,Fn. 387

838 u.a. Dreher, VersR 2000, 673

839 Fetzer, VersR 2000, 1314 ff; Werber, VersR 2001, 1317

840 VersR 2000, 673

Verfahren spreche der Makler unmittelbar Versicherungsunternehmen an und bringe sie mit dem öffentlichen Auftraggeber zusammen. Allein in diesem Verfahren sei es möglich, daß der Makler durch Verhandlungen mit den Versicherern und dem öffentlichen Auftraggeber einen kausalen und vertragsschlußbezogenen Beitrag leisten könne.

Auch im Verhandlungsverfahren gelten jedoch die für das offene Verfahren entwickelten Grundsätze. Danach kommt es für den kausalen Vermittlungsbeitrag des Versicherungsmaklers entscheidend darauf an, ob der zwischen dem öffentlichen Auftraggeber und dem Versicherer zu Stande kommende Versicherungsvertrag und das dem Vertrag zu Grunde liegende Bedingungswerk vom Versicherungsmakler entwickelt wurde. Ist dies der Fall, erbringt der Versicherungsmakler auch im Verhandlungsverfahren mit vorausgehendem Teilnahmewettbewerb einen kausalen Vermittlungsbeitrag. Um so mehr und insoweit mit der Auffassung Drehers übereinstimmend liegt ein kausaler Vermittlungsbeitrag im Verhandlungsverfahren ohne Teilnahmewettbewerb vor, da der Versicherungsmakler in diesem Verfahren sogar konkrete Verhandlungen mit den einzelnen Bietern führen kann. Wie bereits ausgeführt,[841] ist dabei allerdings zu beachten, daß das Verhandlungsverfahren bei der Vergabe von Versicherungsdienstleistungen die absolute Ausnahme bildet.

2) Ergebnis

Wird ein Versicherungsmakler in das Verfahren zur Vergabe von Versicherungsdienstleistungen nach dem Kartellvergaberecht eingebunden, kann seine Tätigkeit unabhängig davon, ob das offene Verfahren oder das Verhandlungsverfahren durchgeführt wird, einen wirksamen Courtage-Anspruch begründen.

Um das Entstehen des Anspruchs konkret überprüfen zu können, ist zwar stets eine ganzheitliche Betrachtung der von ihm erbrachten Leistungen vorzunehmen. Unabhängig davon kann eine Vermittlungs-Courtage jedoch nur dann entstehen, wenn der Versicherungsmakler mindestens mittelbar konkreten Einfluß auf den Abschluß des Versicherungsvertrages zwischen dem öffentlichen Auftraggeber und dem den Zuschlag erhaltenden Bieter nimmt.

Eine solche Einflußnahme setzt voraus, daß der Versicherungsvertrag „die Handschrift" des Versicherungsmaklers trägt. Dies ist dann der Fall, wenn der Versicherungsvertrag und das dem Versicherungsvertrag zu Grunde liegende Bedingungswerk vom Versicherungsmakler entwickelt wurde oder die Entscheidung über die Verwendung von „Standardbedingungen" auf einer umfassenden Risiko-, Bedarfs- und Marktanalyse des Versicherungsmaklers basiert. Be-

---

841 siehe Teil 1, Kap. 8 C.III.5)

schränkt sich die Tätigkeit des Versicherungsmaklers allein auf eine Gehilfentätigkeit während des Vergabeverfahrens und/oder auf die Betreuung des Versicherungsvertrages nach dessen Abschluß, liegt kein kausaler Vermittlungsbeitrag vor.

Kapitel 8 Zusammenfassung Teil 2

Sowohl die maßgeblichen europäischen als auch die bundesdeutschen Vorschriften des Kartellvergaberechts sehen die Beteiligung Dritter am Vergabeverfahren vor. Von den in Betracht kommenden Dritten stellen Versicherungsmakler die „berufenen" Berater kommunaler Auftraggeber bei der Vergabe von Versicherungsdienstleistungen dar. Im Rahmen ihrer Beratungstätigkeit können sie als Sachverständige, Erfüllungsgehilfen und Geschäftsbesorger in Erscheinung treten.

Soweit die bislang einhellige Rechtsprechung und die überwiegende Auffassung in der Literatur zu dem Ergebnis gelangten, die Einbindung von Versicherungsmaklern in das Verfahren zur Vergabe von Versicherungsdienstleistungen sei mit dem Kartellvergaberecht nicht vereinbar, vermag dies nicht zu überzeugen. Vielmehr ist eine Beteiligung von Versicherungsmaklern am Vergabeverfahren möglich, solange sie keinen auch nur mittelbaren Einfluß auf die Zuschlagserteilung durch den öffentlichen Auftraggeber nehmen.

Die Einbindung des Versicherungsmaklers in das Vergabeverfahren begründet keinen Verstoß gegen das Rechtsberatungsgesetz, solange die rechtsberatenden Elemente nicht den Schwerpunkt seiner Tätigkeit ausmachen. Dies ist immer dann der Fall, wenn die Haupttätigkeit des Maklers auf die Vermittlung von Versicherungsverträgen ausgerichtet ist.

Durch die Maklerklausel in den Ausschreibungsunterlagen werden die am Verfahren beteiligten Bieter nur dann zur Zahlung einer Nichtschuld verpflichtet, wenn der Makler keinen für den Abschluß des Versicherungsvertrages zwischen dem öffentlichen Auftraggeber und dem Bieter kausalen Vermittlungsbeitrag leistet. Für einen solchen Beitrag reicht es aus, wenn der Makler in der Vorbereitungsphase des Vergabeverfahrens sämtlche gebotenen Analysen durchführt und dadurch konkreten Einfluß auf die Gestaltung der Ausschreibungsunterlagen nimmt.

Trotz des Erlasses des Kartellvergaberechts wurde der Markt über die versicherungsrechtliche Absicherung kommunaler Risiken bislang nicht oder nur unzeichend geöffnet. Eine Besserung dieses gesetzwidrigen Zustands steht nicht in Aussicht, wenn es öffentlichen Auftraggebern weiterhin verwehrt bleibt, sich zur Vorbereitung und Durchführung des kartellrechtlichen Vergabeverfahrens der

Hilfe Dritter und insbesondere der Hilfe von Versicherungsmaklern zu bedienen. Entgegen überwiegender Auffassung stehen die Vorschriften des Kartellvergaberechts einer Beteiligung von Maklern am Vergabeverfahren gerade nicht entgegen.

Kolibri 360 GmbH
Ferdinand-Jühlke-Straße 7
99095 Erfurt, Deutschland
produktsicherheit@kolibri360.de

Druck:
CPI Druckdienstleistungen GmbH
im Auftrag der
Kolibri 360 GmbH
Ferdinand-Jühlke-Str. 7
99095 Erfurt